"十二五"职业教育国家规划教材

经全国职业教育教材审定委员会审定

农业科技实用写作

NONGYE KEJI SHIYONG XIEZUO

第二版

王孟宇　主编

化学工业出版社

·北　京·

本书针对高职高专农业类学生普遍存在的农业科技写作能力欠缺的问题，紧扣高素质技能型人才的培养目标，紧密结合当前我国高职高专的教学特点，以能力培养为本位，坚持"必需、够用、实用"的原则，对教材的体系、内容和教学方面进行了大胆有益的创新，书中的范文、综合训练和附录可提高学生的实际写作能力，促进其综合职业能力的提高，增强学生的后续学习能力。本书扼要地阐明了农业科技实用写作的基础理论与基本知识，系统地介绍了农业科技说明文书、农业科技应用文书、农业科技项目文书、农业报告与论文类文书、农业技术合同文书、专利类文书的实用写作知识和方法，并专章介绍了计算机在农业科技实用写作中的应用。

本书电子课件等数字资源可从 www.cipedu.com.cn 免费下载。

本书可作为高职高专院校农业科技写作课程的教材或阅读材料，也可作为农业本科院校、中等职业学校师生和农业技术员的参考书。

图书在版编目（CIP）数据

农业科技实用写作/王孟宇主编. —2版. —北京：化学工业出版社，2016.10
"十二五"职业教育国家规划教材
ISBN 978-7-122-27875-3

Ⅰ.①农… Ⅱ.①王… Ⅲ.①农业技术-应用文-写作-高等学校职业教育-教材 Ⅳ.①H152.3

中国版本图书馆CIP数据核字（2016）第197542号

责任编辑：李植峰　迟　蕾　　　　　装帧设计：史利平
责任校对：王素芹

出版发行：化学工业出版社（北京市东城区青年湖南街13号　邮政编码100011）
印　　装：三河市延风印装有限公司
787mm×1092mm　1/16　印张14¾　字数360千字　2016年10月北京第2版第1次印刷

购书咨询：010-64518888（传真：010-64519686）　　售后服务：010-64518899
网　　址：http://www.cip.com.cn
凡购买本书，如有缺损质量问题，本社销售中心负责调换。

定　　价：32.00元　　　　　　　　　　　　　　　　版权所有　违者必究

《农业科技实用写作》（第二版）编写人员

主　　编　王孟宇
副 主 编　宫麟丰　王瑞玲　王家银　孙君艳
编写人员　（按姓名汉语拼音排列）
　　　　　　宫麟丰（辽宁农业职业技术学院）
　　　　　　黄光和（云南省楚雄彝族自治州农业科学研究推广所）
　　　　　　胡汉升（信阳农林学院）
　　　　　　纪丽丽（黑龙江林业职业技术学院）
　　　　　　金杰斌（云南农业职业技术学院）
　　　　　　孙君艳（信阳农林学院）
　　　　　　王家银（云南省农业科学院）
　　　　　　王孟宇（云南农业职业技术学院）
　　　　　　王瑞玲（北京农业职业学院）
　　　　　　易庆平（荆楚理工学院）

前言

  高等职业教育是高等教育的一种类型,是我国高等教育的重要组成部分。伴随高等职业教育发展,对高等职业教育人才的培养提出了更高、更新、更具体的要求。为适应高职高专教育发展的需要,化学工业出版社组织有关院校和农业科研单位从事农业科技写作、具有教学和农业科技写作经验的教师、专家,本着基础知识"必需、够用、实用"和加强能力与技能培养的原则,结合行业各部门对农业高职人才的需要,编写了这本高职高专教材。

  该教材在编写过程中着重突出了以下特点。

  1. 具有较好的系统性 本教材包含八章、四个附录,涵盖了农业科技写作的主要内容。每一章的构架基本按照文体的概述、格式、写作方法、范例、综合训练要求进行,教材始终围绕高素质技能型人才的培养目标,符合高职高专人才培养的要求,突出高职高专教育特点,各章节内容安排合理。在编写中按章节重点合理安排权重,使教材内容轻重有序,教师讲授有规可循。

  2. 对编写体例进行了创新 每章首先列出了知识目标、能力目标,使学生一开始就知道自己要掌握的知识点和需要具有的能力体系,利于学生带着问题进行学习,有目的地养成自学的能力,同时也便于教师组织教学;教材针对高职高专学生的特点设计了综合训练,有利于学生巩固所学的知识。

  3. 注重职业能力培养,内容上有新突破 在注重内容连贯衔接的同时,以科学的思维模式和科技过程为主线构建教材内容,集中体现了学生职业综合能力、专业写作能力的培养和发展需要的理念,教材注重应用、方法和能力传授,培养学生方面强调实用性。教材既考虑了相关的知识和能力体系,又结合高职高专的知识层次特点。

  4. 具有科学性、规范性和实用性 本教材专为高职高专和五年制高职生编写,适用于农业大类专业。教材注重学科的结构和特点,内容规范,文字通俗易懂,图文并茂,力求理论联系实际;范例能够达到学以致用,对学生今后进行农业科技写作有很好的参考价值。本教材不同于一般简单的应用实用写作,也可以作为农业本科院校、农业中专、农业高中相关专业师生和农业科技人员的参考书。

  本教材自2009年出版以来,获得广大农林院校师生的欢迎。

  本次修订配套了电子教案、学生学习手册、在线测试题和范文库等电子资源,更加方便院校教学和读者自学使用,读者可从 www.cipedu.com.cn 免费下载。

  本书编写过程中得到了参编单位的大力支持,在此表示诚挚感谢。

由于编者业务水平有限,编写时间仓促,教材难免会有疏漏之处,真诚欢迎广大读者、同行与专家给予指正,并提出宝贵意见,以便加以修正完善。

编者

2016 年 3 月

第一章 概述 ... 001

第一节 导言 ... 001
一、农业科技写作学的特征与研究方法 ... 001
二、农业科技写作的功能和目的 ... 003
三、农业科技写作的基本结构 ... 003
四、农业科技写作的主体构建和过程 ... 005

第二节 农业科技实用写作的特征和分类 ... 005
一、农业科技实用写作的意义 ... 005
二、农业科技实用写作的分类 ... 006
三、农业科技实用写作的特征 ... 007

第三节 农业科技实用写作的基本要求 ... 008
一、充分认识农业科技实用写作的意义，培养写作兴趣 ... 008
二、以科学的写作态度来从事农业科技实用写作 ... 009
三、具有扎实的写作功底 ... 009
四、具有一定的写作规范 ... 009

第四节 农业科技实用写作的思维方法 ... 010
一、写作的三种不同的思维行为 ... 010
二、逻辑思维与论证方法 ... 010
三、形象思维与表达 ... 011

综合训练 ... 013

第二章 农业科技说明文书 ... 015

第一节 农业工程设计说明书 ... 015
一、农业工程设计说明书概述 ... 015
二、农业工程设计说明书的基本格式 ... 017
三、农业工程设计说明书的写作要求 ... 022

第二节 产品说明书 ... 023
一、产品说明书概述 ... 023
二、产品说明书的基本格式 ... 024

三、产品说明书的写作要求 …… 029
　第三节　毕业设计说明书 …… 030
　　一、毕业设计说明书概述 …… 030
　　二、毕业设计说明书的基本内容 …… 033
　　三、毕业设计说明书的写作要求 …… 037
　第四节　实习报告说明书 …… 039
　　一、实习报告概述 …… 039
　　二、实习报告、实习总结、实习小结的区别 …… 040
　　三、实习报告的基本格式 …… 041
　综合训练 …… 043

第三章　农业科技应用文书 …… 045

　第一节　农业科技信息 …… 045
　　一、农业科技文摘 …… 046
　　二、农业科技简报 …… 048
　　三、农业科技综述 …… 051
　　四、农业科技述评 …… 053
　第二节　农业科技工作计划 …… 055
　　一、农业科技工作计划的含义、作用和特点 …… 055
　　二、农业科技工作计划的基本格式 …… 056
　　三、农业科技工作计划的写作要求 …… 057
　第三节　农业科技工作总结 …… 060
　　一、农业科技工作总结的含义、作用和特点 …… 060
　　二、农业科技工作总结的基本格式 …… 061
　　三、农业科技工作总结的写作要求 …… 063
　第四节　农业科技会议纪要 …… 064
　　一、农业科技会议纪要的含义、作用与特点 …… 064
　　二、农业科技会议纪要的基本格式 …… 065
　　三、农业科技会议纪要的写作要求 …… 066
　第五节　国际农业科技交流合作信函 …… 069
　　一、农业科技事务书信 …… 070
　　二、邀请信 …… 071
　　三、感谢信 …… 071
　　四、推荐信 …… 072
　　五、祝贺信 …… 073
　综合训练 …… 073

第四章　农业科技项目文书 …… 075

　第一节　农业科技项目建议书 …… 075

  一、农业科技项目建议书概述……………………………………………………… 075
  二、农业科技项目建议书的基本格式…………………………………………… 076
  三、农业科技项目建议书的写作要求…………………………………………… 077
  四、农业科技项目建议书范文及评析…………………………………………… 078
 第二节 农业科技项目开题和进度报告…………………………………………… 084
  一、农业科技项目开题报告……………………………………………………… 084
  二、农业科技项目进度报告……………………………………………………… 096
 第三节 农业科技成果鉴定书……………………………………………………… 102
  一、科技成果鉴定概述…………………………………………………………… 102
  二、农业科技成果鉴定书………………………………………………………… 104
 综合训练………………………………………………………………………………… 109

第五章 农业报告与论文类文书 ………………………………………………… 111

 第一节 农业科研实验报告………………………………………………………… 111
  一、农业科研实验报告概述……………………………………………………… 111
  二、农业科研实验报告的基本格式……………………………………………… 112
  三、农业科研实验报告的写作要求……………………………………………… 113
 第二节 农业科技考察报告………………………………………………………… 115
  一、农业科技考察报告概述……………………………………………………… 115
  二、农业科技考察报告的基本格式……………………………………………… 116
  三、农业科技考察报告的写作要求……………………………………………… 121
 第三节 农业科技论文……………………………………………………………… 121
  一、农业科技论文概述…………………………………………………………… 121
  二、农业科技论文的规范格式…………………………………………………… 124
  三、农业科技论文的写作步骤…………………………………………………… 136
 综合训练………………………………………………………………………………… 142

第六章 农业技术合同文书 …………………………………………………… 148

 第一节 农业技术合同概述………………………………………………………… 148
  一、技术合同……………………………………………………………………… 148
  二、农业技术合同的条款………………………………………………………… 148
  三、农业技术合同的撰写要求…………………………………………………… 149
 第二节 农业技术开发合同………………………………………………………… 149
  一、农业技术开发合同概述……………………………………………………… 149
  二、农业技术开发合同的基本格式……………………………………………… 150
  三、农业技术开发合同的撰写要求……………………………………………… 151
 第三节 农业技术咨询合同………………………………………………………… 154
  一、农业技术咨询合同概述……………………………………………………… 154
  二、农业技术咨询合同的基本格式……………………………………………… 155

三、农业技术咨询合同的撰写要求…………………………………………………………… 156
　第四节　农业技术服务合同…………………………………………………………………… 159
　　一、农业技术服务合同概述…………………………………………………………………… 159
　　二、农业技术服务合同的基本格式…………………………………………………………… 160
　　三、农业技术服务合同的撰写要求…………………………………………………………… 161
　第五节　农业技术转让合同…………………………………………………………………… 163
　　一、农业技术转让合同概述…………………………………………………………………… 163
　　二、农业技术转让合同的基本格式…………………………………………………………… 164
　　三、农业技术转让合同的撰写要求…………………………………………………………… 165
　第六节　国际农业科技交流合作合同………………………………………………………… 168
　　一、国际农业科技交流合作合同概述………………………………………………………… 168
　　二、国际农业科技交流合作合同的基本格式………………………………………………… 169
　　三、国际农业科技交流合作合同的撰写要求………………………………………………… 170
　综合训练………………………………………………………………………………………… 172

第七章　专利类文书　175

　第一节　专利请求书…………………………………………………………………………… 175
　　一、专利请求书概述…………………………………………………………………………… 175
　　二、专利请求书的范本及填写………………………………………………………………… 176
　　三、专利请求书写作的补充说明……………………………………………………………… 179
　第二节　专利说明书…………………………………………………………………………… 179
　　一、专利说明书概述…………………………………………………………………………… 179
　　二、专利说明书的写作格式和要求…………………………………………………………… 180
　　三、专利说明书写作的补充说明……………………………………………………………… 180
　　四、专利说明书的写作原则…………………………………………………………………… 181
　第三节　权利要求书…………………………………………………………………………… 185
　　一、权利要求书概述…………………………………………………………………………… 185
　　二、权利要求书的规范格式…………………………………………………………………… 185
　　三、权利要求书的写作内容…………………………………………………………………… 185
　　四、权利要求书的写作原则…………………………………………………………………… 186
　第四节　发明申报书…………………………………………………………………………… 188
　　一、发明申报书概述…………………………………………………………………………… 188
　　二、发明申报书的基本格式…………………………………………………………………… 188
　　三、发明申报书的写作原则…………………………………………………………………… 191
　第五节　品种权申请请求书…………………………………………………………………… 191
　　一、品种权申请请求书的表格………………………………………………………………… 191
　　二、品种权申请请求书的填写要求…………………………………………………………… 192
　　三、技术问卷…………………………………………………………………………………… 193
　　四、品种（系）说明书的写作内容…………………………………………………………… 194

五、代理委托书 ··· 194
　综合训练 ··· 196

第八章　计算机与农业科技写作 ·· 198

　第一节　计算机在农业科技写作中的应用 ·· 198
　　一、计算机的现状 ·· 198
　　二、计算机写作的发展趋势 ·· 199
　第二节　计算机写作软件 ··· 200
　　一、系统软件 ··· 200
　　二、应用软件 ··· 201
　第三节　多媒体与农业科技写作成品 ·· 202
　　一、农业科技多媒体作品的制作方法 ··· 202
　　二、农业科技PPT作品的制作方法 ·· 205
　综合训练 ··· 213

附录 ··· 215

　附录A　科技文献资料的搜集整理 ··· 215
　　一、文献检索方法 ·· 215
　　二、文献检索工具 ·· 216
　　三、文献检索的方法和程序 ·· 216
　　四、主要文献信息源及其特点 ·· 217
　附录B　计量单位与数字的使用 ··· 219
　　一、关于计量单位 ·· 219
　　二、关于数字 ··· 220
　附录C　标点符号的使用 ·· 221
　附录D　国际五大索引简介 ·· 223

参考文献 ·· 225

第一章　概述

【知识目标】
　　熟悉农业科技实用写作的过程及特征，掌握农业科技实用写作的基本结构，掌握农业科技实用写作的基本要求，熟悉农业科技实用写作的思维方法。

【能力目标】
　　弄清农业科技实用写作的基本结构，理解农业科技实用写作的主体构建和过程，构建农业科技实用写作的思维方法。

【素质目标】
　　通过对农业科技写作作用和意义的理解，培养写作兴趣，养成主动写作的态度和习惯；强化农业科技写作功底培养，规范写作素质。

第一节　导　言

一、农业科技写作学的特征与研究方法

　　写作是人类的一种特殊的脑力劳动，也是一种创造性的社会实践活动，它将思维和语言文字联结在一起，是人们运用语言文字记写思维、实践成果的行为，也是传播、传递信息并交流成果的创造性劳动。写作可划分为文学写作和实用写作两大类。科技写作是实用写作的分支，按功能可分为科技理论写作（指探索科技活动的本质和规律的写作，如科技论文写作），科技新闻写作（如科技消息写作），科技应用写作（如科技合同）。农业科技实用写作是科技写作的重要组成部分。

　　1. 农业科技写作学的特征

　　农业科技写作学是研究农业科技写作现象及其规律的科学，它是以语言文字、表格、图像为主要工具，加工和处理农业科技信息的精神活动，具有以下几点特征。第一，它是一种精神产品。精神生产是以脑力劳动为主，制作农业科技产品的生产，如画表、写文章等，因此，思维能力是构成农业科技写作能力的重要因素。第二，它是一种写作。农业科技写作用的是语言文字，因此，运用语言文字能力也是构成农业科技写作能力的重要因素。第三，它是实用写作。实用写作主要是为了满足人们获取真实信息及规律的需要，有明确的实用目的。实用写作主要运用抽象思维，文学写作主要运用形象思维。实用写作的程序、格式、方法以及文体、语言都简明化和规范化，语体以平实、严谨、朴素、专业为主要特点。故掌握实用写作的方法及有关的写作规范是构成农业科技写作能力的重要因素。第四，它是农业科技活动的重要组成部分。它整理、加工和处理的是农业科技信息，即与农业科学技术的发明、创造、示范、推广、普及及科技管理有直接相关的信息。因此，了解国内外农业科技发展的最新动态，掌握有关的农业科技知识、科学实（试）验方法和科学分析方法，无疑是构

成农业科技写作能力的重要因素。

2. 农业科技写作学的研究方法

研究农业科技写作现象，揭示农业科技写作的规律，指导农业科技写作的实践，提高农业科技写作的质量和效率，形成农业科技写作的规范，是农业科技写作学的基本任务。而用什么方法研究农业科技写作是完成这项任务的关键。本书采用系统论的方法，把农业科技写作这种特殊精神生产活动的整体及其各个环节、各个部分都作为一个开放的系统，主要分析其功能和结构的关系，即分析它们与环境的关系和它们内部构成元素之间的关系，力求从整体上把握它们的规律和发展趋势。

系统论是一种在广泛的联系中从整体上研究和把握自然和社会规律的科学思维方法。采用系统论方法已经成为现代各种科学研究的趋势，任何科学研究都是自觉或不自觉地对某种性质的系统进行研究，农业科技写作的研究也不例外。应用这种方法研究农业科技写作具有重要意义。

（1）更完整、深刻地揭示农业科技写作活动的规律 写作活动，不论是农业科技写作还是其他写作都是十分复杂的社会现象，随着社会的发展，它们与自然和社会各个方面的联系以及它们内部各种因素的联系更加复杂。为了探索其活动规律，人们采用种种方法对它们进行过研究，但从整体看，写作的本质不是语言工具，也不是单纯的行为、思维或信息传播过程，而是一种生产文章、文书等精神产品的创造性劳动。只有把写作活动作为系统，把各个方面的研究统一，才能全面揭示农业科技写作的规律，更科学地确立农业科技写作的独立地位和价值，更有效地指导和推动农业科技写作的实践和教学工作。

（2）系统论方法能够说明其他理论不能说明的农业科技写作的现象和规律，使农业科技写作的理论简明 系统论方法是辩证法的具体化，它具有高的概括力，能把农业科技写作的现象和规律分析整合提炼起来；它具有较强实用性和可操作性，对农业科技写作规律的分析和表述更简洁明了。系统方法有一套具体的分析方法和程序，可以把建立在文章静态分析基础上的传统写作理论上的"八大块"（主题、题材、结构、表达方式、语言、修改、文风、文体），与建立在对农业科技写作过程动态分析基础上的各种理论中有价值的要素统一于功能、结构的分析之中，便于学习和运用，简化教学环节。

（3）用系统论方法分析农业科技写作活动及其文本能够科学揭示农业科技写作的重要性

从系统论的观点出发，系统功能是系统的核心，农业科技写作的目的是作者对写作系统功能的认识和反映，因此采用系统方法能够充分反映出农业科技写作的重要内容及其重要性。

对农业科技写作进行系统分析，核心是对系统功能及其结构关系的分析，就是要解决业科技写作过程中的三个问题：为什么写、写什么和如何写。仔细分析后，具体地说，在进行农业科技写作活动时，都要紧紧围绕以下三个方面具体分析。

第一，明确为什么写。这是农业科技写作的目的，为此，必须分析特定农业科技写作活动与其所处环境的关系，分析农业科技写作活动和环境的相互影响和作用，这是对农业科技写作功能的分析。只有通过对客观存在的农业科技写作功能进行分析，才能确定合理、有效的农业科技写作目的。

第二，要弄清写什么。必须分析为了实现特定的农业科技写作功能和农业科技写作的目的，农业科技写作活动及其写作产品需要由哪些元素构成，这些元素有怎样的组合方式，这是对农业科技写作结构的分析。如果确定农业科技写作功能是最终目标，那么，通过农业科技写作结构分析才能找到实现最终目标的路径、结构和方法。

第三，要明白如何写。必须以农业科技写作目的为主导，及时调整农业科技写作功能和农业科技写作结构的关系，最后达到完美统一。

二、农业科技写作的功能和目的

1. 农业科技写作的功能

农业科技写作功能是指农业科技写作系统与外部环境的关系。它是写作系统存在的前提，是写作系统的生命。农业科技写作的功能是有层次的。一项写作活动、一篇文章、一个段落、一句话、一张图表，即写作活动的整体及其所有环节、所有部分，都可以作为一个系统来分析，它们都有自己存在的环境和功能。如果一篇文章作为一个系统，特定的社会和读者就是它最密切的环境，满足特定的社会和读者的需要就是它的主要功能；如该篇文章一段话作为一个系统，满足文章主题和总体构架的需要就是它的主要功能；如一句话作为一个系统，满足段落的主旨和构架的需要就是它的主要功能。对写作功能的逐层分析，正确认识写作活动中具有从属关系的纵向功能层次体系，有助于理清写作活动和文本思路，使农业科技写作的目标集中、鲜明。

农业科技写作活动及写作成品在同一层面上还具有各种不同的功能。如农业发展需要，包括农业政策法规需要、经济和农业发展规划需要、农业高科技活动运行机制需要、农业文化背景需要；读者需要，包括认识、交流、推广的需要等；文章总体构架需要，包括内容需要、形式需要等。对同一层面的农业科技写作系统的功能进行横向因素分析时也要紧紧抓住与系统最密切的因素，将其需要作为主要功能和基本功能，同时也不要忽视次要的辅助功能。

2. 农业科技写作的目的

农业科技写作的目的是作者对客观存在的农业科技功能的主观反映。任何系统，不论作者是否认识到，都有特定的写作功能。写作功能只有被写作主体认识，才能转化为作者自觉的写作目的。在实际活动中，写作目的与写作功能有时是一致的，有时是不一致的。有的写作成品实际所起的社会作用比作者预想的要小，写作的目的大于写作的功能；有的写作成品实际所起的社会作用超过作者预想，写作的目的小于写作的功能，甚至会出现背道而驰的情况。故对写作功能的理解愈准确、深刻，写作的目的就愈明确、可行，写作活动和写作成品的组织程度就愈高，写作的效率和结果就愈理想，它起的社会作用就愈大。对农业科技写作而言，写作的目的在于记录整理农业科学和技术现象，诠释农业科技原理，推出农业科技成果。

三、农业科技写作的基本结构

分析写作功能，明确写作的目的，怎样使写作系统真正发挥应有的功能，这是写作系统的结构问题。农业科技写作与写作的基本结构一样，它更强调实用性和规范性。

农业科技写作活动的结构是指农业科技写作系统内部的构成元素和组合方式。农业科技写作系统中必不可少的元素称为要素。农业科技写作结构是农业科技写作系统的实体，是农业科技写作系统存在的基础。

1. 农业科技写作活动的结构

（1）农业科技写作的主体，即作者　从农业科技工作者有写作动机开始，到实现农业科技写作的目的，这就是农业科技写作活动的全过程。在这个过程中，作者是起主导作用的要素，而作者的主导作用又是通过写作目的对写作过程的调控达到的。作者的思维能力和语言表达能力是具有决定作用的因素。写作能力的形成和发挥与作者的素养、知识、阅历、性格、情操都有密切关系。农业科技写作作者的构成方式除了个体作者外，还有大量群体式作者。群体式作者的构成方式有平等关系、主从关系等多种类型。

（2）农业科技写作的对象，即农业科技写作的材料　农业科技写作的材料是供作者加工和处理的同农业科技活动有关的信息和资料，材料要求真实可靠、全面系统。农业科技材料开始是零乱的、随机的，通过整理后，才具有连续性、规范性和系统性。农业科技材料按性质分为数据、事件、事理、人物等类型，在农业科技写作活动中要注重经验事实和文献资料。

（3）农业科技写作工具　广义而言，农业科技写作工具是指把农业科技写作主体的脑力劳动和体力劳动传导到农业科技写作对象的一切手段。农业科技写作主要是一种脑力劳动，农业科技写作工具主要指思维活动和书面表达活动工具，它包括在长期历史发展过程中形成的各种思维方式和书面语言方式。

思维方式有逻辑思维、形象思维、灵感思维以及综合运用这3种思维方式的创造性思维等类型，分散和收束思考就是一种创造性的思维模式。各种思维方式中又形成农业科技写作中常用的思维模式。

农业科技写作书面语言方式可分为两类。一是反映篇段整体特点和规律的模式，有体裁、体式和语体等。体裁即文体，是功能和结构相近的文本类型模式，规范化、格式化、图表化、系列化是农业科技写作文本的特点。体式是不同思维方式的表达模式，如说明是对客观事物和事理进行逻辑的或形象的解释；叙述是对事物发展、变化一般过程的形象反映；议论是对观点和主张的逻辑论证。语体是写作成品综合表现出来的语言风格模式，如科学语体、事务语体、新闻语体等。二是反映书面语言符号特点和规律的模式。有书面自然语言符号模式，它是一个民族共同和普遍适用的词法和语法系统；有书面非自然语言符号模式，它是书面辅助语言符号系统，是为特定对象设计的，在一定范围内专用的语言符号规范系统，在农业科技写作中如公式、表格、编码、代号、缩写等。计算机作为一种新的农业科技写作工具，由于其所展现出来的优势，应用前景不可估量。

农业科技写作工具的组合方式很多，写作方式不同，所采用的思维方式和书面语言方式也会不同。

2. 农业科技写作的文本结构

农业科技写作文本结构指文本构成要素及组合方式，它的构成要素包括思维内容和表达形式两个方面。

农业科技写作文本的内容要素有主题、题材。主题是文本中心内容，在某些文体中，它表现为作者的基本思想、观点和主张；在某些文体中，它表现为经过作者加工的主要事件或主要问题。题材是根据主题的要求，精心剪接和安排在文体中高度组织的材料，是为主题服务，与主题融合、统一的材料。农业科技写作文本的形式要素有篇、段群或部分、段落、句子、文面等。

文本的内容和文本的形式要素组合方式千变万化，但大体可概括为起、承、转、合四种。起，指如何开头，如何拟标题，如何起句，如何写引言；承，指如何衔接和生发，如何过渡和照应，如何使各部分条理清楚；转，指如何开拓和深化，如何统一中求变化；合，指如何收尾，如何使写作成品形成统一体。

四、农业科技写作的主体构建和过程

1. 农业科技写作的主体构建

分析具体农业科技写作活动和写作成品时,必须坚持具体问题具体分析的辩证法则,一切从特定条件出发,动态地研究和把握功能与结构的变化规律。

农业科技写作活动辩证发展过程的显著特点是在具体的写作活动中,写作功能、写作的目的、写作结构等都处于不断变化中。下面以《云南农业的现状及发展对策》一文的写作过程为例,对农业科技写作的主体构建加以说明。

第一步,作者在云南省活动中发现社会和读者迫切需要认识今后云南省农业的发展问题,于是萌发写一篇云南农业发展的论文的动机(初期写作目的)。经过一番思考后,为了实现上述目的,应该把"保持云南省农业的可持续发展"作为研究课题的主题(结构因素)。

第二步,在研究中,作者应弄清社会和读者对认识云南省农业发展的需要,为了达到保持我省农业可持续发展的目的,应该把自己体会较深和有新意的"云南农业发展的对策"作为文章的主题(新结构因素)。

第三步,为了达到阐明云南农业发展的对策的目的(新功能转化为新目的),全文应依次阐明三个问题(全文大纲,文章的总体结构,总体结构要素和组合方式):第一,云南省农业的现状;第二,云南省农业存在的问题和面临的形势;第三,云南省农业发展的对策(主题,结构要素)。

第四步,要进一步研究如何写。首先写云南省农业的现状,其次写云南省农业存在的问题和面临的形势;最后提出云南省农业发展的对策。

2. 农业科技写作的过程

农业科技写作过程可以分为准备、加工、综合三个阶段。准备阶段的主要任务是选择、确定写作方向和目标,广泛收集和整理资料;加工阶段的主要任务是通过构思为未来作品设计蓝图;综合阶段的主要任务是起草和修改。但必须指出,三个阶段是交错展开和螺旋上升的过程。

农业科技写作过程必须抓好四个环节:由选择的目的向优化目的的转化;由大量占有资料向建构与主题融合的题材转化;由零散感受向系统思路转化;由内部语言文字向书面语言转化。

第二节 农业科技实用写作的特征和分类

农业科技的实践反复证明,农业科技实用写作是农业科技能力建设的一个重要组成部分,提高广大农业科技人员的写作能力,是农业科技发展的客观要求,努力探索农业科技实用写作能力的构成和实现途径,为农业高职高专学生和农业科技工作者编写一本适用的农业科技实用写作书,是本书的最终目标。

一、农业科技实用写作的意义

对于在校学习的农科类大学生来说,学好农业科技实用写作对今后从事农业科技工作具有重大而深远的意义。

1. 提高自己的业务水平

农业科技写作水平的高低，从一个侧面反映了农业科技人员的业务水平。长期以来，广大农业科技工作者忽视了自身农业科技写作能力的培养和提高，特别是基层农业科技人员，更是不给予应有的重视，怕写，不愿意写，影响到自身的业务水平，直接影响到了农业科技成果的转化和贡献。作为农科类大学生，在大学期间，过好农业科技实用写作这一关，既有利于防止工作后出现的上述情况，又能保障在今后的农业科技工作中，通过好的农业科技实用写作能力，不断提高自身业务水平，为"三农"服务。

2. 提高综合素质

由于部分农科类大学生主要是理科学生认为，写作是文科学生的事，与自己关系不大，造成对自己写作能力的培养要求不严，导致综合素质不足。个别学生写起文章来，下笔无言，不知所云；或下笔千言，离题万里；或语句不通，文理不顺；更有甚者，无论写什么文章，动不动就爱抒发豪言壮语，让人不得要领。作为农科类大学生，学好农业科技实用写作，既是对过去知识结构不足的补充，更是对奠定新的专业知识基础，培养新的专业能力，完善人才培养规格，提高学生综合素质的有力保障。

3. 培养职业能力

对在校农科类大学生来说，如果能够通过学习农业科技实用写作，总结自己专业学习的切身体会，通过专业的实习，提出有个性、有专业、有特点的见解，甚至发表有新意、有分量的文章，必然会增强学习本专业的兴趣，提高学习本专业的积极性，提高分析问题和解决问题的能力，展现自己的职业素养，为今后从事相关的工作打下坚实的职业基础。

4. 拓宽自己的知识领域

科学技术的发展突飞猛进，知识的更新十分迅速，现在每天有 8000 篇左右科技论文发表。我国科技论文的总数已经跻身世界八强，因此，通过写农业科技文章，能了解和掌握各种农业科学和技术的写作要领，快速有效地阅读和理解农业科技文章的内容，及时拓宽知识面，不断更新自己的知识，构建全新的农业知识体系。

二、农业科技实用写作的分类

1. 科技说明类

它的主要功能在于解释和诠释。如产品说明书，说明产品的性能、用途、使用方法和保存方法。要求言之有物，言之有序，通俗易懂，操作简单易行。包括农业工程设计说明书、农产品说明书、毕业设计说明书。

2. 农业科技应用类

是科技工作者互通信息，处理事物，解决问题的惯用的文体。包括农业科技工作计划、农业科技工作总结、农业科技会议纪要、国际农业科技交流合作信函等。

3. 农业科技报告与论文类

农业科技报告是描述农业科学活动进展情况和结果的农业科技文章。有科研实验报告和科研考察报告。科技论文，即特指在刊物上发表或在会议上交流的学术论文，包括毕业论文、农业科研实验报告、农业科技考察报告等。

4. 农业科技项目文书

农业科技项目文书是为了从事和完成农业科技项目活动进行写作而必须采用的惯用文

体。包括农业科技项目建议书、农业科技项目开题和进度报告、农业科技成果鉴定。该文体在农业科技工作中起着至关重要的作用。

5. 农业技术合同

农业技术合同是当事人就技术开发、转让、咨询服务所订立的确定相互之间的权利与义务的合同。包括农业技术开发合同、农业技术咨询合同、农业技术服务合同、农业技术转让合同及国际农业科技交流合作合同。

6. 农业专利发明类

专利发明类讲的就是一种文书，它是一个系列组合。专利文书指的是以调整发明创造权利归属和实施为内容的文字材料。包括专利请求书、专利说明书、权利要求书、发明申请书。

7. 农业标准编写

农业标准编写是农业标准化工作的客观要求，是农业标准化工作中的一个不可分割的重要组成部分。农业标准的编制或修订除了必须遵循农业科技写作的一般原则和方法外，还要遵循标准化工作的基本原理和方法。农业标准编写属于一种规制性文章，有严格的规范性。农业标准编写是今后农业发展的要求。由于农业标准写作和制订的特殊性，本书不对其进行讨论。

三、农业科技实用写作的特征

农业科技实用写作是应用写作中的一种，具有应用写作的共同特征。但农业科技实用写作因写作对象、写作内容、写作要求与一般应用写作相区别，有着自己独具的个性特征。概括起来，农业科技实用写作的特征有以下几个方面。

1. 科学性

科学性是农业科技实用写作的重要特征。首先体现在态度的科学性上，每一位农业科技工作者，对于自己所发现的农业科学技术问题，所确立的农业科学技术项目，都应该是科学思维和技术实践的产物。其次，论点要正确，论据要充分，论证要严密，结论要客观，方法上要科学，运用公式要正确，数据要可靠，推理要有逻辑性。

2. 专业性

农业科技发展日新月异，决定了农业科技实用写作的内容要反映本专业的最新情况，适应专业的发展，体现专业的新特点。由于农业专业分工精细，每个专业拥有的读者群相对狭小，专业与专业之间差别很大，农业科技实用写作对专业要求严格。农业科技实用写作除了应用自然语言的符号系统——文字，还用非自然语言的人工语言——符号、公式、表格、照片、图像。农业科技实用写作部分文种具有重要学术性，即体现在观察问题的新视觉、分析问题的新见解、解决问题的新观点，从而形成自己的学术见解和创新点。

3. 规范性

随着农业科技发展，农业科技实用写作的体例逐步规范。同一文体在文面、基本格式和行款要统一要求，一般是固定不变，有约定俗成的同一性和规范性。如农业科技论文、合同类文书、专利表格的写作格式有相关的规范要求。

4. 实用性

农业科技实用写作的实用性体现在学习和工作的方方面面，其如果离开"实用"这个特点，会让使用者学无所得、用无所依、谋无所向，体现不了存在的价值。除了文种的实用性外，要注重通俗性、可读性，要用明白易懂的概念和道理去分析说明农业科技中的道理，遣词造句要文从字顺，不要刻意堆砌专业术语。真正有品位的农业科技文章，不但立论准确，说理清楚，格式规范，而且语言简明，通俗明了，文风严谨。

农业科技实用写作是农业科技的一个重要的、不可缺少的有机组成部分。从这个角度看，农业科技实用写作还应具有几个特点。

（1）农业科技实用写作是写作学的具体应用　作为写作科学的一个重要应用分支和一项具体的写作活动，农业科技实用写作遵循写作科学的一般原理和规律，并积极将现代写作科学发展的一切成果及时有效地应用于农业科技工作中，进而指导和推动农业科技实用写作水平的提高。

（2）农业科技实用写作是农业科技工作的有机组成部分　农业科技实用写作不同于一般意义上的写作学，是写作学在农业科技中的应用，它嵌合、渗透、贯穿在农业科技之中，并在其中发挥创新、构建作用。

（3）农业科技实用写作服务、服从于农业科技工作目标　任何农业科技工作，都有准确的目标，农业科技实用写作一定要围绕相应的目标，实事求是、客观公正地对农业科技活动进行分析，构思写作成一篇有价值的农业科技文章。

（4）农业科技实用写作尊重目标群体的语言习惯和理解能力　从我国目前的农业科技实际分析，农业科技实用写作活动涉及五类不同读者，即科学研究者、技术推广者、管理者、经营者和生产者。尽管对五类目标群体的沟通和传播目的不同，但他们都是农业科技实用写作的受众群体。五类群体由于职业范围和认识能力的差异，其语言习惯和理解能力也各不同，为此，农业科技实用写作应主动适应读者对象的语言习惯和理解能力，针对文章的不同读者对象，采取不同的语言风格和语言规范，以读者读懂、记住为目标，进一步提高文章的写作质量，这是农业科技实用写作的追求目标和努力方向。

第三节　农业科技实用写作的基本要求

语言能力作为写作内在潜质的重要组成部分，受到社会因素的制约，这种社会因素就是社会对语言规范的要求。农业科技实用写作的表达规范是指社会和行业对农业科技写作的规范要求。在农业科技实用写作中，学习和遵循农业科技实用写作特定的语言规范，熟知和掌握这些基本要求，才能丰富自己的写作知识，提高写作的能力，提高农业科技文章的质量和水平。

一、充分认识农业科技实用写作的意义，培养写作兴趣

要学好写作需要长盛不衰的写作激情，需要从根本上认识农业科技实用写作的意义，孜孜不倦地进行写作活动，通过艰苦细致深入的工作，才能取得成就。

1. 兴趣是最好的老师

有兴趣，写作才能主动，才能去追求，去探索，去发现和分析问题，总结经验，写作才能有突破和提高。如果对写作兴趣索然，会造成没有方向，没有动力，工作没有激情，何来的工作成效？"怕"往往是成功的绊脚石、拦路虎。

2. 科技实际需要提升科技理论和经验，农业科技实用写作是实现这种提升的有利途径

农业科技需要的是对其内部规律的探索和总结，是长期艰苦实践之后理论的升华。通过农业科技实用写作，可以把自己的发现、思考和实践中一些普遍和规律性的问题进行提炼，上升到理论。农业科技实用写作是实践转化为科技理论最通达的桥梁，是传播农业科技的有效方式。

3. 通过农业科技实用写作展现科研和技术成果

农业科技发展到今天，判断成果的有无、大小、优劣，除了方向明确的科研选题和扎实有序的科研过程之外，很重要的一条就是能否得出具有普遍指导意义的科研结论，而科研结论的得出，大都是通过农业科技实用写作来实现的。

二、以科学的写作态度来从事农业科技实用写作

理性、科学的写作态度，是一个思维品质问题；追求真理、实事求是的科学精神是科技写作精髓。因此，应特别注意在写作中培养良好的思维品质，端正科学态度。

1. 充分利用形象思维，拓展农业科技实用写作的想象空间

自然科学的发展，离不开形象思维，离不开丰富的想象能力和广袤的想象空间，试想，有哪些科技成果最初不是从"假设"开始的，越是重大的科研项目和工程课题，越需要运用形象思维大胆地展开想象。如果不这样，"杂交水稻"怎么能够获得成功并极大提高我国的粮食生产水平。如果不这样，我们今后又怎么进一步探索研究"超级稻"，解决世界粮食危机这一重大问题。形象思维的基本模式是假设—否定—延伸—否定—证明或拓展。

2. 运用逻辑思维，切实端正农业科技实用写作中的科学态度

从事农业科技工作，毕竟不是写小说、诗歌、散文。逻辑思维是农业科技写作的一个重要的思维模式，农业科技写作强调的是写作的每一个步骤都必须经过深入、仔细和反复的理性思考；每一个步骤都必须经过反复的推敲与验证，事例、数据、图表、计算都必须准确无误，全部过程都必须经过符合逻辑的推导和论证。科学的逻辑思维，理性的思考是农业科技写作最本质、最重要的思维品质，离开了这种思维品质，对任何科技工作都绝无"科学"而言。

三、具有扎实的写作功底

农业科技文章是一种信息载体。农业科技实用写作能力，就是一种信息获取、加工和创新的能力，就是一种将认识和思维进行词语化表达，进而将这种表达外化（物化）为新信息，使其产生可传播性、可识别性和可理解性的综合能力。

就宏观而言，农业科技实用写作应具有农业科技信息获取能力、信息发展能力和信息表达能力。

具体到一篇农业科技文章，作者必须具备遣词造句的基本功，做到用词得当、语句通顺；练好布局谋篇的基本功，做到构思合理，立意明确，段落清晰；具备使用标点符号的基本功，做到使用准确。除此之外，还必须注重它的科学性、专业性、规范性、实用性。

四、具有一定的写作规范

为了便于农业科技信息的收集、储存、处理、加工、检索、利用、交流和传播，农业科

技实用文章的撰写越来越规范，有的文章的编排格式按国家的文件要求逐步标准化。在写某一种农业科技文章时，必须查阅相关的资料文献，确定写作的基本格式，万不可自行其是。

农业科技写作的字体、表格的使用标准，不能自行主张；农业科技文章中的数字应按照国家标准《出版物上的数字用法规定》书写。

农业科技写作中的计量单位是以国际单位制为基础的法定计量单位，法定计量单位具有强制性，不能随意改动和变更。

农业科技写作的科技名词应尽量采用中国科学院编辑出版委员会名词室、国家标准局编定的名称，如《农学名词》、《土壤学名词》、《组织胚胎学名词》、《遗传学名词》等。尚未编定的可采用有关专业部门或所属科研单位规定的惯用名称，不能随意杜撰、自造名称和俗名。

表格及插图的绘制按照相关的规定制表和绘图，使表格及插图规范化和标准化，有国家标准的，按照国家标准的规定；确实无国家标准的，按相关部门的惯例，不可随意绘制。

第四节　农业科技实用写作的思维方法

前面简单介绍了农业科技实用写作的基本思维方法，为了保证农业科技实用写作的质量，提升农业科技文章的水平和档次，有必要系统掌握农业科技实用写作的思维方法。

一、写作的三种不同的思维行为

从本质上讲，写作属于人类的一种思维行为，是一种围绕主题而展开的思维模型建构行为。写作的最终结果——文章，实际上就是一个符号化的思维模型实体。如果把写作过程中发生的思维行为作为一个独立的对象来研究，这种思维存在着三个不同层次的行为过程。

第一种行为过程（FP）指在整个写作过程中，作者的大脑围绕主题的发现、主题的提炼、深化和主题的具体化所展开的思维活动。为了与其他关于思维的概念相区别，人们把写作过程的思维行为称为"写作思维行为"，用"FP"表示。它是一个在写作活动推动下，由写作目标控制的、发现问题、寻找解决问题方案、反映问题解决的行为，是写作中最具有创造意义的行为过程。

第二种行为过程（SP）指将思维行为转变为语言行为的过程，简称"写作思维编码行为"，用"SP"表示。就是应用语言要素，在写作者大脑中将"写作思维行为"进行语言转化，实现思维与语言的结合。

第三种行为过程（TP）指对第二种行为过程产生的结果（语言思维结果）进行符号化、介质化（外化）的过程，简称"写作思维结果介质化"，用"TP"表示。在这种行为过程中，作者将携带着各种思维结果的前语言变成能够发出各种信号（如光信号、声音信号等）的书面实体语言。

二、逻辑思维与论证方法

1. 逻辑思维

逻辑思维能力是农业科技工作者研究、写作过程中最关键、最重要的能力之一，这种能力是在逻辑思维知识运用中逐步培养形成的。逻辑思维是运用概念、判断、推理揭示思维对象的内在联系，反映其客观规律的思维方法。其本质特征是抽象性，体现为间接性、概括性。科学抽象就是以逻辑思维为核心，抽象出对象的本质的、普遍的属性，可用于解释新现象，解决新问题，保证科研和写作活动的顺利开展。

逻辑思维的形式有概念、判断、推理三种。概念，是思维对象的本质、范围的概括，是逻辑思维最基本的形式。它由词语来表达，以词语为外壳，它的基本特征是内涵和外延。内涵是概念所反映的事物的本质特征，具有普遍性和重现性；外延是概念所包括的对象，可以量化。失去内涵和外延就不是概念，农业科技写作必须认定概念，弄清概念，才能保证有效进行。

判断是对概念之间具有必然联系的断定。断定具有必然性的，称为肯定判断；断定不具有必然性的，称为否定判断。观点、论点就是判断。如"科学技术是第一生产力"，"科学技术不是上层建筑"就是两种不同的判断。判断必有断定，即肯定或否定。判断有真、假之分，这就要求在形成观点、论点和认定事实时特别注意。

推理是由已知的判断推导出新判断的思维方式，是科学抽象的高级形态。它是科研出成果、科技写作进行论证必须运用的逻辑的复杂形式。推理有演绎推理、归纳推理、类比推理三种不同形式，符合推理规则，得出的结论才是必然、可靠的。

2. 论证方法

论证方法是农业科技论文写作中论证论点的逻辑方法，有归纳论证法、演绎论证法、类比论证法三种不同形式。

归纳论证法是按照一般存在于个别事物之中的原理，由已知的许多个（特殊）事物推知（概括）同类事物共同本质、特征和规律的逻辑方法，即个别到一般。归纳论证法有完全归纳法和不完全归纳法两种。由于客观事物是无穷的，农业科研和写作常用不完全归纳法，不完全归纳法分为简单枚举法、科学归纳法两种。前者列举部分对象有某一属性，无相反的情况，推出该类所有对象都具有这一属性；后者根据某类部分对象与某一属性之间的必然联系，推出该类所有对象都具有这一属性。

演绎论证法是按照一般与个别相联系（蕴涵）的原理，由已知原理、共性推出个别事物的本质、特征和规律的逻辑方法，即个别到一般。推理方向与归纳相反。

类比论证法是根据两个以上或两类有许多真实而相同、相似的属性推出它们相同、相似的其他属性的逻辑方法，即个别到个别。它以联想、比较为基础，可靠性取决于相比对象之间的相关度与数量。其相关度越大，数量越多，越趋近可靠。同时它又具有创造性。

农业科技论文写作，往往综合运用几种逻辑论证方法，而且推理形式有省略和变化，不像逻辑书上那样完整和规范。因此，作者平时就要加强这方面的学习和训练，写作中运用这些方法时应认真思考、反复比较，以免出错。

三、形象思维与表达

1. 形象思维与科技写作

形象思维是借助事物的感性形象来反映和把握事物特点和本质的思维活动。这种思维活动在从感性认识到理性认识的思维过程中，始终不脱离具体现象和个别事物的表象，不摒弃表现事物的本质，通过联想、想象、象征和典型化等手法，创造出独特、完整、生动的形象，并用它去揭示生活及事物的本质和规律，是人类的基本思维方式之一。科学研究需要形象思维的帮助，需要直觉、想象、幻想来拓展空间，推动思维的飞跃。

形象思维有两种，一种是艺术形象思维，另一种是科学形象思维。它们两者的区别在于，艺术形象思维可以夸张、虚构，而科学形象思维却只能进行模拟和客观描述；艺术形象思维主观色彩强烈，而科学形象思维主观色彩不强烈；艺术形象思维的形象主要讲求"美"，而科学形象思维的形象主要追求"真"。

科学形象思维最大的特点是形象化，即思维中逼真地再现客观事物的可感触的具体特征。要做到形象化，在农业科技实用写作中，必须注意两点：第一，重视对细节的观察和思考，真实的细节常常是重大发现的先导；第二，农业科技实用写作的主体对客观事物的认识、态度和评价应从生动形象中自然流露出来。

2. 形象思维的方法及其在农业科技实用写作中的应用

（1）形象思维的方法——想象和联想　想象是对头脑中已经有的表象进行加工改组后重新组合成新形象的过程。科学想象是推测事物现象的原因与规律的创造性思维活动。根据发生方式和创造程度分为再生性科学想象、创造性科学想象和科学幻想。联想是在知觉或回忆某一事物时，连带回忆起有关的其他事物的心理过程，联想是想象的初级阶段，想象过程中始终伴随联想。联想的方式有接近联想、类似联想、对比联想。

运用想象和联想应遵循其内在规律，要注意以下几点：第一，要自觉地在实践中积累大量的感性材料，以丰富自己表象的贮备；第二，要不断丰富自己的知识，记忆前人创造的大量有价值的形象材料；第三，要爱想象、敢想象，善于用科学的方法想象。想象要以现实为基础，以理性为指导，以激情为动力，用语言来表示，而不能胡思乱想。

（2）形象思维在农业科技实用写作中的运用　想象和联想给农业科技写作选题带来无限的契机，农业科学研究人员要总结前人关于科学实践的记录，诸如文字、图表、摄影、录音等，以既成的科学事实或被公认的科学知识为基础，去思考尚未感知的科学形象的运用。

想象和联想有助于感性材料的整理、加工和升华。一方面，想象和联想使农业科技实用写作中大量的感性零星材料通过接近性、类似性和对比性联想建立有机联系，使这些材料得以归纳和总结。另一方面，想象和联想还突破直接经验材料的限制，与间接经验材料（如文献等）融合，借助逻辑分析产生新的认识。

形象思维丰富了农业科技实用写作的手法。采用科学形象描述法，达到准确而客观的目的。它经常运用于农业科技论文、农业科学报告、农业科普作品之中；引用故事或趣闻开头，增强农业科技作品的形象性和趣味性，在农业科技小品、农业科技评论中经常运用；采用图表，可达到直观、简明的效果，因此也大量运用于各种农业科技作品之中。

农业科技实用写作中的形象思维，是通过叙述、描写、抒情这三种方式表达的。

叙述是客观地揭示人物或事件发生、发展、变化的具体过程。侧重交代概貌和原委。它有时间、地点、人物、事件、原因、结果六个要素。有概括、简要叙述，也有具体、详细的叙述。叙述能有效地展开某些农业科学研究的具体过程，深刻揭示事物的本质和规律。叙述的基本要求是线路清楚，主次分明，详略得当。

描写是对人物事件具体的形态特征进行描绘和刻画。农业科技实用写作采用的是科学描写，科学描写注重写实，客观分为现象描写、特征描写，通过对某些事物特征的描写，揭示事物的现象和本质，或用来做理论的分析依据。科学描写的基本要求是形象逼真、特征鲜明、适时适度，多用于农业科技论文、农业考察报告、农业研究报告、农业科普说明文、农业科学小品中。

抒情是展示、描绘和抒发人的感情及其变化过程，在农业科技实用写作中不用或较少用。

综合训练

一、基本概念练习

1. 填空题

（1）农业科技写作学具有_____、_____、_____、_____四个特征。

（2）农业科技写作活动的结构是指_____、_____、_____；农业科技写作书面语言方式分为_____、_____两类。

（3）农业科技实用写作分为_____、_____、_____、_____、_____、_____、_____七类。

（4）农业科技实用写作的特点是_____、_____、_____、_____、_____。

（5）逻辑思维的形式有_____、_____、_____三种；形象思维有_____、_____两种。

（6）对农业科技写作进行系统分析，核心是对系统_____及其_____关系的分析，就是要解决科技写作过程中_____、_____、_____的三个问题。

2. 判断题（正确的打"√"，错误的打"×"）

（1）农业科技写作功能是指农业科技写作系统与内部环境的关系。它是写作系统存在的内容，是写作系统的过程。（　　）

（2）农业科技写作工具是指把农业科技写作主体的脑力劳动和体力劳动传导到农业科技写作对象的一切活动。（　　）

（3）农业科技实用写作水平的高低，与写作能力有关，与农业科技人员业务水平无关。（　　）

（4）农业科技实用写作是写作学的具体应用，不必尊重目标群体的语言习惯和理解能力。（　　）

（5）追求真理、实事求是科学的精神，与农业科技实用写作无直接关系。（　　）

（6）农业科技实践需要提升理论和经验，农业科技实用写作是实现这种提升的有利途径。（　　）

3. 选择题

（1）农业科技写作的思维方式是（　　）。
   A. 逻辑思维　B. 艺术形象思维　C. 灵感思维　D. 创造性思维　E. 科学形象思维

（2）农业科技实用写作的文本要素组合方式多种多样，但大体可以概括为（　　）。
   A. 主体、层次　B. 主张、结构　C. 语言、表达　D. 材料、结论　E. 起、承、转、合

（3）农业科技写作三种不同思维行为是（　　）。
   A. 写作思维行为　B. 写作思维编码行为　C. 写作思维结果介质化　D. 逻辑思维　E. 形象思维

（4）科学性是农业科技实用写作的，体现在（　　）。
   A. 科学态度　B. 主观态度　C. 权威态度　D. 客观态度　E. 方法态度

（5）农业科技实用写作中的形象思维，主要是通过（　　）来表达的。
   A．叙述　B. 描写　C. 夸张　D. 比喻　E. 拟人　F. 抒情

二、简答题

1. 农业科技写作过程必须抓好哪些环节？

2. 简述农业科技论文的论证方法。

3. 简述形象思维在农业科技实用写作中的运用。
4. 农业科技写作的文本结构是什么？
5. 简述农业科技实用写作的意义。

三、论述题
1. 论述农业科技实用写作的基本要求和写作规范。
2. 论述农业科技的写作过程和特点。

第二章 农业科技说明文书

【知识目标】

了解工程设计说明书的作用、特点和基本格式；掌握产品说明书的分类形式和产品说明书的写法；熟悉毕业设计说明书的特点、基本内容、写作步骤和要求等。

【能力目标】

学会写作工程设计说明书、产品说明书和毕业设计说明书；能在查阅相关资料后按格式编写农业科技说明文书。

【素质目标】

熟悉并分析判断各类农业科技说明书的内容；具体通过细读各类农业科技说明书，掌握相关产品和材料使用方法；提升对各类农业科技说明书重要性的认识。

第一节 农业工程设计说明书

一、农业工程设计说明书概述

工程设计说明书是科研人员和工程技术人员为某项工程设计过程和内容进行解释和说明的技术性文件，它是施工单位进行施工的依据，也是使用单位对工程竣工后验收的依据。工程设计说明书在确保工程质量、全面体现工程的总体意图等方面起着重要的规范作用。

广义的工程设计说明书，包括设计说明书、设计图纸和设计概算书三部分，共同解释说明整个工程项目。狭义的工程设计说明书专指文字说明部分，即按照工程的任务要求，将工程设计的情况、成果加以表述的文字材料。设计说明书由总说明、工艺总说明、田间工程说明、土建工程说明、仪器设备说明和各专业说明等内容组成。有些工程设计中涉及大量计算问题，为使说明书简明扼要并便于审查计算是否正确，还应编制计算书，将设计中的主要计算问题的计算方法和计算过程汇集在计算书中。

农业工程设计图纸通常分为房屋类建筑物构筑物图纸和田间工程类构筑物图纸二大类。其中房屋类建筑物构筑物图纸包括：总平面图，建筑平、立、剖面图，工艺（设备）布置图，结构、水、暖、电、通风、空调等专业系统图或布置图；田间工程类构筑物图纸包括：总平面图，竖向布置图，典型构筑物平面、剖面图，专业系统图等。农业工程概算书由工程总概算书、单项工程概算书、单位工程概算书、主要建材用量表组成。

高校大学生尤其是农、工科相关专业的学生，作为祖国建设的生力军，可能会参与农业建设工程的设计、施工、监督、验收等各项工作，因此学习好工程设计说明书的有关知识，培养工程设计能力，对今后的实践工作有较大的实用意义。

1. 工程设计说明书的特点

工程设计说明书是对整个工程项目全盘设计构想，统筹规划，并对工作图纸进行解释和说明的技术性文件。设计说明书由有关的主管单位（或委托设计单位）负责编制设计，经各级技术负责人（主任工程师、总工程师、设计院院长等）审查通过。经过程序审阅、批准，它就是项目建设施工的依据，也是竣工验收的标准。

工程设计说明书的主要特点在于"说明"二字，它主要用说明的表达方式反映设计情况和成果，既不需要议论，也不需要描述，说明是它的基本表达方式。由于这一基本特点，又产生了三个附属特点，即工程设计说明书的科学性、群体性和完整性。

（1）科学性　工程设计任务书的撰写是在对客观条件进行全面了解，科学分析的基础上按照任务的要求，由各方面的设计人员根据各自的专业知识进行科学设计的过程。工程设计说明书中陈述的内容、事实和数据都要有科学依据，必须真实、准确、可靠，不能胡编瞎造，也不可采用概数，甚至连一个名称、数字、符号都必须按规定书写。在语言表达上要明确、具体、清晰，不可含糊其辞，模棱两可，体现这一文体的严密科学性。

（2）群体性　一个大中型建设工程的设计是一种复杂的、群体的脑力劳动，是多专业、多工种共同配合协调进行的工作。大中型工程的设计任务书由总工程师编制，该工程所属的各个分工程的设计任务书由责任工程师编制，然后汇集起来。因此，这是权威和群众相结合的产物。设计说明书代表着设计单位的意见，高校相关专业的学生写作的设计说明书代表着个人的专业水平和见解。

（3）完整性　工程设计任务书主要由设计说明书、概算书和设计图纸三部分组成，缺一不可。设计说明书要全面、具体；概算书要准确、详细；设计图纸要清晰、齐全。只有这样，才能使有关专家和施工技术人员正确理解说明书的内容，保证工程施工的顺利进行。

2. 农业工程设计说明书的类别

农业工程所含范围较广，大体可分为三部分，即田间水利工程、农业建筑工程、仪器设备工程。具体包括种植业的田间水利工程、田间道路工程、现代温室大棚建设、农业观光园区建设等；养殖业的工厂化养殖（牛猪鸡）场建设等；农产品加工存储业的种子库房、商品粮库房、种子加工厂、粮食处理中心、农产品加工厂等；以及农村能源的沼气工程建设等。

现行的农业工程设计中，还没有一个统一的农业工程设计规范，而是依据相关专业的规范来进行。例如：农业工程中的农田水利工程是依据水利部水利工程设计规范；农业建筑工程所依据的规范是建设部工业与民用建筑工程的规范；农业工程中的机耕路、涵洞、农桥等工程，采用的是现行的路桥规范；种子加工工程，依据农业专业的相关规范等。所以，农业工程设计采用的规范多，有水利部规范、建设部规范、公路规范，还有其他一些规范。

农业工程中除水利工程和农业建筑工程外，还有一些道路和桥梁工程，但这些工程的标准较低，都是一些农田路、机耕路、小型桥梁、涵洞等工程采用的规程规范，并且标准图集等都是现行的路桥工程的规程规范。

现行农业工程设计和建设中，虽然借助其相关专业的规程规范和定额，但是，由于工程类别不同，所需产品的功能要求也不同。实际上，农业工程和其他工程是有很大差别的，比如：农业工程中的田间工程，虽属于水利工程，但与水利工程是有差别的，建设的重点不一样，水利工程应突出的是水利，包括防洪、灌溉、排水等工程，而农业工程则是应该以农业为主的水利工程。同样，农业工程的农业建筑工程与工业和民用建筑工程又有很大的区别。所以说，在农业工程建设中采用相关专业的规程规范，只能是借用，而且应该是有选择地采用。作为一个工程类别的工程建设项目，应该有自己的规程规范，因此，国家相关部门应该尽快出台、完善农业工程设计标准，建设标准，验收标准。

二、农业工程设计说明书的基本格式

一项正式的基本建设项目设计,须编写工程设计任务书,经初步设计、技术设计与施工设计三个程序。设计任务书是预先对整个设计项目提出具体任务、指标参数、内容、原则和要求的文件。一份完整的工程设计说明书由封面、目录,正文和附录三大部分组成。

封面的内容包括设计说明书的名称、设计号、项目负责人、设计负责人、设计单位及日期。如果一个工程分成若干个分工程且由两个以上的设计单位设计完成,各个分工程的说明书则需分册编排。各分册的封面上除写明总项目名称外,还要写明分册编号和分项目名称(分册编号由设计总负责人会同主体设计单位排定)。大中型项目的说明书的内容较多,应在封二编排目录。

工程设计说明书的正文由文字说明、设计图纸和概算书三个部分组成。各种工程因建设目的、使用要求和工程性质等不同,设计说明的内容和重点也有所不同。工程设计说明书的内容一般应包括以下 6 个方面。

(1) 设计的依据和目的　首先说明本设计的依据,即说明本设计的委托单位所提出的设计任务书,这是必备的设计文字依据。应概述本设计的指导思想与目的,提出设计的基本内容与条件。

(2) 设计的任务及范围　这是设计说明的重点部分,工程项目不同,内容也就不同,应根据建设项目的性质来确定写作内容。如新建一座现代化养殖场就包括建筑规模、自然地理条件、水电、施工进度、公用设施、三废处理和综合利用、主要建筑物及其布局构成等。

(3) 建设日期　说明工程完成日期。对于大的工程,还应分阶段说明完成日期,写明施工工期并安排次序。

(4) 投资控制额　写明各工期投资经费及支付情况,并列表说明。

(5) 劳动定员控制数　列表说明各类人员(管理人员、技术人员、工人)的配备情况,提出控制数额。

(6) 主要技术经济指标　预测所设计工程能达到的技术水平和经济效益,这部分是衡量该工程质量的标准。有时提出两个或两个以上的方案进行技术、经济比较,从中选出优秀方案。

附录应列出其他需要说明的内容。如批准的可行性报告,设计任务书,科技工作计划,选送报告和环境质量影响报告,各种批文、协议、合同书、概算书(工程建设经费预算)和工作图纸等。工程设计图纸、设计概算书和主要设备材料表等虽放在附录部分,但是属于工程设计说明书的主要文件。若缺少这些文件,工程就无法具体实施,工程质量督查验收就失去了具体标准。

上述内容各工程可视具体情况做出详略取舍。工程规模较小时可将说明书、计算书和预算书合并,工程规模很小甚至可将四部分合为一个文件,文字说明可附在设计图纸之上;大中型工程,设计说明书往往单独成文,或者分章分节甚至分册编写详细说明,附设计图纸,工程概算书和计算书。

1. 水利工程设计说明书

水利工程在农业工程中占有相当一部分,现行农业工程设计中常用的水利工程规范有:GB 50288—1999《灌溉与排水工程设计规范》、DL 5077—1997《水工建筑物荷载设计规范》、SL 265—2001《水闸设计规范》、NB/T 35023—2014《水闸设计规范》等。以混凝土重力坝设计实训为例,介绍水利工程设计说明书编写的基本内容和过程。

(1) 了解任务书及分析原始资料　设计任务及原始资料是设计工作的依据，因此必须首先全面了解本设计的任务。熟悉该河流的一般自然地理条件，坝址附近的水文、气象特性，枢纽及水库的地形、地质条件，当地材料，对外交通及有关规划设计的基本数据。只有在熟悉资料的基础上才能正确地选择建筑物的类型，进行枢纽布置，建筑物设计及施工组织设计，因此应该把必要的资料整理到说明书中去。

(2) 坝轴线选择　根据坝址地形、地质、建筑材料、施工条件、工程量、投资并结合枢纽布置，对给出的上、下两条坝轴线进行比较，选定一条有利的坝轴线。

(3) 坝型选择　可选取三种坝型，根据地形、地质、建筑材料、气候条件、施工情况及工程量、投资等方面综合比较，选定坝型。

(4) 枢纽布置　根据选定的坝轴线从地形、地质、施工、运用等方面大致确定建筑物的相对位置，建筑物形式，并加以定性分析和论述，确定枢纽工程的等级及建筑物级别。

(5) 建筑物设计

① 主要建筑物——坝工设计。

a. 确定断面尺寸及平面布置。根据规范要求，参照已建工程并考虑本工程的具体情况，确定坝坡、坝顶高程、坝顶宽度、防渗体及排水体尺寸，确定岸坡坝段的坝型及断面尺寸，绘出坝的剖面及平面布置图（考虑河岸坝段与岩坡坝段的连接）。

b. 渗流计算。用水力学法，计算正常高水位时最大断面、各控制断面的浸润线及单宽渗流量、总渗流量。

c. 坡稳定计算。用圆弧滑动有效应力法校核最大坝高断面的上、下游坝坡的稳定。

d. 沉陷量计算及裂缝校核。用单向压缩分层总和法计算坝身及坝基的最终沉陷量，预留大坝的沉陷加高。

计算坝身坝基竣工后沉陷量，用不均匀沉陷斜率法计算大坝纵向、横向斜率以校核裂缝，说明防止裂缝发生的工程措施。

e. 细部构造设计。包括坝顶、护坡、反滤、坝体及坝基的防渗透、排水。

② 泄水建筑物设计。

a. 溢洪道设计。水力计算：计算千年一遇洪水时泄流能力、水面线和下游消能，校核边墙高度，验算冲坑是否危及大坝安全；结构计算：对闸室闸墩、陡槽底板进行稳定、应力及配筋计算。

b. 导流泄洪洞设计。水力计算：计算年洪水时泄洪能力、水面线及出口消能，校核无压洞的净空及出口建筑物的安全。结构计算：按百年设计洪水对有压断面和无压断面进行结构及配筋计算。施工导流：根据坝址区地形、地质、建筑材料和施工条件工程量，选取两种导流方案，综合比较，选定导流方式，确定采用什么形式的围堰。

(6) 工程量计算　详细计算坝体的各部分工程量，为下一步做施工总进度计划做准备。

(7) 施工总进度计划　根据施工条件、施工导流方式、施工方案、施工场地、可能供应的材料、机械投资以及省、地区领导意见进行安排。设计图是工程设计的主要成果，一律用 1# 白色道林纸、绘图铅笔绘制。要求制图正确，图面饱满，没有重复，线条分明，字体工整，尺寸齐全，比例尺及材料符号等符合《水利水电工程制图》的要求。

【范文 2-1】

土石坝枢工程设计说明书

第一章　工程概况

第二章　设计的基本资料及水库工程特性
第一节　设计的基本资料
一、水文气象
二、工程地质
三、筑坝材料及其物理力学性质
四、水库的运用要求
第二节　水库工程特性
第三章　枢纽布置及工程等级
第四章　坝工设计
第一节　坝型选择
第二节　坝的断面设计
一、坝顶高程确定
二、坝顶宽度确定
三、边坡确定
四、防渗体尺寸确定
五、排水设备的形式及其基本尺寸的确定
第三节　土坝的渗透计算
一、计算情况（包括计算断面的确定，上下游水位各计算断面的尺寸）
二、计算方法及计算公式
三、各断面的渗量及浸润线坐标
四、全坝长的总渗流量
第四节　土坝的稳定计算
一、计算的基本数据及计算情况
二、计算方法及计算公式
三、各种情况下上下游坝坡的安全系数值
四、计算情况的讨论
第五节　土坝的沉降计算
一、计算的基本数据及计算断面（包括各计算断面坝体及地基）
二、计算情况、方式及计算公式
三、各断面沉降计算的结果
四、裂缝校核
第六节　土坝的细部结构
一、坝体结构（指河床及河岸坝体）
二、坝顶的构造（包括防浪墙的结构及尺寸）
三、上游护坡的结构尺寸
四、下游护坡的结构及尺寸等
五、反滤层及过渡层的设计
六、排水的结构
七、截水槽的结构及尺寸
八、地基处理

九、坝与两岸的连接

附：工程设计图（包括枢纽平面布置图1张，土坝断面图、上下游立视、细部构造图3张，溢洪道或导流泄洪洞布置及主要细部构造图等2～3张），总概算表，单项工程概算表（略）。

【评析】

本大型水利工程设计书涉及的内容较多，采用分章节的形式编排，条理清楚，层次分明，结构完整。正文部分首先简要概述整个工程的总体情况，介绍了设计的基本资料、工程特性和工程等级等。然后重点突出坝工设计中坝型选择、坝断面设计、各种计算、细部结构等做出具体说明。附录部分附有工程设计图、总概算表、单项工程概算表等材料，为顺利施工提供依据，体现了设计的实用性和科学性。

2. 农业基础设施工程设计说明书

农业工程中除水利工程外，农业基础设施工程占有一定的比例，约占20％左右。随着现代农业的不断发展，农业建设工程的比例应不断提高。要搞好农业基础设施工程建设，现行的规程规范中，还没有农业工程的相关设计规范，目前不得不借用现行的建筑工程、路桥、水利规范等。

下面以农业基础设施建设项目为例，简要介绍设计说明书的内容。

【范文 2-2】

×××村农业基础设施建设工程设计说明书

第一部分　设计说明书

第一章　概述

第一节　项目建设依据及工程施工的必要性

一、项目建设的依据

二、项目建设的必要性

1. 社会经济情况

2. 水利设施现状

3. 农业设施现状

4. 林业设施现状

5. 电力设施

6. 交通条件

第二节　建设任务

一、建设目标

本建设是以改善农业生态环境、提高农业生产能力为中心，通过田、水、路综合治理，充分发挥项目区资源优势、人才优势，配套好田间灌溉工程、排水工程、路网工程，同时改良土壤，使项目区内农业生产条件得到改善，调整农业种植结构，提高农业开发的综合效益，达到增产增收目标，促进当地农业和农村经济的持续发展，为农业综合开发提供完善的保障体系。

二、建设内容

项目区水利措施受益面积1700亩（$1.13\times10^6\,m^2$），建设内容：新建一座水塘，库容2.4万立方米，新建引水渠1条长504m，提水泵站2座及大井1口，防渗渠道改造0.9km，小水渠改造1.7km，400亩（$2.67\times10^5\,m^2$）水果地管灌系统布置。DN75UPVC管铺设16800m，DN315UPVC管铺设612m，DN160UPVC管铺设1088m，DN50UPVC管铺设

1536m，设分水闸 6 座，节制闸 1 座，新建田间道 2.13km，生产路 1.12km。

第二章 工程设计（重点内容）

第一节 设计依据

第二节 工程设计

一、设计原则

二、工程总体布置

三、构筑物典型设计

1. 引水工程

2. 提水工程

3. 管灌典型工程设计

4. 田间排水工程设计

5. 道路工程设计

(1) 田间道

(2) 生产路

6. 渠系建筑物

第三章 施工组织设计

第一节 施工条件

一、工程条件

二、自然条件

1. 项目区的地理位置

2. 项目区自然条件

第二节 施工技术

一、道路工程

二、灌溉渠道及排洪沟施工

三、技术措施

四、质量、安全措施

五、工程施工进度

项目计划施工期 4 个月：前期准备半个月时间，道路工程安排 1.5 个月完成，灌排工程安排 1 个月时间完成，扫尾竣工验收 1 个月。

第四章 项目建设组织与管理

第一节 组织机构和实施管理

一、组织机构设置

二、实施管理

第二节 建成后运行管理与维护

第五章 结语和建议

第一节 结语

第二节 建议

第二部分 工程预算（包括编制依据，定额依据，取费标准，工程总投资等。附有总预算表，工程概算表，单价分析汇总表，施工机械台班费汇总表，材料预算单价表等）

第三部分 工程设计图纸（略）

【评析】

本说明书结构完整，条目清晰，层次清楚，格式规范，对农业基础设施全面规划，单项具体安排，内容设计周全，是一篇较好的范文。

三、农业工程设计说明书的写作要求

1. 农业工程设计说明书写作的要求

工程设计说明书是基本建设工程项目审批的必备文件，在确保工程质量、全面体现工程建设的总体意图等方面起着重要的规范作用。编写或设计人员必须熟悉与工程建设相关的国家法律、法令和法规，执行国家标准和行业规范。在编制工程设计说明书之前要明确设计任务书的范围和目的，对工程建设有关的自然资源及各种方案的技术经济比较等进行全面的调查了解，广泛搜集资料，为编制设计文件提供基础。

在工程设计说明书写作过程中应注意以下要求。

① 农业工程设计应遵循技术先进、安全可靠、注重质量、经济合理的原则。农业建设项目中用于生产、非生产的房屋建筑类工程设计还要符合"适用、经济、在可能的条件下注意美观"的建筑设计方针，力求提高工程建设技术水平和经济效益。

② 说明书中内容务必真实准确。所采用的各种数据，必须正确可靠，有科学根据；所列的图表应反复审核，确保正确无误。

③ 条目力求明晰醒目，层次清楚。一来便于审查；二来便于各部门、各环节落实任务，做到有序施工。切勿前后颠倒、重复。

④ 行文务求严谨规范。采用专业术语进行表述，文理要清晰，语言要通顺，不能有任何歧义。名称、术语、数字、符号要按相关规定书写。

2. 农业工程设计说明书写作中应注意的问题

(1) 关于设计内容问题　设计内容应完整，常见问题有：初步设计只反映房屋类建筑物的建设内容，不反映田间工程的内容；房屋类建筑中，反映建筑、结构、给排水等建筑工程的内容多，反映工艺设计、工艺流程的内容少；设计说明一般化内容多，专业性说明或有针对性说明少；设计内容偏离可研报告、可研批复，对可行性研究报告遵守不够；初步设计反映非固定安装的仪器设备内容少。

(2) 关于建设标准问题　农业建设项目建设标准涉及建设规模与项目构成、选址与建设条件、工艺与设备、建筑与建设用地、配套工程、防疫设施、环境保护、劳动定员等方面的要求及主要技术指标。

(3) 关于设计深度问题　首先，在工艺设计方面应做到工艺方案落实，工艺线路明确，工艺流程全面、具体。其次，在建筑物、构筑物设计方面，场区总平面、建筑、结构、水暖、电各专业系统确定，设备选型、数量确定。各专业之间配合协调，无重要矛盾。

(4) 关于设计概算问题　应重点把握以下几点：①费用要完整；②要提供单项工程概算表、单位工程概算表；③单位工程、单项工程单方造价、技术经济指标及其占总投资比例等数据应控制在合理范围；④注意审查工程量和取费；⑤注意核定主要仪器设备、建筑装修、主要建材价格。

(5) 关于设计质量问题　设计质量问题是一个综合性问题，除上面反映的各问题之外，还有图面错、漏、碰、缺问题，设计不合理、不完善等问题。同时，还要特别注意是否存在不严格执行国家强制性法规的问题，是否有结构、消防、生产、环保等安全隐患问题。

第二节　产品说明书

一、产品说明书概述

产品说明书，又称商品说明书，简称说明书，是产品生产者就产品的性能规格、构造用途、使用和保养方法以及维修等事项的书面介绍说明，它是一种指导消费的说明性文书。它伴随着产品广泛进入生产、科研、贸易、生活各个领域，具有指导消费、扩大销售和反馈信息的作用。

1. 产品说明书的含义和特点

产品说明书的主要作用是介绍产品，服务用户，向消费者传递产品信息和说明有关问题，以帮助消费者正确使用、保养产品，有效地发挥产品的使用价值，是生产厂家介绍和宣传产品的重要媒介。同时产品说明书作为用户认识和正确使用产品的指导书，产品说明书有科学性、实用性、条理性、简明性等特点。

（1）科学性　产品说明书的内容必须真实、客观、准确地反映产品的实际情况，经得起实践的检验，对有关知识、原理的介绍要恪守科学性，不能夸大其辞，应遵守商业道德，向用户负责，维护消费者的合法权益。特别是药品说明，如果稍有不科学之处，就可能产生严重的后果。此外，还应该说清楚使用该产品应注意的事项或可能产生的问题，使产品更有效地发挥使用价值。

（2）实用性　产品说明书主要是以说明为主要表达方式，客观、真实、详细地向消费者介绍产品特点、性能、用途、使用维修方法等，使消费者能对照说明书会使用、会维修，从而全面地了解商品，认识商品。

（3）条理性　用户要按产品说明书去使用产品，因而，对产品的性能、用途、特点和内容应逐条予以说明，做到条理清楚，次序分明。产品说明书常常按照产品结构的空间顺序和使用产品时的操作顺序对商品的使用和保养方法进行详细介绍。

（4）简明性　产品说明书是以用户为主要服务对象，否则，用户看不懂，就形同虚设。因此，产品说明书的语言应通俗浅显、简洁明白，要少用和不用专业术语和生僻词语。对产品的构造、装配方法、操作技术、注意事项等说明，要配以图样、表格及照片，作具体形象的解说，使用户准确掌握，牢记不忘。

另外，产品说明书在功能上和广告、商品介绍等非常相近，对于宣传企业、推销产品所起的作用大致相同，但也有明显的区别。首先，目的不同。广告主要用于促销；产品说明书尤其是新产品说明书主要是让用户了解、熟悉产品；商品介绍主要是让消费者掌握商品特点和使用方法。其次，宣传方式不同。广告可以通过各种媒介向广大群众宣传；商品介绍和产品说明书一般只随商品、产品送给用户。第三，写作方法不同。广告用语尽可能生动、活泼；商品介绍和产品说明书则要求朴实、简洁。第四，对消费者的影响不同。广告，人们可看可不看；产品说明书则非看不可。

2. 产品说明书的类别和形式

产品说明书根据说明对象生产的不同可以分为工业产品说明书、农产品说明书、科技产品说明书、商业服务说明书等。根据对不同规格、不同性质产品的说明主要分为系列产品说明书、产品安装使用说明书和使（服）用说明书。

产品说明书在写作上一般分3种形式。

（1）条款直述式　把要说明的内容分成若干类别，然后按照一定顺序逐项书写。其优点是内容具体、层次分明、条目清楚。通常用于简单产品的说明。

（2）短文评论式　采用概括和叙述的方式对产品进行介绍和说明。其优点是内容完整、意思连贯。

（3）自问自答式　将要说明的内容归纳成问题，按一定顺序提出并逐一作答。特点是针对性强，便于查找和解决问题。

在产品说明书中，还可以配以插图或表格，使抽象说明变得具体直观，帮助消费者准确、快速而又轻松地理解所要说明的内容。

简短的商品说明书，为了方便，一般印在产品或产品的包装上（包装纸或盒）。对于篇幅较长、需要向使用者全面详细说明的产品，由于要说明的事项过多，也可以将说明书编成小册子，包括封面、标题、目录、概述、正文、封底等。如某些软件说明书，分章分节地指导消费者运用该软件。特别复杂的，一般既有文字说明，又有图表图例，做到图文并茂。

二、产品说明书的基本格式

1. 农机产品使用说明书

工业产品说明书的编写必须贯彻执行 GB 9969—2008《工业产品使用说明书总则》和 GB 5296—2012《消费品使用说明总则》等国家标准的规定。农机产品使用说明书是指导农机产品的安装、调整、使用和维修的重要技术文件，因此应当按照国家标准规定的要求和内容进行编写。为了指导企业正确地编写产品使用说明书，GB/T 9480—2001《农业拖拉机和机械、草坪和园艺动力机械使用说明书编写规则》对农机产品使用说明书的编写作了严格的规定，包括使用说明书的内容、使用说明书的编写规则等。

产品的使用说明书主要内容应包括：机具的适用范围、主要性能特点及主要技术参数，产品执行标准代号，列入工业产品生产许可证管理的产品要有生产许可证编号，机具的基本结构、工作原理及特点，安装、调整及作业前的准备工作，使用操作规程及一般故障排除，安全警示、"三包"责任承诺和随机配件清单等。完整的农机产品使用说明书大致应包含如下主要内容。

（1）封面　应给出产品的识别信息，包括规格、型号、产品名称；使用说明书的编号和出版日期；生产企业全称等。

（2）封二　包括前言或概述，说明使用说明书的用途和作用。其中，用途包括产品的预期、用途和适用范围，必要时也可说明产品的不适用范围。

（3）封底　制造企业名称、地址、联系方式（如电话、邮政编码、网址等）。正中还可印上醒目的商标。

（4）目录　说明使用说明书所包含的内容。如果是篇幅较长、装成一本的产品说明书，为了便于读者翻检，还需有目录。如果是只有几张纸的简单产品说明书，则可不设目录。

（5）正文　①安全保护。包括安全注意事项、安全警示标志说明。②产品型号的组成及其代表意义。说明书中应说明机具型号中符号、数字所代表的意义。③结构特征与工作原理。阐述机器（机具）的主要结构特征，给出机器（机具）的组成，并配结构图，让用户了解和熟悉产品的结构及其各部分名称。阐述工作原理应简明扼要、通俗易懂。④技术特性。包括尺寸、结构质量、主要参数、主要性能等。其中，主要性能指标应说明在何试验条件下所取得的数据。⑤安装、调整（或调试）。说明安装、调整（或调试）的步骤、方法以及注意事项，并应给出安装、调整示意图。⑥使用、操作。是说明书的核心部分，告诉用户如何使用和操作以及使用和操作中应注意的问题。⑦故障分析与排除。建议以表格形式说明，包括故障现象、原因分析、排除方法等。⑧保养、维修。分条列出如何进行保养、维修，对于需要保养、维护的部位应给出示意图加以说明。⑨运输、储存。⑩易损件及标准件明细表。以表格形式分别列出易损件及标准件规格、型号、数量以及使用的部位。⑪附录。对于随机的标准件、附件、备件以及技术文件等可以以附录形式加以说明。⑫生产厂保证、售后服务事项、联系方法等。如果产品不附带"三包"凭证，应在使用说明书中说明售后服务和"三包"的有关信息。

【范文 2-3】

×××专业铡草机产品使用说明书

一、用途、使用范围及其性能特点

1. 本铡草机用于铡切谷草、稻草、野生草、麦秸、玉米秸各种草料，用于喂牛、马、羊、猪等牲畜饲草与沤肥，秸秆还田等用途。

2. 本机铡草长度可调，变换三角皮带在塔轮槽中的位置即可铡切两种长度的草。根据用户需要，更换不同规格的塔轮可铡切多种长度的草（与厂方定做塔轮）。

3. 本机喂入变速机构采用齿轮传动和皮带传动相结合的方法，并且所有传动部分全部安装优质滚动轴承。具有噪音小，使用寿命长等特点。

4. 定刀、动刀采用直刀刃口、便于调整和刃磨。

二、主要技术、性能参数

生产效率：600～1200 公斤/小时

配套功率：1.5～2.2 千瓦（2 马力）

电源电压：220 伏±10%

转数：1600 转/分

外形尺寸：920×380×580

铡草长度：二刀 27 毫米，12 毫米

三刀 18 毫米，8 毫米

物料抛送距离：5 米

整机重量：70 公斤

三、结构简介

该机由下列机构组成（图 1 略）：

1. 喂入口机构。主要由上、下喂入辊部分组成。

2. 旋转切草机构。主要由动刀、定刀、动刀体部分组成。

3. 喂入变速机构。主动塔轮、被动塔轮、三角皮带、传动齿轮。

4. 切草传动机构。电机轮、主轴轮、三角皮带。

5. 安全防护装置。喂入防护罩（进料口）、传动防护罩、变速防护罩、上防护罩、下防护罩、出料口。

四、动刀、定刀刃磨与调整

本机在出厂时，动、定刀具有锋利的刀刃，间隙已调好，但在长期使用时，会出现部分长草或铡草效率明显降低，说明刀刃不锋利，需要拆下刃磨。

1. 打开上防护罩，松开动、定刀固定螺丝，取出刀片，用砂轮或油石磨刀刃的斜面刃部（图2略）。

2. 安装动定刀的步骤

（1）先将定刀用定刀螺钉固定在定刀架上。

（2）将动刀用动刀螺栓固定在动刀体上，并同时调整动、定刀间隙，根据需要一般间隙为0.1~0.3毫米范围内，调整合适后，将动刀螺栓旋紧，同时把顶丝和顶丝螺母固定紧。

五、操作与使用

1. 要停机变换长、短草，变换三角带在塔轮槽中的位置来改变切长草或短草（见图3，略）。

2. 工作前把变速防护罩打开，在齿轮上加适量的干油，以减少齿轮磨损，若加得太多，容易甩到塔轮上会造成角带打滑。

六、安全使用要求

1. 本机应选择平整宽敞工作场地，并备有可靠的防火设备。

2. 开机前必须熟读使用说明书，按其规定进行调整和保养，检查各紧固件是否拧紧，用手转动电机皮带轮，检查动刀体转动是否灵活，然后找电工检查电路，安装刀闸开关，接上电源，接上地线，确保用电安全。

3. 工作前要把被铡的草挑选干净，不准有金属物、石块、木棒等混入草内，以免铡草时伤机而造成人伤事故。

4. 根据铡草机标牌规定选用配套电动机，不准提高主轴转速，不准拆掉各部位防护装置。

5. 更换动、定刀片的紧固螺钉时不得用普通紧固件代替。

6. 未满16周岁的青少年或未掌握铡草机使用规则的人员不准上机入草作业。

7. 严禁操作人员酒后、带病或过度疲劳开机作业，严禁手伸进喂入防护罩内（进料口）进行入草作业，不准用铁器、木棒在进料口送草，违章作业者，出现后果自负。

8. 接通电源，空转1~2分钟，检查机器运转是否正常，转向是否箭头所指方向，一切正常后，方可入草。进草数量要均匀，一旦发生卡草等情况，应立即断开电源，以排除故障。

七、维护与保养

1. 该机采用全滚动轴承，每年要清洗注干油一次。

2. 传动齿轮应经常检查及时注干油。

3. 动、定刀刃部要保持锋利。

4. 三角带磨损、打滑不进草，应及时更换三角带。

5. 保养时需拆卸齿轮和角带轮时应注意螺纹旋向。螺纹旋向如下（参考图1略）：主动塔轮左旋；被动塔轮右旋；过桥齿轮轴左旋；上辊齿轮右旋；下辊齿轮左旋。

八、易损件明细表（略）

【评析】

本说明书用事实说话，运用了很多具体的数字和形象的图片，以对农机产品使用的具体说明介绍为主，从铡草机安装调试、安全操作、维护和保养三个方面重点说明，用语专业、简洁、细致，重点突出，有较强的技术指导作用，确保用户安全高效使用产品。

2. 农产品说明书

农产品是指种植业、养殖业、林业、牧业、水产业生产的各种植物、动物初级产品及初级加工品。具体包括种植、饲养、采集、编织、加工以及捕捞、狩猎等的产品。按传统和习惯一般把农产品分为粮油、果蔬及花卉、林产品、畜禽产品、水产品和其他农副产品六大类。

农产品种类复杂，品种繁多，对于其说明书的编写，尚无统一的国家标准出台。目前农产品的使用或食用说明书很多还停留在产品介绍的层面上，为了方便一般印在产品或产品的包装上（包装纸、盒或包装袋等）。农产品说明书的内容结构一般由以下三部分组成。

（1）标题　产品说明书的标题要写得简明、醒目，一般由产品名称加"说明书"三字组成，例如《×××说明书》等，也有的直接用《说明书》为题。

（2）正文　正文部分是产品说明书的主体，用来表述产品的具体内容。正文部分一般应当载明产品的构成、性能、特点，产品的使用、保养方法及注意事项等诸项要素，必要时附以相应的表格和示意图，说明产品成分组成和使用方法等。

（3）结尾　产品说明书有的有结尾，有的则予以省略。其结尾一般需要载明企业的名称、地址、联系方式等，同时还要附以专利号、执行标准号、有效期限以及卫生许可证号等。

根据各类农副产品的特点及加工贮藏过程中的要求不同，说明书的写作格式也不拘一格，不可一概而论，在此仅举例说明。

【范文 2-4】

×××牌猪浓缩饲料使用说明书

一、产品特点

1. 配合科学合理、营养丰富：精选优质蛋白类原料，富含猪只生长所需的各种氨基酸、维生素，微量元素、微生态制剂等。

2. 适口性好：猪只爱吃、喜睡、毛色光亮、皮肤红润。

3. 营养均衡：饲料转化率高，胴体肉质好，瘦肉率高，卖价好，经济效益显著。

4. 富含进口特效预防药物、添加剂及促生长剂，使猪只快速生长、抗病力强、生病少、仔猪成活率高、出栏率高。

5. 使用方便，经济实惠，只需与玉米、麸皮、小麦等原料均匀混合后即可得到营养全面的配合饲料。

6. 全期料增重比可达（2.4～2.8）:1，15千克仔猪饲养80～110天即可出栏。

二、产品营养成分分析保证值（%）

名称	粗蛋白质 ≥	粗纤维 ≤	粗灰分 ≤	钙	总磷 ≥	食盐	水分 ≤	赖氨酸 ≥
AC8188	42.0	15.0	25.0	2.0～5.0	1.0	1.0～4.0	12.5	3.15
AC8088	38.0	15.0	25.0	2.0～5.0	1.0	1.0～4.0	12.5	2.75
AC8008	36.0	15.0	25.0	2.0～5.0	1.0	1.0～4.0	12.5	2.05

三、使用方法及注意事项

1. 玉米、小麦、麸皮、米糠等原料一定要新鲜，无发霉、变质现象。

2. AC8088、AC8188适用于瘦肉型品种猪使用，AC8008适用于地方品种猪使用，这样可以充分发挥猪只生产潜能，不造成不必要的浪费。

3. 浓缩料不可直接饲喂。在按推荐比例添加玉米、小麦、麸皮、米糠等后不需添加其他任何成分。

4. 玉米、小麦等原料应先粉碎，配料时一定要混合均匀，切忌蒸煮、泡烫。

5. 注重饲养管理和疫病防治，保持圈舍清洁、供足清洁饮水。

6. 本品应保存在通风、阴凉、干燥处，严防受潮霉变，一经开包，应尽快1个月内用完。

四、参考配方（%）

饲养阶段	玉米	麸皮(米糠)	浓缩料	配后粗蛋白质不低于
15～30千克	65.0	10.0	25.0	17.0
30～60千克	65.0	15.0	20.0	16.0
60千克～出售	65.0	20.0	15.0	14.5

【评析】

本说明书针对用户需求和心理，紧紧抓住产品的特点和优点，相关注意事项体贴入微，加入表格和数据使产品说明变得具体、直观、富有科学性。语言表达准确，内容条理清楚，使用户一目了然。

【范文2-5】

×××甘蓝型油菜专用叶面肥使用说明书

一、功能特点

本产品系经科学提炼而合成的白色膏状体，是××农业大学专家组为确保"××一号"甘蓝型杂交油菜品质产量及出油率而研制的。该产品根据甘蓝型油菜的生长条件及养分需求时间而施用。具有多功能、多元高效生态平衡效果，是甘蓝型油菜提高产量、增强品质及油菜抗逆性、抗倒伏的最佳营养剂，喷施后可增产20%以上。

二、作用机理

甘蓝型杂交油菜蕾苔期、初花期、结荚（果）期是各个营养器官的生长旺盛期，同时也是生殖器官蕾、花、荚（果）生长发育的重要阶段。此阶段的生殖、生长需多种营养的平衡供给、补充，才能达到增加结籽率，提高品质，确保出油率的特殊功效。

三、成分含量

氮+磷+钾总养分≥50%，硼≥25%，甘蓝型油菜专用生长调节剂≥2.5%，络合剂≥8%，pH值：5～8。

四、施用时间

甘蓝型油菜蕾苔期、初花期（建议未施底肥或未施足底肥可在蕾苔期亩施400克，盛花期亩施400克增产效果特佳）。

五、施用量

每亩施400～600克（兑水比例为1∶150）。

六、施用方法

施用时用本品一袋（100克），将袋撕开先溶在少量水中充分混匀，再加清水15千克稀释后的肥液成细雾状均匀喷施于油菜叶、茎、苔、花、角正反面，喷到微湿不下滴为宜。

七、注意事项

刮风、下雨、烈日下不宜喷施，晴天在太阳落山前后喷施，气温15～30℃最为适宜，喷施后6小时内遇下雨需重喷施。本产品为中性，可与各种酸性农药混用且能提高药效，但应随配随用（注意农药量的稀释浓度应与本产品浓度同步），不要久存。日平气温低于10℃会影响肥效发挥。

【评析】

本说明书内容全面，条理性好，语言通俗浅显、简洁明白。产品有较强的针对性，大量使用数据，反映了说明文书的科学性。

三、产品说明书的写作要求

1. 产品说明书写作的要求

产品说明书作为独特的一种应用文体，目的是正确指导用户认识和使用商品。为了维护消费者的合法权益，让产品说明书真正发挥作用，应掌握产品说明书的一些写作要求和技巧，以便写出较为规范的产品说明书。

（1）充分考虑用户的阅读需要　不同类型的产品，用户有不同的阅读需要。不同的用户也可能会有不同的需要，产品说明书需要照顾到多数人的需要，应具有一定的普适性。

（2）要有认真负责的科学态度　写前要对其产品进行实际调查了解，查阅资料，掌握专门知识，在此基础上，以对用户负责的精神，写出准确有序的符合客观实际的产品说明书。不仅要写出产品的独到之处、操作方法，还应该将产品的不足以及因操作不当可能产生的问题告诉消费者。这样，不会影响消费者的购买欲望，反而会增加消费者对产品的信任度。

（3）体现产品的设计特点　要抓住产品的特点，针对用户的需要。要找出此产品与其他产品的不同之处、独到之处，选好角度，突出重点，抓住产品"不同凡响"的实用价值，将其说准、说深、说透。也可以针对用户可能产生的疑惑与顾虑来确定说明的基本内容，兼顾消费者的心理需求，使消费者能在纷繁复杂的产品中选出自己所需要的产品。

（4）不必平均用力，而应有所侧重　应根据产品的特点、功能和经济价值有所侧重。有的产品用法比较复杂，说明书在内容上就要侧重于使用方法；有的产品应注意保养，其说明书的内容就要侧重于保养和维护方法的介绍；有的产品易损、易碎，其说明书的内容就要侧重于如何避免意外情况的发生；对于易变质的产品，其说明书的内容应侧重于介绍产品如何存放等；对于关系到生命财产安全、操作安装使用复杂、有特殊要求的产品，则要具备详细而齐全的说明书。

（5）语言表达符合产品说明书的特点和规范　说明书在语言表达上应真实、准确、通俗，内容安排上条理清楚，使用户一目了然。

2. 产品说明书写作中应避免的问题

根据调查分析，目前产品说明书领域主要存在以下问题。

① 部分说明书应列内容不全，或是内容过于简单，说而不明。这类产品说明书有的项目基本齐全，但内容过于简单；有的项目内容不完整，如缺少厂址、邮编、电话，进口商品缺少生产厂家的中文译名，缺少国内总经销商的名称、地址、邮编、电话；有的说明书则是繁简选择不当，内容上无轻重之分，使普通消费者不知哪些是必须记住的，哪些是仅供参考的，阅读说明书后反而无所适从。

② 一些产品尤其是高科技产品的说明书上所列的配置、功能与产品实际有出入。

③ 擅自扩大适用范围。部分说明书对使用对象和产品适用范围的标注超出其登记核准的范围。这类情况在农药一类的商品中较为普遍，如只适用于西瓜、葡萄等特定种类水果的农药，其标识中却标注适用范围为所有水果或大部分水果，使不少果农用后大呼上当受骗。

④ 虚假宣传，夸大功效。说明书应真实、详尽地告知消费者有关产品信息，不应过多地加入带有宣传色彩的语言。有些说明书在宣传其产品时夸大功效，没有提供给消费者真

实、准确的产品信息；还有的产品介绍中出现了"最有效"、"最佳"、"极品"、"超高效"等夸大性宣传用语。

⑤ 项目名称五花八门，极不规范、不准确。特别是一些把英文说明书直译成中文的进口产品的说明书，名称五花八门。以药品说明书为例，有的把"药理作用"称作"特性"，把"不良反应"称作"药物其他的可能作用"等，用语既不规范又不准确。

⑥ 说明书中项目内容存在"兼并"现象。有的说明书把按规定或按惯例应该分项标明的内容笼统、集中地写在一起，如药品说明书中把不良反应、注意事项、禁忌统统写在"注意"项中，阅读时不仅给消费者造成理解的麻烦，而且一些关系到用药安全的重要内容，往往容易被忽略。

⑦ 缺少警示性内容或安全警示内容模糊、不够具体。部分说明书对人身安全标准的内容标注不详细，警示内容不具体，如只写"有毒，请慎用"等很抽象的文字，对安全使用起不到警示作用；另有一些企业，对于不良反应、禁忌等内容叙述含糊其辞，避重就轻，尽量少说对产品不利的方面。

⑧ 用语不通俗，语句不通顺。一些产品说明书，特别是由英文说明书直译过来的说明书，不仅在项目上不规范，在语言的表达上也是叙述不清，不符合我国消费者的阅读习惯，内容艰涩难懂。

⑨ 字体不规范，不用简化字而用繁体字。使用繁体字不但违反了国家有关规定，实际上也不利于产品的推销。目前，按国家规定应使用标准简化字，但繁体字说明书，进口家电有，国产家电也有，甚至有些产品的说明书，简化字与繁体字并用，极不规范。

⑩ 使用技术用语和外文太多，中英文混排、混用，很多消费者看不懂。部分产品说明书中的参数专业性太强，术语太多，作为一般消费者难以理解，另一些产品说明书中，技术指标、图示等方面大量使用外文，即使电器中"开"和"关"这样的用语，有些厂家也用英文"ON"和"OFF"来表示，否则就认为是不够档次。说明书中还存在中英文混排、中英文参半、纯英文标注的情况，令消费者费解。

⑪ 个别说明书内容陈旧，已超过使用期限仍在超期使用。

⑫ 有些产品说明书或字号太小，老年人看起来特别吃力；或印刷质量不符合要求，印刷字迹模糊，使人不易看清；或印制纸张质量较差，打开包装时极易出现缺损现象。

为维护消费者的合法权益，促进企业的长远发展，让产品说明书真正发挥好作用，产品说明书的编写者应避免以上问题，对产品和企业都有比较充分的了解，多从消费者的角度出发，写出规范、科学、通俗易懂的说明书。实践证明，产品说明书总是以准确、清晰、简洁、实在的文风来赢得广大消费者的信赖和欢迎。在写作中要多用陈述式语言，直陈其事，用词要质朴无华，力戒艺术性的夸张、比喻、拟人等修辞手法。用语更应贴近消费者，力求大众化，讲求通俗易懂，切忌故作文雅，滥用虚言浮词。

第三节　毕业设计说明书

一、毕业设计说明书概述

毕业设计说明书通常是学生毕业前向学校提交的一份旨在取得学位而进行的专业论文设计，是高等学校教育人才培养计划中的重要组成部分。撰写毕业设计说明书（论文）的目的主要是对学生进行科学研究基本功的训练，初步掌握撰写学术论文的格式要求和一般方法，培养严谨踏实的治学作风，为以后撰写专业学术论文打下良好的基础。

1. 毕业设计说明书的类型

农科类毕业设计（论文）可以分为下述几种类型：理论研究、实验研究、工程设计、调查报告等。根据高职高专大学生的情况，分别对这几种类型的毕业设计（论文）提出以下具体要求。

（1）专题综述类　学生应对选题的目的、意义，本课题国内外的研究现状进行综述，提出立论的基本依据，进行论证分析，提出自己的具体解决方案或研究结果。对这类论文的基本要求是，资料新而全，作者立足点高、眼光远，问题综合恰当，分析在理，意见和建议比较中肯。

（2）实验研究类　学生应在阐明实验研究目的的基础上，从搜集文献资料、制订实验方案开始，在毕业设计专任教师指导下独立完成一个完整的实验研究。这类论文不同于一般的实（试）验报告，其写作重点应放在"研究"上，它追求的是可靠的理论依据，先进、实用的实（试）验设计方案，合理、准确的数据处理及科学、严密的分析与论证。绝大多数的工、农科院校的毕业设计说明书属于这一类。

（3）工程设计类　有些涉及理工类的毕业设计说明书其实就是工程或产品设计说明书，只不过它是在学校教学过程中设计的。学生应根据要求独立绘制一定量的工程设计图纸，其研究成果主要是应用已有的理论来解决设计、技术、工艺、设备、材料等具体技术问题而取得的。技术性论文应具有一定的技术先进性、实用性和科学性，对技术进步和提高生产力起着直接的推动作用。这类毕业设计说明书可以比照工程设计说明书和产品设计说明书两种格式写作。

（4）调查报告类　学生调查的主要对象是公众关心的农业经济与发展问题，它注重真实、具体、典型的事例与数据，注重分析事情产生的背景、成因、意义或危害性，也可适当提出一些解决问题的合理建议。这类论文学生要着重写自己的认识、体会和合理化建议等。

与其他设计说明书不同，毕业设计是学生在高校专业教师（导师）指导下，对所从事毕业设计工作和取得的设计结果的表述，重在强调学生学习设计的全过程，掌握试验设计、科技论文写作的基本方法。通过毕业设计教学过程，可以培养学生综合运用多学科理论知识与技能，解决具有一定复杂程度的工程实际问题的能力；可以培养学生树立正确的设计思想和掌握现代设计方法；培养学生严肃认真的科学态度和严谨求实的工作作风；培养学生优良的思维品质，勇于实践、勇于探索和开拓创新的精神。在毕业设计阶段，通过毕业设计教学的实现，有益于学生科学智能结构的形成及综合素质的全面培养。

2. 毕业设计说明书的写作特点

毕业设计说明书（论文）属于说明文体，特别强调反映学生调查研究、查阅文献和收集资料的能力，理论分析、应用性分析、制订设计方案的能力，设计计算和绘图的能力，技术经济分析和组织工作的能力以及创造性能力等。因此它的写作特点是有序、有理、有据、符合规范。

（1）有序　是指按一定的顺序来撰写，条理清楚，可从整体到局部，可按生产的工艺流程来阐述，也可按农业试验的先后时间进行表述。

（2）有理　就是设计方案的论证，需以科学理论为指导，要符合科学原理，而且先进合理。在毕业设计说明书（论文）中所拟订的方案、所采取的措施，特别是有独到见解的部分，要充分用本专业先进的科学技术和基本理论去分析论证。

（3）有据 是指毕业设计说明书（论文）的每一结论都有充分的依据。第一，要以基础理论、专业知识和科学实验结果、数据作为科学根据；第二，要以仔细而准确的计算结果作为设计根据；第三，要以现场的生产经验作为实际根据，以科学实验和工程实践为依据。设计内容应科学准确，符合技术要求。

（4）符合规范 是指毕业设计说明书（论文）的内容要符合有关标准和规范，尤其技术标准是对工农业产品和工程建设质量、规格及检验方法等所作的规定，是生产、设计、建设工作中必须共同遵循的技术依据或准则。如"GB/T 14689—2008"表示2008年发布的中华人民共和国第14689号国家标准，它规定了技术制图的图纸幅面及格式。毕业设计中绘制工程图的图幅与格式，就应符合这个标准。另外，在设计中，选用材料时应该尽量选型材；选择设备时应该尽量选标准的、定型的设备；选择零部件时应该尽量选标准的、系列的产品。设计中标准化的程度是衡量设计水平的一个重要标志。

3. 毕业设计说明书的写作步骤

毕业设计说明书的篇幅较长，内容较多，动笔撰写时要先充分搜集资料和查阅文献，然后拟一个文字提纲和章节目录，写成初稿，最后再修改定稿和打印。现将写作步骤具体阐述如下。

（1）搜集资料 搜集材料可采取很多方法，概括起来主要有观察法、调查法、实验法和文献检索4种，前3种为直接材料（第一手材料）的收集方法，后一种为间接资料。到生产现场搞调查，搜集大量的第一手资料，是写好毕业设计说明书的重要条件。搜集时，应紧紧围绕专业设计任务书所规定的题目进行。

（2）拟定提纲和章节目录 拟定提纲和章节目录一方面可帮助组织材料，另一方面可使问题考虑得周到，避免遗漏。拟定提纲要齐全，能初步构成文章的轮廓，要从全局着眼，权衡好各章节的相互关系，要征求指导教师的意见，不断修改加以完善，要边写边思索，不断开拓自己的思路，这样才能得到满意的结果。然而有些学生不大愿意写提纲，喜欢直接写初稿。如果不是在头脑中已把全文的提纲想好，那么编写一个提纲是十分必要的，其好处至少有如下三个方面。

① 可以体现作者的总体思路。提纲是由序码和文字组成的一种逻辑图表，是帮助作者考虑文章全篇逻辑构成的写作设计图，使作者易于掌握论文结构的全局，层次清楚，重点明确，简明扼要，一目了然。

② 有利于毕业设计说明书（论文）前后呼应。有一个提纲，可以帮助树立全局观念。从整体出发，检验每一个部分所占的地位、所起的作用，相互间是否有逻辑联系，每部分所占的篇幅与其在全局中的地位和作用是否相称，各个部分之间的比例是否恰当，每一段、每一部分是否都为全局所需要，是否都丝丝入扣、相互配合，成为整体的有机组成部分。经过这样的考虑和编写，毕业设计说明书（论文）的结构才能统一而完整，很好地为表达毕业设计说明书（论文）的内容服务。

③ 有利于及时调整，避免大返工。在毕业设计说明书（论文）的研究和写作过程中，作者的思维活动是非常活跃的，一些不起眼的材料，从表面看来不相关的材料，经过熟悉和深思，常常会产生新的联想或新的观点。如果不认真编写提纲，动起笔来就会被这种现象所干扰，不得不停下笔来重新思考，甚至推翻已写的而从头来，这样不仅增加了工作量，也会极大地影响写作情绪。论文提纲如工程的蓝图，只要动笔前把提纲考虑得周到严谨，多花点

时间和力气，搞得扎实一些，就能形成一个层次清楚、逻辑严密的毕业设计说明书（论文）框架，从而避免许多不必要的返工。初写毕业设计说明书（论文）的学生如果把自己的思路先写成提纲，再去请教他人，人家一看能懂，较易提出一些修改、补充意见，便于自己得到有效的指导。

（3）撰写初稿　毕业设计说明书初稿的写作是最艰苦的工作阶段，在撰写时应注意以下几点。

① 尽可能将事先想到的内容写进去，初稿的内容尽量丰富，以便于修改和定稿，当然，也要避免写成材料仓库。

② 要合乎文体规范，要用普通主体文写作，文句力求精练简明，深入浅出，通顺易读，避免使用口头语言，也要避免使用科技新闻报道式文体。

③ 表达要通顺，不要在枝节上停留。

④ 纸面要整洁，最好使用页面字数不太多的稿纸，四周有足够的空余之处，便于进行增、删、改。

（4）修改定稿　初次撰写毕业设计（论文）的学生，应注意对论文的精心修改。修改的范围包括修改观点，修改材料以及修改文章的结构和语言。修改观点，首先审阅全文的基本观点以及说明，它的若干从属观点是否片面或表述得是否准确；其次要看自己的观点是否与别人雷同，有无深意或新意。修改材料是指通过材料的增、删、改、换，使文章中说明观点的材料精练、准确而生动。修改结构是指对文章内容的组织安排作部分的调整。一般在出现以下几种情况后应着手修改：①中心论点或分论点有较大的变化；②层次不够清楚；③段落不够规范；④结构的环节不齐全，内容组织松散。修改语言是指用词、组句、语法及逻辑方面的修改，作为学术性文章，语言应具有准确性、学术性和可读性。

二、毕业设计说明书的基本内容

国家标准 GB/T 7713.1—2006 规定了毕业设计说明书（学位论文）的编写格式，明确规定"论文"由前置部分和主体部分两大部分组成。一篇完整的毕业设计说明书（论文）通常由标题、目录、摘要（有能力的同学可以写英文摘要）、关键词、文本主体（含引言、正文、结论等内容）、致谢、参考文献和附录等几部分构成。

1. 标题

标题是毕业设计说明书（论文）的题名，是论文的总纲，是能反映毕业设计最重要的特定内容的最恰当、最简明的词语的逻辑组合。各类毕业设计说明书（论文）的标题样式繁多，但无论是何种形式，总要鲜明醒目，突出论文主题，尤其是要突出作者的写作意图、毕业设计的主旨。同时标题应简明，便于记忆和引用。依据 GB/T 7713.1—2006 的规定，中文题名一般不宜超过 20 个汉字，在保证能准确反映"最主要的特定内容"的前提下，题名字数越少越好。

毕业设计说明书（论文）的标题一般分为总标题、副标题、分标题三种。总标题是毕业设计说明书（论文）总体内容的体现。标题的样式有多种形式，作者可以在实践中大胆创新。常见的几种写法如下。

（1）揭示课题的实质　这种形式的标题，高度概括全文内容，往往就是毕业设计核心内容的体现。它具有高度的明确性，便于读者把握全文内容的核心。诸如此类的标题很多，也很普遍。

（2）交代内容范围　这种形式的标题，看不出作者所指的观点，只是对毕业设计说明书（论文）内容的范围做出限定。拟定这种标题，一方面是毕业设计的主要内容难以用一句简短的话加以归纳；另一方面，交代毕业设计说明书（论文）内容的范围，可引起读者的注意，以求引起共鸣。

副标题和分标题是为了进一步点明毕业设计的研究对象、研究内容和研究目的。在总标题题名过长，不宜缩减时，为了对总标题加以补充和解说，有的毕业设计可以加副标题。另外，为了强调毕业设计所研究的某个侧重面，也可以加副标题。拟定标题时，常见的问题有以下几种。

① 题目反映的面大，而实际内容包括的面窄。如《新能源的应用研究》，实际上，文中只讨论秸秆气化的利用问题，可改为《秸秆气化的利用研究》或《秸秆气化的利用》。

② 标题一般化，不足以反映文章内容的特点。如《论机械化在我国农业现代化建设中的作用》，该文有着十分明显的特点，首次提出了对这一论题的定量分析的方法，通过建立数学模型和进行一系列的计算，得出了比较有说服力的结论，因此，改为《机械化在我国农业现代化建设中的作用的定量分析》，就反映了这篇论文的特定内容——"定量分析"，即有别于一般性论述文章。

③ 不注意分寸，有意无意拔高。如有的作者，其成果的研究深度并不深，却把"×××的机理"、"×××的规律"一类词语用在题目上。

2. 目录

毕业设计说明书（论文）都设有分标题。设置分标题的毕业设计说明书（论文），因其内容的层次较多，故通常设目录。设置目录的目的主要有以下几点。

① 使读者能够在阅读之前对全文的内容、结构有一个大致的了解，以便读者决定是读还是不读，是精读还是略读等。

② 为读者选读说明书中的某个要点时提供方便　较长篇幅的设计说明书，除中心论点外，还有许多分论点。当读者需要进一步了解某个分论点时，就可以依靠目录而节省时间。

目录一般放置在正文的前面，因而是说明书的导读图。要使目录真正起到导读图的作用，必须注意以下几点。a. 准确。目录必须与全文的纲目一致。也就是说，本文的标题、分标题与目录存在着一一对应的关系。b. 清楚无误。目录应逐一标注该行目录在正文中的页码。标注页码必须清楚无误。c. 完整。目录既然是说明书的导读图，因而必然要求具有完整性。也就是要求毕业设计说明书（论文）的各项内容，都应在目录中反映出来，不得遗漏。

3. 摘要

摘要又称内容提要，是毕业设计说明书（论文）的内容不加注释和评论的简短陈述。它应以浓缩的形式概括研究课题的内容、方法、观点以及取得的成果和结论，应能反映整个内容的精华。摘要是正文的附属部分，一般放置在篇首。摘要的内容一般由3部分组成：研究目的，研究方法，研究结果或结论。中文摘要以300~500字为宜。

摘要在写作过程中应把毕业设计的主要观点提示出来，简明而又全面，便于读者一看就能了解设计要点。摘要的写作具体要求可以概括如下。

① 内容提要要求具有完整性，即不能把说明书中所阐述的主要内容（或观点）遗漏。内容提要要独立成文，选词用语要避免与全文，尤其是前言和结论部分雷同。

② 重点要突出。内容提要应突出毕业设计的研究成果（或中心论点）和结论性意义的

内容，其他各项可写得简明扼要。

③ 文字要简练。内容提要的写作必须字斟句酌，用精练、概括的语言表述，每项内容不宜展开论证说明。

④ 陈述要客观。内容提要一般只写课题研究的客观情况，对工作过程、工作方法以及研究成果等，不宜做主观评价，也不宜与别人的研究作对比说明。

4. 关键词

关键词是为文献标引，用以表示全文主题内容信息款目的单词或术语。关键词的个数为3~5个，通常不得超过8个。关键词的排序，通常应按研究的对象、性质（问题）和采取的手段排序，而不应任意排列。关键词后面不加冒号，关键词与关键词之间应留出一个汉字的空间，不加任何标点符号。关键词应另起一行，排在摘要的下方。

大多数科技人员是利用关键词作为检索途径，通过文摘、索引等二次文献工具获取某一领域所需文献的，因此准确选择关键词是十分重要的。

5. 文本主体

正文是毕业设计说明书（论文）的核心部分，占据主要篇幅。文本主体包括引言、正文、结论三个部分。

(1) 引言　论文的引言又称绪论。引言的目的是给出作者进行本项工作的原因，须达到的目的。因此应给出必要的背景材料，使对这一领域并不特别熟悉的读者能够了解进行这方面研究的意义，前人已达到的水平，已解决和尚待解决的问题。最后应用一两句话说明本文的目的和主要创新之处。

引言应简要说明研究工作的目的、范围、相关领域的前人工作和知识空白、理论基础和分析、研究设想、研究方法和实验设计、预期结果和意义等。引言的内容包括如下几项。

① 研究的理由、目的和背景。包括问题的提出，研究对象及其基本特征，前人对这一问题做了哪些工作，存在哪些不足；希望解决什么问题，该问题的解决有什么作用和意义；研究工作的背景是什么。

② 理论根据、实验基础和研究方法。如果是沿用已知的理论、原理和方法，只需提及一笔，或注出有关的文献。如果要引出新的概念或术语，则应加以定义或阐明。

③ 预期的结果及其地位、作用和意义。要写得自然、概括、简洁、确切。

引言中要求写的内容较多，而篇幅有限，应言简意赅，突出重点。同行熟知的、前人文献中已有的常识性内容不必细写。同时应注意引言的内容不应与摘要雷同，也不应是摘要的注释。引言一般应与结论相对应，在引言中提出的问题，在结论中应有解答，但也应避免引言与结论雷同。

(2) 正文　正文即论证部分，是论文的核心部分。论文的实验方法、论点论据和论证都在这里阐述，因此，它占了全文的主要篇幅。一般正文可分几个段落来写，每个段落需列什么样的标题，没有固定的格式，但大体上有以下几个部分（以实验研究类毕业设计说明书为例）。

① 理论分析。亦称基本原理，包括论证的理论依据，对所作的假设及其合理性的阐述，对分析方法的说明。其要点是假说的前提条件、研究的对象、适用的理论、分析的方法、计算的过程等。

写作时应注意区别哪些是已知的（前人已有的），哪些是作者首次提出的，哪些是经过作者改进的，须交代清楚。

② 实验材料和方法。材料的表达主要指对材料的来源、性质和数量以及材料的选取和处理等事项的阐述。方法的表达主要指对实验的仪器、设备以及实验条件和测试方法等事项的阐述。材料和方法的阐述必须真实。如果是采用前人的，只需注明出处；如果是改进前人的，则要交代改进之处；自己提出的，应详细说明。

③ 实验结果及分析。这是论文的关键部分、论文的价值所在，包括给出结果，并对结果进行定性和定量的分析。

写作时多以绘图和（或）列表（必要时）等手段整理实验结果，通过数量统计和误差分析说明结果的可靠性、再现性和普遍性，进行实验结果与理论计算结果的比较，说明结果的适用对象和范围，分析不符合预见的现象和数据，检验理论分析的正确性等。

给出实验结果时应尽量避免把所有数据和盘托出，而要对数据进行整理，并采用合适的表达形式如插图或表格等。在整理数据时，不能只选取符合自己预料的，而随意舍去与自己料想不符或相反的数据。有些结果异常，尽管无法解释，也不要轻易舍去，可以加以说明，只有找到确凿证据足以说明它们确属错误之后才能剔除。

④ 结果的讨论。对结果进行讨论，目的在于阐述结果的意义，说明与前人所得结果不同的原因，根据研究结果继续阐明作者自己的见解。写作要点：解释所取得的研究成果，说明成果的意义，指出自己的成果与前人研究成果或观点的异同，讨论尚未定论之处和相反的结果，提出研究的方向和问题。最主要的是突出新发现、新发明，说明研究结果的必然性或偶然性。

（3）结论　结论又称结束语、结语，是毕业设计说明书（论文）的收尾部分，是围绕本论所作的结束语，是全文的思想精髓，是文章价值的体现。结论与引言相呼应，同摘要一样，其作用是便于读者阅读和为二次文献作者提供依据。

结论是在理论分析和实验验证的基础上，通过严密的逻辑推理而得出的富有创造性、指导性、经验性的结果描述。结论不是研究结果的简单重复，而是对研究结果更深入一步的认识，是从正文部分的全部内容出发，并涉及引言的部分内容，经过判断、归纳、推理等过程而得到的新的总观点。结论要实事求是地总结全文，加深题意，切忌言过其实。在无充分把握时应留有余地，因为科学问题的探索是永无止境的。其内容要点如下。① 本研究说明了什么问题，得出了什么规律性的东西，解决了什么理论或实际问题。② 对前人有关问题的看法做了哪些检验，哪些与本研究结果一致，哪些不一致，作者做了哪些修正、补充、发展或否定。③ 本研究的不足之处或遗留问题。对于一篇论文的结论，上述要点①是必需的，而②和③点视论文的具体内容可以有，也可以没有。如果不可能导出结论，也可以不写结论。

6. 致谢

整个毕业设计研究工作往往不是一个人能单独完成的，需要他人的合作与帮助。谢辞应以简短的文字对在课题研究和毕业设计说明书（论文）撰写过程中曾直接给予帮助的人员（例如指导教师、答辩教师及其他人员）表示自己的谢意，这不仅是一种礼貌，也是对他人劳动的尊重，是治学者应有的思想作风。

对被致谢者不要直书其姓名，而应冠以尊称，如"某教授"、"某博士"等，尤其要注意不可把他们的工作单位和姓名写错，字迹要工整，切勿潦草，以免编排出错。例如：①本研究得到×××教授、×××副教授、×××博士的帮助，谨致谢意；②实验工作是在本校动物遗传改良中心完成的，×××工程师和×××、×××师傅承担了大量实验任务，对他们谨致谢意。

7. 参考文献

参考文献是指作者在撰写毕业设计说明书（论文）过程中所查阅参考过的图书、报纸杂志、专利、标准等出版物。按规定，在科技论文和毕业设计说明书中，凡是引用前人（包括作者自己过去）已发表的文献中的观点、数据和材料等，都要对它们在文中出现的地方予以标明，并在文末（致谢段之后）列出参考文献表。它反映毕业设计的取材来源、材料的广博程度和材料的可靠程度，也是作者对他人知识成果的承认和尊重。

参考文献的列出应限于作者直接阅读过的、最主要的、发表在正式出版物上的文献。一般做毕业设计的参考文献不宜过多，一般在8～15篇左右。一份完整的参考文献可向读者提供的一份有价值的信息资料。列出参考文献有以下三个好处。

① 有利于节省论文篇幅。论文中需要表述的某些内容，凡已有文献所载者不必详述，只在适当的地方注明出处即可。这不仅使语言更加精练，节省了篇幅，而且避免了一般性表述和资料堆积，使论文容易达到篇幅短、内容精的要求。当作者本人发现引文有差错时，也便于查找校正。

② 使论文具有真实、广泛的科学依据，可以反映作者的科学态度和论文深度，也可以使毕业设计答辩委员会的教师了解学生阅读资料的广度，作为审查毕业设计的一种参考依据。

③ 便于研究同类问题的读者查阅相关的材料，有助于科技情报人员进行情报研究和文献计量学研究。

8. 附录

对于一些不宜放在正文中，但有参考价值的内容，可编入附录中。例如较大的图样、照片、公式的推演、较大型的程序流程图、外文文献的复印件和中文译文等。附录是与说明书直接相关的，且有必要与说明书装订在一起的图样、数据表格、计算程序等资料或清单。

附录段置于参考文献表之后，应当一一编写顺序号和标题，依次用大写正体A，B，C……编号，如以"附录A"、"附录B"做标题前导词。附录中的插图、表格、公式、参考文献等的序号与正文分开，另行编制，如编为"图A1"、"图B2"、"表B1"、"表C3"、"式（A1）"、"式（C2）"、"文献［A1］"、"文献［B2］"等。

三、毕业设计说明书的写作要求

1. 毕业设计说明书的字数要求

专科学生论文设计说明书字数为3000～5000字，本科学生毕业设计说明书字数一般不得少于8000字，要求计算机打印。

2. 毕业设计说明书撰写规范

（1）文字、符号　毕业设计说明书撰写文字要规范，汉字须使用国家公布的规范字。中文的标点符号应按新闻出版署公布的《标点符号用法》使用。文稿内容要完整准确，有关实验数据表格、图示和照片的表达一定要规范化。实验结果已用图表示了的一般不再列表。图表中所述内容不必在正文中再做说明，应尽量避免重复。每个图表必须要有图例序号和图表名称。

（2）名词、名称　科学技术名词术语采用全国自然科学名词审定委员会（现全国科学技术名词审定委员会）公布的规范词或国家标准、部颁标准中规定的名称，尚未统一规定或叫法有争议的名称术语，可采用惯用的名称。使用外文缩写词时，首次出现时应在括号内注明其含义。外国人名一般采用英文原名，按名前姓后的原则书写。比较熟知的外国人名（如牛顿、达尔文、马克思等）可按通常标准译法写译名。

（3）量和单位　量和单位必须按照中华人民共和国的国家标准，采用法定计量单位。非物理量的单位，如件、台、人、元等，可用汉字与符号构成组合形式的单位，例如件/台、元/km。

（4）数字　测量统计数据一律用阿拉伯数字，但在正文中叙述不很大的数目时，一般不用阿拉伯数字，如"三力作用于一点"，不宜写成"3力作用于1点"。大约的数字可以用中文数字，也可以用阿拉伯数字，如"约一百五十人"，也可写成"约150人"。

（5）标题层次　标题层次应有条不紊，整齐清晰。章节编号方法可采用分级阿拉伯数字编号方法，第一级为"1"、"2"、"3"等，第二级为"2.1"、"2.2"、"2.3"等，第三级为"2.2.1"、"2.2.2"、"2.2.3"等，但分级阿拉伯数字的编号一般不超过四级，两级之间用下角圆点隔开，每一级的末尾不加标点。

各层标题均单独占行书写。第一级标题居中书写；第二级标题序数顶格书写，后空一格接写标题，末尾不加标点；第三级均空两格书写序数，后空一格书写标题。第四级以下单独占行的标题顺序采用 A. B. C……和 a. b. c……两层，标题均前空两格，后空一格写标题。正文中对总项包括的分项采用（1）、（2）、（3）单独序号，对分项中的小项采用①、②、③……的序号或数字加半括号，括号后不再加其他标点。

举例如下：

2　材料与方法

2.1　材料

2.2　试验方法

2.2.1　香菇多糖的分离提取

2.2.2　Sephadex G-200 柱色谱纯化

2.2.3　香菇多糖理化性质检查

（6）注释　个别名词或情况需要解释时，可加注说明，注释可用页末注（将注文放在加注页的下端）或篇末注（将全部注文集中在文章末尾）。

（7）公式　公式应居中书写，公式的编号用圆括号括起放在公式右边行末，公式和编号之间不加虚线。

（8）表格　每个表格应有表序和表题，表序和表题应写在表格上方正中，表序后空一格书写表题。表格允许下页接写，表题可省略，表头应重复写，并在右上方写"续表××"。

（9）插图　插图必须精心制作，线条粗细要合适，图面要整洁美观。每幅插图应有图序和图题，图序和图题应放在图位下方居中处。图应在描图纸或在白纸上用墨线绘成，也可以用计算机绘图。

（10）参考文献　参考文献一律放在文后，按文中出现的先后统一用阿拉伯数字进行自然编号，一般序码用方括号括起。

举例如下：

[1] 王浩刚，聂在平．三维矢量散射积分方程中奇异性分析．电子学报，1999，27（12）：68-71．

[2] 竺可桢. 物理学. 北京：科学出版社，1973：56-60.

[3] Charles Seim P. E. The Seismic Retrofit of the Golden Gate Bridge. PRC-US Workshop on Seismic Analysis and Design of Special Bridge，Shanghai，Oct. 2002：44-46.

[4] 陈念永. 毫米波细胞生物效应及抗肿瘤研究：[博士学位论文]成都：电子科技大学高能所，2001.

[5] 姜锡洲. 一种温热外敷药制备方法. 中国专利，881056073，1980-07-26.

[6] 中华人民共和国国家技术监督局. GB 3100—3102. 中华人民共和国国家标准——量与单位. 北京：中国标准出版社，1994.

3. 毕业设计说明书的排版及排列

毕业设计说明书可根据实际情况进行排版，一般由学校统一制订排版要求。

毕业设计说明书完成后，还要按规定顺序加以装订。装订的基本要求是整齐、美观、清洁。稿纸的大小、格式在同一篇论文中要统一，不可混杂。具体排列顺序如下：①封面（使用学校统一规格的封面）；②中文摘要、关键词；③英文摘要、英文关键词；④目录；⑤文本主体（引言、正文和结论等）；⑥参考文献；⑦谢辞；⑧附录；⑨毕业设计鉴定书及成绩评定表。成绩评定表应按照总评表、指导教师审阅表、评阅教师审阅表、答辩委员会意见表的次序装订一起。

另外，若为设计类题目，则绘图量不少于3.5张，其中要求计算机绘图（CAD）2张，手工绘图不少于1张。图纸绘制要符合国家标准。完成后的设计图纸经毕业设计指导教师审核后，审核人员要签署审核指导意见并签名。

第四节　实习报告说明书

一、实习报告概述

1. 实习报告的种类及作用

实习报告是指各种人员实习期间需要撰写的对实习期间的工作学习经历进行描述的文本，它是应用写作的重要文体之一，是在校大学生需要掌握的重要问题。实习报告的内容主要包含实习目的、实习时间、实习地点、实习内容、实习总结这些基本要素，一般建议从开始实习的那天起就要注意广泛收集资料，并以各种形式记录下来（如写工作日记等），丰富的资料是写好实习报告的基础。对实习过程、结果以及体会用书面文字写出来的材料就是实习报告。

实习报告按照实习时间不同分为短期实习报告（2个月内）、中期实习报告（2~6个月）、长期实习报告（6~12个月）；按照阶段不同，分为专题实习报告、顶岗实习（实训）报告、毕业实习报告；按照农业类别不同，分为种植类实习报告、养殖类实习报告、农业经济管理类实习报告等。

不要忽视你的实习报告，那是你的第一份工作，无论从事什么都将是对你职业素养和工作态度的考核；认真对待你的第一份工作，展现你的工作态度和成果，是检验你工作能力具体表现。态度决定未来，全力投入的迎接你的实习，用心的写好自己的实习报告，面试时试着带上它，也许会对你求职有重要帮助，在你关键时候可能是优于其他同事的重要砝码。

一个刚开始工作的人一定要清楚两点：公司的性质和自己的职责。不要觉得实习是混事，应该当做是试用期，去努力工作，因为往往公司会通过实习观察一个人的职业素养、工作态度,任何企业都不会错过优秀的员工。这就要通过文字理智地分析自己,在即将投入工作前清楚地认识自己,认识工作和学习的不同,认识员工和学生身份的不同。

2. 实习报告撰写的原则

实习报告的撰写原则有以下几点:一是真实性原则,即报告必须写自己的实习经历,可参考别人的资料,但不能抄袭杜撰,弄虚作假;二是规范性原则,即结构符合实习报告写作要求,文本逻辑要严谨,层次要清楚,重点要突出;三是可读性原则,即语言要求简练流畅,符合公务文书的要求。

3. 实习报告写作具体方法

实习报告写作分为实习概述、实习过程、实习体会三个部分,具体写作内容应根据参与实习具体情况系统论述和分析,三部分撰写总体写作方法如下。

第一部分实习概述:以实习时间、地点、任务作为引子,把几个月的实践感受、结果,用高度概括的语言概括出来以引出报告的内容。

第二部分实习过程(实习内容、环节、做法):其中首先论述实习环节和真实过程,实习具体内容是写作重点,实习做法要系统进行阐述。可贯穿学校里学到的理论、方式方法变成实践的行为过程;贯穿观察体验在学校没有接触的东西,他们是以什么样的面目、方式方法、以怎样的形态或面貌出现的。

第三部实习体会:即对自己所从事工作的认识或掌握的程度,有何感想。主要撰写实习收获、经验教训,今后努力的方向等。此外,也可增加撰写对实习建议,即对本专业的专业知识、课程结构有什么建议和想法。

4. 实习报告写作基本要求

实习报告的资料收集。从开始实习的那天起就要注意广泛收集资料,并以各种形式记录下来(如写工作日记等)。丰富的资料是写好实习报告的基础。

针对实习特点,结合自己专业来写。撰写实习报告,一定要结合自己所从事联系实习(实训)真实情况来撰写,过程一定要清楚,实习内容写作要具体,要紧密结合自己本专业来梳理,对与专业无关的事(人)尽量少写获不写,对与专业有关的要重笔论述,突出自己实习中在专业方面收获和体会。

基本写作要素。实习报告必须有:情况的概述和叙述,有的比较简单,有的比较详细,根据具体情况来定;成绩和缺点,这是报告的核心,总结的目的就是要肯定成绩,找出缺点;经验和教训,做过一件事,总会有经验和教训,为便于今后的工作,须对以往工作的经验和教训进行分析、研究、概括、集中,并上升到理论的高度来认识;今后的打算,根据今后的工作任务和要求,吸取前一时期工作的经验和教训,明确努力方向,提出改进措施等。

二、实习报告、实习总结、实习小结的区别

实习报告:报告都有基本的格式,如政府工作报告,主要表述这一年或这一段时间的工作、计划实施情况,就是一种公布式的报告,让别人知道你在这一段时间的情况和获得专业知识、技能以及职业能力培养情况。

实习总结:就是实习完成后进行的整体性总结和概括。在实习中遇到的困难,并且是如何克服的。总结自己获得的经验和解决问题的方法。

实习小结:就是在实习的过程中,某个时间段的小范围的总结,对以后的实习和工作有指导性的作用。

实习报告、实习总结、实习小结由于要求不同，侧重点不同，实习报告是规范文本，与学生实习成绩有直接关系，特别是有的高职高专院校，学生毕业实习报告成绩，等同于毕业论文成绩，显得十分重要；实习总结由于实习类别、课程不同，要求不尽相同；实习小结侧重于短期实习形成文本，要求写作篇幅不大。

三、实习报告的基本格式

封面按照各校指定封面样稿来设计版式。实习报告基本格式如下。

① 题目：农业类实习报告的题目要尽量明确、简练，集中反映实习的内容。

② 作者：以小组为单位进行实习的，都应署名，顺序按照贡献大小排名；个人开展工作的，以自己署名。署名人依次对实习报告内容负责。

③ 前言：此项写实习的重要性，简明扼要地介绍实习来由，以任务作为引导，把几个月的实践感受、结果等用高度概括的语言概括出来，以引出报告的内容。

④ 实习目的：根据有关要求，逐一细化和具体化。

⑤ 实习时间：必须界定时间段，写明具体实习天数。

⑥ 实习地点：写明具体实习地点。

⑦ 实习单位和部门：写明实习单位名称、部门名称。简单介绍单位和部门情况。

⑧ 实习内容：要求字数不低于3300字。

⑨ 实习总结：实习收获、体会、经验教训，今后努力；对今后开展相关实习建议。

附：实习单位意见：

指导教师评语：

实习报告成绩：

指导老师签名：

××学院
年　月　日

【范文 2-6】

毕业实习报告

本人于2014年12月8日在吉林省××种业有限公司实习至今，通过实习，对玉米种子的生产与加工等方面有了一定的了解，并对玉米有了更深层次的认识。

1　实习目的和单位概况

1.1　实习目的

了解玉米种子的生产与加工等方面的流程和公司经营管理方面的经验。

1.2　实习单位概况

吉林省××种业有限公司是集科研、生产、加工、销售、服务为一体的现代化民营高新技术企业，公司拥有先进的种子检验、机械加工设备，有稳定的种子生产基地，年销售种子600万斤，销售业务覆盖辽宁、吉林、黑龙江、内蒙古三省一区。

现有在职人员41人，其中中高级专业技术人员16人，公司以玉米育种为重点，以新品种开发为核心，内设七个部门，一个农业科学研究所，两个种子销售大厅，公司现有审定品种11个，如稷秋11、稷秋101、伊单59、伊单60、伊单2等。同时公司他、拥有××和××的品牌保护权、商标专利权和独家经营权。公司以新品种为出发点，构筑××和××品牌的平台，为我国玉米产业发展做出了重要贡献。

2 实习内容

参与玉米种子的生产与加工的各方面工作。例如播种、除草、施肥、授粉、种子检验、种子加工等工作。其中主要从事的实习项目是种子检验和种子加工。

3 实习过程

3.1 认识阶段

初来单位那几天，什么对我来说都是陌生的。工作环境也不是很好，大家都知道，像农业科研公司这种单位一般都是在小地方的，而且还有点偏僻，呈现在眼前的一幕幕让我有些迷茫，没有了以往的激情。但经过几天与领导和同事们的谈话，我更好地认识了我实习的这个单位，原来它曾经有这么辉煌的时候，培育出了多个审定品种。了解到这些之后，我又有了原来的干劲——要在这里好好做，学习一些在学校学不到的知识。来单位的前两个星期，我都是以学习为主，跟着有经验的同事去仓库参观玉米种子的加工设备，记录每个环节所需要的程序，回办公室后整理资料和浏览一些审定品种的特征特性，为后来参与实践做好准备，一个月的学习确实让我学到了很多在学校里学不到的知识。

3.2 学习摸索阶段

通过一个月的学习，我掌握了不少知识，也熟悉了工作的内容，单位领导也放心交代一些事让我去做，但主要还是跟着其他同事学习。这个阶段我也慢慢开始摸索着去做一些自己能做的事情，遇到有些与自己所学专业有关的问题，我会试着去解决，确实不能自己解决的，我会虚心地向有经验的同事请教，或者向学校的老师请教。在这个阶段，我慢慢学会了自己去思考问题、解决问题，掌握了一些独立解决事情的能力。

3.3 独立解决问题阶段

经过一段时间的考查，我的工作能力得到了单位领导的肯定，他们也愿意把一些事情交给我去做，特别是与我所学专业相关的。在我实习这段时间，亲自参与、玉米种子的加工与贮藏，其中尤其以玉米种子检验，让我记忆犹新。虽然中间有很多的问题不懂，也犯过很多次错误，但在我不懈努力，以及询问相关老师和通过网上学习后，我还是把这个问题弄明白了，最后还得到了领导的肯定。

4 实习总结

4.1 实习是我从学生的身份向一个职业者转变的一个过渡过程，是迈向社会很重要的一步。我在种业有限公司实习的这一段时间里，在学校老师、单位领导和指导老师的指导和帮助下，顺利地完成了这次实习。

4.2 经过这次实习，我从中学到了很多课本上没有的东西，就是做人的道理和社会经验，在就业心态上也有很大改变，以前我总想找一份适合自己爱好、轻松的工作，可现在我知道找工作很难，很多东西我们到了社会才会接触到。所以现在我要尽快丢掉对学校的依赖心理，学会在社会上独立，敢于参与社会竞争，敢于承受社会压力，使自己能够在社会上快速成长。作为一名即将大学毕业的学生，我越来越感觉到市场竞争的压力，虽然三年多的大学学习令自己学到了不少知识，可是，能否与实际工作相结合，能否令自己学以致用，致知于行，自己还是很忐忑的。实习，顾名思义，在实践中学习，在经过一段时间的学习之后，或者说当学习告一段落的时候，我需要了解，自己的所学需要或应当如何应用在实践之中，因为任何知识都源于实践，归于实践，所以，要将所学付诸实践，来检验所学。然而，我当然不希望实习仅止于此，那太狭隘了。实习是发挥和应用专业知识，查漏补缺，认真学习，巩固不足的重要一环，因为它毕竟与社会相挂钩，是检验在校学习成果的好时机，因为即使在校学得再好，一旦到了社会，也许所有的一切都会变得一文不值。同时，我也意识到自己专业与工作的不对口，这更加增添了我实习时的压力。但是，我又想到如今的大学生工作难问题，想想自己能有机会进入这家国营企业已经算是不错了，这又加强了我继续努力的决心。为我们以后进一步走向社会打下坚实的基础。实习使我开拓了视野，领略到不同企业的风格和模式，实习是我把学到的理论知识应用在实践中的一次尝试。实习时把自己所学的理论知识用于实践，让理论知识更好地与实践相结合，在这结合的时候就是我学以致用的时候，并且是我扩展自己充实自己的时候。

4.3 最重要的就是自己学习和思考的能力，在种子公司这样一个新环境中，有很多值得我学习、思考的地方，这就需要自己保持一颗学习、思考的心。首先在技术方面，要认真学习技术知识，认真地对待工作。在这短短的几个月的实习工作中，我认识到了我自己性格上的不足，如对待工作不够耐心，缺乏自制力等；同时也意识到，专业对不对口不是问题，问题在于是否以一个进取的心去工作才是是否能胜任工作的决定性力量。在以后的工作中，我会尽我最大的努力，取得更大的进步。同时也让我意识到种子的重要性，尤其是对于我们这样一个农业大国来说，好的种子就是农民的希望，就是明年丰收的希望！我永远会铭记此。

附：实习单位意见：（略）

指导教师评语：（略）

实习报告成绩：（略）

【评析】

这是一篇农业类高职高专学生毕业实习报告。作者对实习内容特别是实习过程做了系统论述，对毕业实习进行了从专业知识收获到职业素质养成全方位总结，最重要的是分析了自身不足，找到了今后努力方向。

毕业实习报告格式基本标准规范，内容较充实，行文有序，逻辑关系较清楚，该报告真实。报告实习过程写得具体有序，凸显实习与成长过程。实习总结写作内容针对性强。

但文本前言写得简短，重点不突出；实习内容略显单薄，具体内容量化和细化不够，支撑不了实习报告，毕业实习时间和地点界定不够清楚；实习目的写得太简化，职业素质培养无反映，对应不了实习收获。

综合训练

一、基本概念练习

1. 填空题

(1) 广义的工程设计说明书，包括_____、_____和_____三部分，共同解释说明整个工程项目。

(2) 工程设计说明书具有_____、_____、_____的特点。

(3) 产品说明书根据说明对象的生产不同可以分为_____、_____、_____、_____等。

(4) 毕业设计说明书的写作特点是_____、_____、_____、_____。

(5) 搜集材料可采取很多方法，概括起来主要有_____、_____、_____和文献检索4种。

2. 选择题

（1）工程设计说明书的主要特点在于"（　　）"二字，它主要用说明的表达方式反映设计情况和成果，既不需要议论，也不需要描述。

　　A. 说明　　B. 设计　　C. 严谨　　D. 叙述

（2）产品设计书属于（　　）的科技文书。

　　A. 论文类　　B. 报告类　　C. 说明类　　D. 叙述类

（3）产品说明书撰写必须严格遵循的基本准则是（　　）。

　　A. 真实　　B. 准确　　C. 通俗　　D. 规范

（4）根据国家标准，学术论文的各部分除了标题、署名、摘要、关键词、前言、正文外，还有（　　）。

　　A. 主题词　　B. 尾记　　C. 参考文献　　D. 鉴定意见

（5）（　　）是毕业设计说明书（论文）的总纲，是能反映毕业设计最重要的特定内容的最恰当、最简明的词语的逻辑组合。

　　A. 关键词　　B. 标题　　C. 正文　　D. 讨论

3. 判断题（正确的打"√"，错误的打"×"）

（1）说明书的语言要求通俗易懂，所以工程设计说明书忌用专业术语，以免看不懂。（　　）

（2）农业工程设计目前没有一个统一的农业工程设计规范，因此农业工程设计说明书可以随意编写，不遵守任何规范来进行。（　　）

（3）产品说明书为了扩大产品销售在编写中不得反映产品的缺陷或可能造成的不良后果。（　　）

（4）农科类毕业设计（论文）可以分为下述几种类型：理论研究、实验研究、工程设计、调查报告等。（　　）

（5）国家标准 GB 7713—1987 规定了毕业设计说明书（学位论文）的编写格式，明确规定"论文"由前置部分和主体部分两大部分组成。（　　）

二、简答题

1. 简述工程设计说明书的特点。
2. 工程设计说明书写作中应注意的问题有哪些？
3. 什么是产品说明书，它有哪些写作要求？
4. 简述产品说明书和广告的异同点。
5. 简述毕业设计说明书的写作要求。
6. 简述实习报告的具体写作方法。
7. 实习报告、实习总结、实习小结有何区别？

三、模拟写作练习

1. 结合本地区的新农村建设实际，了解村镇情况和发展计划后写一份《××村新农村建设规划说明书》。

2. 深入本地一家农产品生产企业，详细了解其产品，然后写一份农产品的使用或食用说明书。

3. 选取本专业实验室所使用的一种仪器设备，认真了解其原理、使用方法等后，写一份使用说明书，重点说明该仪器的操作步骤、使用方法、注意事项及维护等。

4. 联系专业课程，查阅相关文献资料后，就某一专业课题拟定一份毕业设计说明书的目录。

5. 学生毕业实习后，交一份毕业实习的报告。

第三章　农业科技应用文书

【知识目标】

熟悉农业科技工作计划和总结的作用，特点和基本格式；了解农业科技信息文书的分类和写作方法；掌握农业科技会议纪要的特点、写作步骤和要求；了解国际农业科技交流信函类别和基本格式。

【能力目标】

学会写作农业科技工作计划、总结和会议纪要；会进行农业科技信息文书的分类；理解国际农业科技交流信函类别和基本格式。

【素质目标】

明确农业科技工作计划、总结、会议纪要和交流信函在日常农业科技工作中的重要性，培养写作农业科技工作计划、总结、会议纪要和交流信函的素养，养成主动承担农业科技工作计划、总结、会议纪要和交流信函写作工作的良好习惯。

第一节　农业科技信息

农业科技信息是专指有关农业科技方面的消息、资讯。它是对农业科研工作中所出现的新情报、新知识、新问题、新经验的收集和整理，是对当前农业科学技术的现状、变化特征及其发展趋势的及时反映。农业科技信息能为广大的科研单位、农业大中专院校、行业企业和农业科技工作者提供信息服务，是一种促进中国农业科学技术事业繁荣发展的有效工具。

"信息就是资源"，"信息就是财富"。农业科技信息对发展农业科学技术和国民经济有着十分重要的功用。其一，为领导决策和制订计划、任务等提供了科学的依据；其二，为农业科学研究服务，使科研工作避免了重复劳动，少走或不走弯路；其三，了解和掌握最新的农业科技成果和农业科技动态，可大量节约科研经费和工程投资，缩短科研周期和工程完工日期；其四，将农业科技成果推广到经济建设所需的领域，使之转化为现实的生产力，全面提高中国的综合国力水平；其五，现代高精尖科学技术领先地位的竞争是国与国之间最本质的竞争，而农业科技信息，是这种竞争的有力手段之一。

高职高专的学生思维敏捷，善于接受和处理各类信息。广泛地收受信息，扩充了学生们的知识储存量；精心地处理信息，是学生素质与能力的展现。学习和掌握了农业科技信息文体的写作，就如同学会了"十八般武艺"，能够更好地适应未来工作的需要。

从农业科技信息写作的角度来说，农业科技信息的文体众多。本节主要介绍以下常用的四种，即：文摘，简报，综述，述评。这些文体都是相对独立的，具有自己的内容特点和结构形式。对它们共同的要求是从科学技术是第一生产力的客观需要出发，以原始科技文献为依据，以科研单位、生产部门和广大科技工作者为服务对象，以提供最新的农业科技信息和农业科研成果为工作目的。撰写各类农业科技信息文稿，不仅是农业科技战线信息工作人员的基本职责，也是广大农业高职高专学生必须掌握的一项基本技能。

一、农业科技文摘

1. 农业科技文摘的含义、作用与特点

文摘是对原始文献基本内容所做的摘要性缩写。农业科技文摘是指对农业科技文献主要内容的摘述。它是以一种简练的形式对原文献主题作实质性说明的相对完整的短文。在情报学上，原始文献称"一次文献"，经过缩编之后而内容未改变的新文摘称作"二次文献"，如目录、题录、提要、文摘等。运用综合分析的方法，对原始文献重新进行组合，汇编而成的文献称作"三次文献"，如综述、述评、年鉴、手册等。属于"二次文献"的科技文摘的应用最为广泛。目前世界各国出版的科技文摘杂志约5000种，中国现有科技文献杂志百余种。科技文摘是系统地收集、报道、存储、检索科技文献最常用最重要的工具，它的作用非常明显。其一，帮助筛选文献，提高检索效率。文摘为读者提供了简明的文献内容，使读者有了判断依据，能较准确地选出所需要的文献进行研究，提高了检索的效率。其二，代替阅读原文，增加研究时间。阅读文摘能基本上掌握原文的内容，给科技人员的研究提供了便利。其三，消除文字障碍，拓宽检索范围。科技文摘在出版时，已将各民族语言文字的文献资料转译为本民族或较通用的文字。检索者可以通过文摘顺利而广泛地查找到各个国家的科技情报。

农业科技文摘的特点表现在三个方面。一是短小精要。短小，每条文摘字数限制在原文3%～5%；精要，指用精练的语言，高度概括地反映出原始文献中最重要的情报信息。摘要性是科技文摘的内容特征，袖珍型是它的文面特征。二是忠于原文。农业科技文摘必须忠实于原作，不可加进摘编者的观点，更不能对文献断章取义或以偏概全。三是双重功能。农业科技文摘主要由"题录"和"摘要"两部分组成。题录的内容使其具备检索功能，而摘要的内容又使其具有报道功能。

2. 农业科技文摘的基本格式

（1）农业科技文摘的结构　从农业科技文摘的结构来说，农业科技文摘由著录事项、摘要（正文）和补充著录事项三部分组成。

① 著录事项。著录事项又称题录。其内容包括原始文献的名称（篇名或书名），原始文献的作者（译者）和原始文献的出处。

原始文献的出处，要写明原期刊（著作）的名称，著录卷号，期号，页，出版日期，原文语种，文章种类等。这些要按有关规定写完全，写准确。

著录事项的内容是检索原始文献的重要手段，与文摘的内容同等重要，切不可马虎草率。

② 摘要（正文）。摘要是文摘的正文部分。一般包括研究的基本对象和内容；研究的目的和范围；实验装置和采用方法；研究的结果；主要结论及其价值意义等。不同类别的文摘，其内容不尽相同，但重点都是对结果和结论的摘述。

③ 补充著录事项。补充著录事项的内容有原始文献所附参考文献数目，插图和表格数量，附件数等。这些内容通常写在农业科技文摘正文之后。同时还应将文摘员的姓名放在其后，用圆括号括起来，写成（××摘）的形式。补充著录事项也具有检索的作用，但它并不是农业科技文摘的必备部分。

（2）农业科技文摘的类别　从科技文摘的内容和用途来说，科技文摘在写作上可分为三种形式。

① 指示性文摘。又称简介，释题性摘要，资料性摘要。它以主题或词组为骨干组成，是依靠对原作正文中各级标题进行分析并参阅引言和结论来编写的一则短文，一般在50～100字。指示性文摘是一种介绍性文体。它的主要作用是信息资料的积累，指示原始文献的出处，帮助读者确定是否需要阅读原始文献和便于查阅文献。

【范文3-1】

周绍松，李永梅，周敏等. 小麦、大麦与蚕豆间作对耗水量和水分利率的影响[J]. 西南农业大学学报，2008，21（3）：602-607.

通过小麦/蚕豆间作和大麦蚕豆间作盆栽试验，研究了间作与单作相比较在耗水量及水分利用率方面的差异。图4表7参15。

② 报道性文摘。又称陈述性文摘、信息性文摘，GB 6447—86。它概述了原始文献的中心内容，包括研究对象、目的、过程和基本结论，以及原作中其他重要信息。报道性文摘能使读者从中获得必要的各种信息，读者不必查阅原始文献即可了解文献的实质性内容。字数一般在200～300。

【范文3-2】

周绍松，李永梅，周敏等. 小麦、大麦与蚕虫间作对耗水量和水分利用率的影响[J]. 西南农业大学学报，2008，21（3）：602-607.

通过小麦/蚕豆间作和大麦/蚕豆间作盆栽试验，研究了间作与单作相比在耗水量及水分利率方面的差异。结果，小麦、蚕豆间作生育期耗水量比小麦单作和蚕豆单作低，但差异未达到显著水平。小麦、蚕豆间作在蚕豆分枝期耗水量比蚕豆单作低，且差异达显著水平。大麦/蚕豆间作全生育期耗水量比大麦单作高，但差异未达显著水平。大麦/蚕豆间作在大麦分蘖期耗水量比大麦单作高，且存在显著差异。大麦/蚕豆间作各生育期及全生育期耗水量与蚕豆单作相比不存在显著差异。间作小麦、间作大麦的WUE（水分利率）比单作小麦、单作大麦高，但间作蚕豆的WUE比单作蚕豆低。图4表7参15。（周绍松）。

③ 指示-报道性文摘。又称半报道文摘，兼具有指示性文摘和报道性文摘的双重功能。所以，在农业科技文摘中最为常见的还是这种混合式文摘。编写这种文摘，通常是对原始文献中信息价值高的部分写成报道性文摘，而将其余部分按指示性文摘处理。文摘编写人员一定要认真分析原文的目的，领会原作者的意图，并以此为依据来确定摘编的重点和形式。在专业农业科技文摘刊物上，这种混合式文摘运用得相当普遍。

【范文3-3】

<h3 style="text-align:center">咖啡比茶叶更健康</h3>

美国科学家最新的研究成果证实，人们日常食用的100多种食品中，咖啡所含抗氧化成分最丰富，远远超过人们过去认为的新鲜水果和蔬菜，甚至比东方人爱好饮用的茶叶效果还好。

不久前，美国的科学家们就食物的抗氧化效果进行了专项调查。他们对100多种食品中的抗氧化成分一一进行了测试，这些食品包括蔬菜、水果、坚果、调味品、油类和饮料等。根据得来的数据，科学家们吃惊地发现，咖啡中所含抗氧化剂的数量竟远远超过其他食品，而且无论是含咖啡因的咖啡还是脱去了咖啡因的咖啡，效果都不错。其他食物中效果良好的还有红茶，再次是香蕉。此外，东方人喜食的枣类也含有丰富的抗氧化剂。

过去，人们都认为新鲜水果和蔬菜才是最好的抗氧化食品，但是科学的数据显示，咖啡比水果和蔬菜含有更丰富的抗氧化成分。按照医学解释，抗氧化剂能够帮助人体抵御有害自由基的入侵，防止心脏病和癌症的发生，并能有效降低患上肝癌、直肠癌、糖尿病和帕金森病的概率。因此，饮用咖啡对于长期坐在办公室中，工作生活环境里辐射程度较高的群体来说非常有益。

此项研究的领导人、宾夕法尼亚州斯克兰顿大学的乔·文森教授在于华盛顿召开的美国化学学会年会上，把这项研究成果向大家公布。文森教授表示，西方人爱好喝咖啡，仅英国平均每天就要喝掉7000万杯咖啡。随着这个最新的发现，欧美将很有可能掀起新一轮喝咖啡的热潮。

不过，文森教授也强调，咖啡虽好但饮用也需有节制，一天喝一至两杯足够，同时也不可因此忽视新鲜蔬菜和水果对身体的重要性。水果和蔬菜中含有丰富的维生素、矿物质和纤维，这是其他食物所不能媲美的。（信息来源：北京科技报）

3. 农业科技文摘的撰写要求

（1）一文一摘　农业科技文摘要求一文一摘，主题突出，内容集中，结构简明。语言要高度概括，语义单一。文摘中的名词、术语，包括地点，机构名称，都要按规范撰制，杜绝随意性。

（2）客观真实　农业科技文摘以第三人称书写，真实客观地反映原始农业文献的主要内容，不要对原文进行评论，对原作的成就既不夸大也不缩小，更不能加入摘编者的意见。特别是不要以自己的熟悉和兴趣程度为依据，对文献的内容多摘或少摘。

（3）文摘中应尽量避免使用公式和图表　确有必要使用的公式或图表，也应尽量压缩。文摘中还应避免引用其他作者的论著，除非是该文献作者证实或否定了他人已出版的论著，否则不必引文。

二、农业科技简报

1. 农业科技简报的含义、作用与特点

简报是机关团体和企事业单位用来下情上报、上情下达和互通情况、交流信息的一种事务性文书。农业科技简报，是在农业科技领域里，简明扼要地汇报研究进展、动态、成果、交流情况、反映问题的一种书面形式。科技简报，是一个总的名称。农业科研单位内部编发的"动态"、"信息"、"简评"、"情况反映"、"××情况"等均属科技简报的范畴。科技简报也有定期与不定期之分。

科技简报在科技工作中应用很广泛。日常的科技工作，某项中心任务的完成，召开科技会议都可编制简报。简报成了及时传递科技信息、总结经验、指导工作、为领导决策提供真实可靠的依据的重要手段之一。

科技简报的特点明显。第一"短"。科技简报的篇幅应控制在千字左右，内容集中，语言简洁，而且一文一事，主旨明确集中。第二"真"。简报必须真实，实事求是。任何失真，都会抹杀简报的作用，从根本上扼杀简报。第三"快"。科技成果报道要迅速。简报的编写、印发、传递都十分快捷，具有明显的时效性。第四"新"。简报的内容要新颖、鲜活。事实新、观点新，就能在科技工作中起到推动作用，具有实用价值。

2. 科技简报的基本格式

科技简报从内容上区分有以下四种类型。①科技成果简报。报道本单位取得的科研成果，或介绍国内外的科研新动态，介绍和推广新产品、新工艺、新技术、新理论。②阶段性成果简报。报道研究周期长的重大科研项目，在每一阶段对某一重大理论或技术问题了有突破后所取得的研究成果。③情况简报。科技单位向上级汇报工作，反映情况，为领导的决策提供参考和依据。④科技会议简报。对科技会议的主题、会议过程、会议主要成果等内容的及时报道。不论哪种内容的科技简报，它们都有比较固定、独特的格式，分为报头、报核、报尾三部分。

报头包括简报名称、简报期号、编发单位、印发日期、保密要求、编号。下面用一条横线与报核部分隔开。简报的密级分绝密、机密、内部等。报核包括简报标题、正文（有些简报在正文之前还要加上按语，即简报编者对简报正文内容的说明或评价）和署名（若作者是单位则不必署名）。报尾包括发送范围和印制份数。

有的简报只刊发一篇文章，如果一期简报同时刊发几篇文章，则应在报头的横格线下列出本期简报所有文章的题目，使读者从目录中了解到简报的篇目。

3. 农业科技简报的撰写

（1）简报的标题　标题要能揭示简报的主题，概括简报的主要内容，要贴切、简明、醒目，既含有一定的信息量，又能刺激读者的阅读欲望。标题用比正文大一号的字体，印在正文的上端。

（2）简报的开头　简报的开头一般均采用消息导语的写法，即把最新鲜、最重要、最引人的事实放在开头部分。具体来说，有以下几种方式。

① 概述式。即直截了当地概述简报的内容。如标题为《抢占高新技术制高点，××农业大学农业"科技攻关项目"再创新高》的简报。②点题式。即简明扼要点出简报的主题，如标题为《××大学毕业生就业工作务实创新扎实有效》，开头部分的文字为"××农业大学主动适应社会主义市场经济发展的要求，转变观念，务实创新，积极做好毕业生就业工作，取得明显成效，本科毕业生一次就业率一直保持在较高水平"。③提问式。即提出问题，引起读者的兴趣和思考。如标题为《不同打顶方式对乌头开花的影响》的简报中，开头部分的文字为"乌头不同生长阶段，采用几次打顶，对乌头抹花影响最佳？这是我们研究的重点"。

（3）简报的主体　这是正文的主要部分，也是简报的重点所在。主体要承接开头，用典型的、有说服力的材料，把开头的内容具体化。主体的结构虽没有固定的格式，但结构上有一些常用的方式：内容简单、事件单一的简报，可按事件发生、发展、结局的时间顺序来安排材料；内容较复杂的简报，可以将内容分成并列的几个方面，每个方面加上小标题或标以序数，也可按内容的因果关系或递进关系安排材料。

（4）简报的结尾　简报一般不写结尾，即使要写，也要简短有力。常见的结尾方式有：点明主题，结束全文；展示前景，指明事物发展的趋向；连续报道的简报，可以结尾处注写"研究正在进一步深入"，"发展情况下期再续"。

4. 农业科技简报的写作要求

（1）切实掌握第一手材料　简报的编写必须掌握第一手材料，深入采访，是简报写作的坚实基础。作者应掌握采访科技工作的特点，通过个别访谈、开调查会、查阅资料、现场观察、亲自实践等方式，获取第一手材料，以达到全面、真实、准确地反映客观事物本来面貌的目的。

（2）确保材料的准确真实　简报的内容必须真实，不能有半点虚构；也不能道听途说，人云亦云。事情的前因后果、引用的数据、工艺流程、人物的语言都要认真核实，确保准确。没有把握和没有调查落实的材料，不要登上简报。

（3）力争报道的迅速及时　简报反映科研动态要快，报道工作情况要快，传递科技信息要快，要快编快发。赢得了时间，就赢得了简报的价值，实现了编写简报的意义。

【范文 3-4】

农业简报（内部）

（2007 年第 15 期总 300 期）

【编发单位：云南省农业厅办公室】　　**【责任编辑：刘余武】**

【审核发布：冯稚进】　　**【印发日期：2007 年 9 月 27 日】**

云南利用韩国政府贷款建设水稻生产机械化示范区项目设备采购正式签约

4 月 13 日，在云南省农业厅王常明副厅长的主持下，我省与韩国现代综合商事株会就利用韩国政府贷款建设云南省水稻生产机械化示范区项目的设备采购正式签订商务合同，这标志着筹备、协商历时 10 年的利用韩国政府贷款建设水稻生产机械化示范区项目云南子项目已进入实质性的实施阶段。

利用韩国政府贷款建设水稻生产机械化示范区项目属国家Ⅰ类贷款项目，是由财政部牵头，由安徽省、湖南省、湖北省和云南省四省承担实施的贷款项目，贷款金额 2500 万美元，贷款期限为 30 年，我省项目贷款额度为 600 万美元。

云南子项目由玉溪市华宁县、新平县、通海县，红河州弥勒县、开远县、泸西县和曲靖市沾益县农业（农机）部门承担并组织实施。项目采用国际招投标进行。此次签署的采购合同金额为 480 万美元，折合人民币 3710 万元。主要采购韩国生产的斗山大宇 solar225LC-V 型挖掘机 35 台、大同 DSC48 型自走式半喂入稻麦联合收割机 79 台。项目合同同时包含了对机具选型、安装、调试、检测、验收、三包以及项目区技术人员操作规程培训等一揽子技术服务内容。

如此大规模利用外资促进云南农机化事业的发展，在云南尚属首次。采购 79 台自走式半喂入稻麦联合收割机后，我省自走式半喂入稻麦联合收割机的拥有量增加一倍，将极大地提高我省水稻生产机械化的整体装备水平。35 台斗山挖掘机的采购，也将在我省"坡改梯"等基本农田建设中发挥重要作用。（厅农机处）

当前大春播种进展顺利

由于受 4 月上中旬降雨影响，全省各地春播进度随即加快。据我厅统计，截止到 4 月 28 日，全省共完成春播面积 1610.2 万亩，同比快 85.4 万亩，完成计划的 27.7%。其中：粮食作物共完成 1147.7 万亩，同比快 32.4 万亩，中稻、一季稻育秧业已结束，部分地区已开始进行中稻移栽阶段。糖料完成播种 156.4 万亩，同比快 20.7 万亩，蔬菜完成 142 万亩，同比快 8.8 万亩。（厅种植业处）

上报：省委、省人大、省政府、省政协

分送：各地、州（市）农业局，厅机关各处（室）和下属单位

共印 100 份　　校对：××××

【评析】

这是一篇报道云南省农业生产情况的简报。简报的编制规范，报头、报尾格式设计标准。简报分为两个重要内容，两个重要内容的开头采用概述式的导语，将情况置于文首，统领全文。

简报的主体内容按照事物内部的因果关系，以递进式的形式安排内容的结构。简报写作规范，对主要事实报道完毕后，并没有人为过多地续上一个"尾巴"，文章意尽言止，干净利落，突出了简报的特点。

三、农业科技综述

1. 农业科技综述的含义、作用与特点

农业科技综述是对某时期内某学科、专业或技术、产品的研究成果或技术水平、发展趋向进行综合叙述的一种情报性研究的实用文体。科技综述的主要作用有以下三点。

第一，综述浓缩了大量原始文献的同类知识内容，集中而系统，从而可以节省读者查阅、整理、归纳原始文献的时间。第二，综述是科学研究工作的前期劳动，对科研人员的选题定向有着重要的参考价值，可从中了解该综述所研究的领域目前发展水平、存在的问题、经济价值、发展前途等。第三，综述可以为领导决策提供科学的参考依据。

科技综述最大的特点是"述而不评"。它只对原始文献的内容做冷静客观地综合报道，不掺入自己的评论，更不作预测和建议，作者的倾向只是体现在对材料的引用和观点的取舍上。其次，科技综述具有综合性。纵向上，它能全面系统地反映研究对象的历史、现状和发展趋势；横向上，它能全面系统地反映主要国家、主要科研机构和主要科学家、生产单位的实际水平。

2. 农业科技综述的基本格式

农业科技综述按其所涉及内容，可分为有关学科的综述和有关技术、产品的专题性综述两大类。如按其内容划分，可以分为以下几类：以国内外农业科技发展形势为内容的农业科技形势综述；以农业科技活动中发生的某些重要农业科技事件的发展变化为内容，对国内外农业科学技术情况和各学科、专业获得的科研成果进行报道的农业科技动态综述；对农业科技活动中那些带有指导性的思想或理论进行介绍的农业科技思想综述；对农业科技工作中的成绩得失进行客观地归纳、总结的农业科技工作综述。

科技综述的基本格式一般由前言、正文、结语、附录四部分构成。

（1）前言　简明扼要地将最新发生的农业科技事件和农业科技问题叙述出来，既引起读者注意，又作为下面正文领起。有的前言还阐明本综述的原因、目的、意义、使用对象、编写原则和过程、搜集资料的范围、介绍本文的基本内容。前言要简短明确，重点突出。

（2）正文　这是综述的主体，是信息量最大、价值最高的部分。根据综述的特点，由浅入深，广泛系统地叙述，特别是对现状和发展趋势作重点和详细地叙述。叙述时，既可作纵向回顾性的叙述，说明本课题各个发展阶段的概况与特点，亦可作横向归纳性叙述，把本课题各方面的情况并列陈述。应该特别注意的是，在这个部分里，应严格遵循"述而不评"的原则，千万不能掺入编写者的主观评价和设想推理。

（3）结语　概括指出本研究的意义、存在的分歧意见和有待解决的问题，包括研究所得的结论。有的综述将结语单列一节，也有的归入正文部分。

（4）附录　主要是参考文献目录。这些文献是编写者阅读过或在正文引用过的，它们是本综述的依据，也为读者核对和进一步研究提供了索引。另外，图表、数据、谈话记录、会议报告、考察报告等，均可根据需要作为附录置于全文之后。附录的排列顺序可按综述正文中引用的先后为序。为节省篇幅，当前的科技综述，大多省掉了附录。

3. 农业科技综述的写作要求

选题要有科研价值。农业科技综述是为经济建设服务的，要适应科学技术发展的总趋势，推进科研工作的向前发展。综述的课题可以是战略性的，从宏观的角度对某一科研工作进行研讨；可以是战术性的，着力于解决科研和生产实践中急需解决的写作难题；也可以从自身长期研究的内容出发，选择自我开发的课题。农业科技综述的要求主要有以下几点。

（1）广泛占有和审慎选择材料　科技综述需要大量的、全面的、系统的原始文献材料，丰富的材料是综述的厚实基础。编写者要对搜集到的材料进行筛选、鉴别、分类、归纳，使情报信息单元化、系统化，在综述主题的统帅下，各种材料、数据、图表等内容有序归位，使文章的观点与材料紧密统一。

（2）在综合上狠下工夫　综述的本质特征是"综"，是综合已有的事实、情况和科技成果。它要求全面、系统地反映科技领域里某一行业、某一部门、某一学科、某一专业在某一历史时期的发展概况。它要将重要的观点和大量的数据、资料进行归纳综合，使读者在较短的时间内就能了解和掌握科技领域内某一方面的综合情况。

（3）态度要客观公正　农业科技综述的文体特点在"述"，对于原始文献中的情报信息，应该客观公正，切不可以个人的兴趣为标准对材料进行取舍，更不能在综述中掺入个人的主观感情，提出个人的见解或建议，这样必然会损害农业科技综述的科学价值和实用价值。

【范文 3-5】

朝鲜努力发展农业科技综述

近几年来，朝鲜一直把农业战线作为经济建设的"主攻方向"。在今年初举行的全国农业大会上，朝鲜党和政府再次号召全国军民动员和集中所有力量主攻农业，促使农业生产取得"决定性的转变"。

为了使农业生产取得"决定性的转变"，朝鲜党和政府提出了种子革命、土豆种植革命、两茬作物革命、大豆种植革命等方针，尤其要求农业科学战线的科技工作者努力探索，积极攻关，使这些方针能够落到实处。"解决好粮食问题，解决好吃饭问题"是今年朝鲜党和政府提出的经济建设的一个目标。朝鲜的农业科技工作者正在为实现这一目标而不断努力。

朝鲜的农业科技工作者不辱使命，在一系列农业科技研发中取得了不少成果。据报道，朝鲜农业科学院农业化学研究所的科技工作者最近开发成功新的磷细菌肥料，并重新制定了生产工序。这种磷细菌肥料不仅能使水稻秧苗和玉米秧苗茁壮成长，而且能够显著地减少水稻烂根现象。朝鲜国家科学院生物分院的科技工作者最近开发成功的新的植物营养强化剂，据称能大幅度提高农作物的产量。

朝鲜地方上的农业科技工作者也不甘落后。最近，地处北部的慈江道科技局开发成功了多功能生物农药。这种农药不仅可以预防玉米、土豆、辣椒、黄瓜、茄子等农作物的疫病、杀灭农作物的一些病害虫，同时还能起到肥料的作用，促使水稻、玉米、大豆等作物的成熟期提前15到20天。

朝鲜一些大学科研机构成为发展农业科技的主力军。朝鲜最高学府金日成综合大学的研究人员利用纸浆生产过程中的废弃物，研发成功高效能的土壤改良剂。据报道，这种土壤改良剂不仅能够防止环境污染，而且能把贫瘠的土壤改造成肥沃的良田。朝鲜金策工业综合大学的研究人员最近研发成功了高效能的微生物粉状磷肥。这种磷肥是在培养微生物磷肥真菌后，掺入高品位的磷灰岩粉后制成的，具有促进农作物生长的功能。

【评析】

　　这是一篇反映朝鲜农业科技的综述。前两个自然段为综述的前言，作者论述了朝鲜党和政府对农业的重视和有关推进农业科技的举措。综述的主体一共有三个自然段，以横向平行方式展开归纳论述。①朝鲜的农业科技工作者不辱使命，在一系列农业科技研发中取得了不少成果。②朝鲜地方上的农业科技工作者也不甘落后。③朝鲜一些大学科研机构成为发展农业科技的主力军。文章当止则止，没有硬性的附加结语，态度客观公正，文章没有流露出作者的主观感情，也没有提出个人的见解，体现了"述而不评"。

　　文章段旨运用很好，每段的内容均围绕段旨句而展开，段意明确，行文内容集中。但就整篇的内容看，还未能够完全反映朝鲜农业科技的概况，应加强主体内容，以便全面反映朝鲜农业科技的全貌。

四、农业科技述评

1. 农业科技述评的含义、作用与特点

　　农业科技述评是在科技综述的基础上，针对某一学科、技术等专题，全面收集国内外的有关文献，经整理、鉴定及分析综合，然后根据国家农业科技政策和学科理论，进行阐述和评论的一种研究报告。

　　农业科技述评是农业科技领域里科学研究的跟踪器，是吸取世界最新农业科技思想、农业科技资料的重要途径。它的作用可以归纳为三个方面：其一，为领导部门在决定农业科学技术发展方向、制订规划、决定方针政策时作出决策性参考；其二，有助于农业科研人员确定选题；其三，为农业技术人员选择技术路线和设计时提供帮助。

　　农业科技述评主要特点是一个"评"字，即在已有的农业科研成果基础上，作进一步的研究和探讨，为读者献计献策。农业科技述评是在农业综述的基础上加进编写者见解和观点的高级信息情报资料。

2. 农业科技述评的基本格式

　　农业科技述评根据所涉及的内容，可分为农业综合述评和农业专业述评两大类；依据述评的不同内容，可分为农业科技形势述评、农业科技动态述评、农业科技思想述评和农业科技工作述评四大类。农业科技述评的基本格式由绪言、发展史、现状分析、改进建议、预测、结束语、附录等内容构成。

　　（1）绪言　　阐明述评对象的基本情况，说明本述评的目的和意义，并扼要交代本文的内容、性质、读者对象等，使读者对本述评的轮廓有基本的了解。

　　（2）发展史　　以时间为线索，从纵向展开分析。叙述本述评研究的课题的发生与发展，特别指出其发展过程中的特点和意义。

　　（3）现状分析　　按国家分别介绍，从横向展开分析。着重写清各国的成就、现有水平、发展特点，国内在这方面的现实水平、条件、取得的成就以及国内在这方面的政策和需要解决的问题。

　　（4）改进建议　　参照国外的情况，考虑国内的条件和可能，根据以上的分析，提出科学而合理建议。建议有四种类型：策略性建议、技术性建议、推荐性建议、改进性建议。应根据具体情况提出相应的建议，并把建议的理由、主观条件等内容讲清楚，并做出可行性的研究和结论。

　　（5）预测　　根据发展史、国内外现状、其他专业可能给予本专业的影响，提出发展的各种可

能性和可能出现的问题等。述评的预测有三种类型：一是发展趋向预测，即根据现有的情况，推断今后的发展趋向；二是影响与效益预测，即评估出其课题的社会效益；三是对新问题的预测，即对可能出现的新问题，可能遇到的困难，及时应对，并采取相应的解决办法。

（6）结束语　结束语是评述的未尽之言，是对全文的归纳总结，着力阐明研究课题的总体判断、意义、作用、科技评价和前景展望等。这些内容在前文中已有出现，则不必硬写一段结束语。

（7）附录　这是本课题研究的依据，与农业科技综述的附录部分相同。

3. 农业科技述评的写作要求

适应不同读者对象的阅读要求。农业科技述评的读者对象众多，有同行专家和学者；有相关的决策层的领导；也有广大的科技人员和一般的读者。编写农业科技述评时，应根据不同读者对象在内容上和表述上有所区别，才能满足不同层次读者的需要。

（1）又"述"又"评"，以"评"为主　农业科技述评是客观叙述和主观评论的有机结合，是在农业科技综述的基础上溶入了编写者的主观评价、评论的一种富有创造性的高级信息研究成果，因此，述评是又述又评，夹述夹评，以评为重点。

（2）从整体出发、突出重点　编写农业科技述评应坚持整体性的原则，从全局出发来安排文章的结构。同时，又要突出重点。述评的重点是在预测和建议两个部分，这也是农业科技评述的现实价值之所在。编写时应在这两部分中作深入分析、详细论证，笔墨可多一点，篇幅可长一些。

【范文 3-6】

生命科学走向纵深

中、美、日、德、法、英6国科学家和美国塞莱拉公司12日联合公布了人类基因组图谱及对它的初步分析结果。这一重大成果是人类献给新世纪、新千年的一份厚礼，标志着生命科学又向纵深迈进一步。

中国科学院院士、分子生物学家强伯勤在评价这一最新进展时认为，人类基因组图谱初步分析结果的公布，"说明生命科学已经发展到了更深的阶段，它将推动基因组测序工作、功能基因的研究和基因技术的应用，从而推动整个生物技术的发展，也将对科技发展、经济发展以及整个社会产生深远影响"。

科学家公布的新成果，是在去年完成的人类基因组"工作框架图"的基础上，经过整理、分类和排列后得到的更加准确、清晰、完整的基因组图谱。它是对人类基因组基本面貌的首次揭示，表明科学家们开始部分"读"出人类生命"天书"所蕴涵的内容。

初步的"阅读"已得出不少令人意外地发现，比如人类基因只有3万个左右，比原先的估计远远要少。人们有理由相信，随着人类基因组计划的继续展开和对"天书"的"阅读"不断深入，更多的生命奥秘还将浮出水面。

人类基因组的初步分析结果，与科学家们对其他动植物基因组研究所获得的最新进展一起，为生命科学在新世纪实现飞跃构筑起坚实的"平台"。过去10年来，科学家们已绘制出40余种物种的基因组图谱。据预测，在未来10至20年里，科学家还将解读大量生物的遗传密码，与此同时，基因组研究重点将进入确定基因结构与功能等应用研究阶段，生命科学因此将迎来新的大发展。

人类基因组计划也将为推动医学进步带来空前机遇。通过对人类基因组图谱的初步分析，科学家们已初步确定了30种致病基因，而随着下一步对人体各种致病基因展开全面大搜索，以及对各种基因功能及基因之间相互作用了解的加深，科学家们将在分子水平上深入了解疾病的根本发病机理，将为各种疾病的诊断、防治和新药的开发提供有力武器。人类基因组计划的最大影响，将体现在与人们生活息息相关的医疗保健领域。基因诊断、基因疗法和基因药物等的开发，有可能成为未来医学发展的重要分支。

此外，人类基因组计划等的推进，还将促进生命科学与信息科学、材料科学等相结合，带动一批新兴高技术产业的发展，使生产力得到进一步的提升。

一些专家认为，生物技术是继信息技术之后推动生产力发展的又一重要力量。据统计，信息技术对世界经济的贡献率达18％，而生物技术对经济发展的推动作用将不亚于信息技术。1999年，世界生物技术产品的销售额为3400亿美元，估计到2020年，这一数字可能达3.1万亿美元。

科技对社会和经济发展的巨大贡献日益证明，科学技术是第一生产力。据估计，以科技为核心的知识对经济增长的贡献率20世纪初为5％至20％，而目前这一比例在一些发达国家已上升到80％至90％。世界各国的经验表明，新发现和新发明得到应用后所创造的价值，要超过科研投入的10倍以上。从1950年到1999年，全球经济年度总产出从5万亿美元飙升至30万亿美元，增长了5倍。

生命科学进一步走向纵深，再次逼迫我们思考以科技为核心的人类文明的未来走向。新世纪、新千年，人类面临着前所未有的机遇和挑战，科技发展带来的负面效应诸如全球变暖、物种灭绝、计算机病毒泛滥等等已越来越明显。进入2001年，生命科学的一系列进展和消息在让人欣喜之余又令人担忧。继美国科学家培育出首只转基因猴之后，美国和意大利的两位科学家公开表示，打算在今年年底之前在地中海某国培育出世界上第一个克隆人。随着人类基因组的基本信息首次公布于众，如何防止生命科学新突破被误用和滥用，又一次成为人们关注的热点。

以人自身为对象的人类基因组研究，给人类的未来展示了美好的前景，在迎接生命科学不断取得的新突破的同时，如何充分考虑到这些突破可能带来的负面影响、让它们最大限度地造福人类，已成为新世纪之初摆在我们面前的一项迫切课题。（新华社北京2月12日电）

【评析】

这是一篇专业性生命科学走向的纵深述评。作者以人类基因组图谱的最新发展动态为主线，讲话世界所面临的挑战和机遇，展开评述，提出了对策。文章既为领导部门的科技制定政策提供参考，也为有关科研人员的科研工作提供了最新资讯。

文章的前言部分着重强调了述评内容的重要性。第二段介绍了我国科学家对这一成果的评价。随后说明了该成果今后的发展和应用前景，并对以人类基因组计划为主的生物技术对世界经济和社会发展的推动作用作了评述。

这篇评述在写作上的显著特点是具体，善于举例，语言通俗易懂，深入浅出。尽管有一定专业性，一般人容易理解。文章有述有评，以评价为主。文章结构清楚，数据真实可靠，逻辑论证过程清晰，层次分明，语言流畅，能够满足不同读者的需要。

第二节　农业科技工作计划

一、农业科技工作计划的含义、作用和特点

计划是人们为完成一定时期内的工作任务而事先拟定的目标、措施和步骤的事务性文

书。计划也是对未来的工作做出具体的打算和安排。农业科技工作计划是农业科技部门和单位根据党和国家的方针政策和法规，结合自身的实际情况和所承担的任务，事先对一段时间内的科技工作或某项科技科研活动所做的部署和安排。

农业科技工作计划的作用有以下三点。其一，它是农业科技工作者的行动纲领，是对一段时期内科技工作的方向、任务、目标、步骤和重大措施、具体实施方案预先筹划的蓝图。其二，它明确规定了有关农业科技发展的指导方针、基本政策和工作方法，全局在胸、行动有了方向，减少了农业科技工作中的随意性、盲目性和被动性。其三，它是掌握农业科技工作进程，检查和推动农业科技工作的重要依据。

农业科技工作计划的特点主要表现在三个方面。首先是前瞻性。"凡事预则立，不预则废"，计划是具体行动之前的思维产物。它要求计划的制订者对未来的目标了然于胸，对具体的措施、办法胸有成竹，对完成计划的各种因素考虑得十分周全。其次是科学性。计划的制订，既要根据党和国家的方针政策和科技方面的政策与法规，又要结合本单位的实际情况以及所承担的科技工作的具体内容，经过科学而严密的论证，切不可靠少数人凭空想象，胡乱杜撰。第三是实践性。计划不是一纸空文，它必须到实践中去执行，计划既是贯彻执行的依据，又是检查验收的依据，离开了实践，计划也就失去了存在的空间。

二、农业科技工作计划的基本格式

根据计划内涵的差别，计划衍生出许多变种。如"规划"，带有全局性、长期性和方向性的中期（指三年以上）的农业科技工作计划。"纲要"，带有远景（指五年以上）发展设想的提纲挈领式的农业科技工作计划。"设想"，初步构想的粗线条的非正式的农业科技工作计划，具有参考性、理想性与一定的可变性。"工作要点"，以简要的文字反映一个单位一定时期的农业科技工作计划的"要点"。"方案"，对未来要做的某一重要的农业科技工作（活动），从总体筹划上所作出的最佳选择与安排。"安排"，短期内的科技工作的计划。

在农业科技工作计划的写作中，常见也常用的计划形式主要有三种。

（1）公文式计划　即主要用文字叙述和表达的方式，分条分项地表述工作计划内容。计划反映出农业科技部门一段时期内的工作目标、内容、措施及办法，保证工作有条不紊地开展。这是农业科研机关单位常用的一种计划形式。

（2）表格式计划　即主要用表格的形式表现计划的项目和内容，侧重于数字、数据的表达，其内容项目基本上是一种固定的形式。这种计划的制订者实施量化管理，多用于科技生产领域的各个部门。

（3）文字表格综合式　即主要以数字、数据、表格为主体，辅以简要文字加以说明的形式。农业科技产品生产计划、农业科技产品营销计划等，多采用这种形式。

农业科技工作计划不论采取哪种形式撰写，通常包括以下几个项目。

1. 标题

即农业科技工作计划的名称，写在第一行正中。全称标题包括单位名称、适用时间、内容范围和文种，如《××××职业学院2008年科研工作计划》。有时为了简便起见，只列其中的三项或两项，如《2008年科技工作要点》、《科研工作安排》等。

2. 前言

计划的开头，是全文的导语，说明为什么这样做或依据什么，前言一般有两种写法。依据式开头，即简要说明制订计划的依据和指导思想，制订计划的目的和要求。目的式开头，在前言中对前一段的情况加以简要概述，结合当前的形势，从计划的必要性和可行性出发，写明此项计划的目的。这种开头比较适用于重要或长远的计划。

计划的前言不仅是结构上的需要，而且由它引出计划的主体部分，但前言部分的文字一定要简练、概括。

3. 主体

在这一部分里要明确提出计划的目标（或任务）、措施（或办法）、步骤（或程序），这是计划的三要素，也是主体写作的三部曲，任何类型的计划都不可缺少这三项内容。目标是计划想要达到的标准，主要回答"做什么"。措施是为实现计划目标而采取的具体办法，主要回答"怎么做"，包括怎样分工，由谁负责和注意事项等。步骤是实现目标的程序安排和时间要求，主要回答"什么时候完成"，包括先做什么，后做什么，做到什么程度，什么时候完成等。

4. 结束语

它是计划的辅助和补充，视情况可有可无。可分析实施过程中可能发生的问题，也可展望计划实施的前景，也可提出号召、希望等。公文式计划往往加上"此计划自制定之日（或××××年××月××日）起执行"，说明执行计划的开始日期。

5. 落款

一般包括制订计划的单位和日期两项，并加盖公章。如标题已经写明制订计划的单位，此处可以省略。

三、农业科技工作计划的写作要求

农业科技工作计划的写作要求主要有以下 3 点。

（1）要实事求是，量力而行　计划中规定的任务、指标，应该是经过努力能够达到的，并且留有一定的余地，切不可脱离实际，浮夸虚报。

（2）计划中的各项内容要写得具体明确，便于执行，便于检查，切忌含糊不清，满纸空话大话套话　要发动群众，集思广益，使上级指示与本单位实际情况相结合，把计划制订得更科技、完整。

（3）语言要简洁准确，平实庄重　在表达手法上以叙述与说明为主，尽量少用或不用比喻、比拟的手法，更不要使用描写和抒情的表达方式。

【范文 3-7】

农业科技发展规划

（2006—2020 年）

（农业部 2007 年 6 月 15 日发布）

科技作为农业发展的第一推动力，必将推动农业结构深刻调整、农村经济深刻转型、农村社会深刻变革。全面提升农业科技自主创新能力，建设创新型农业，把农业和农村经济纳入科学发展轨道，是实现农业和农村经济全面协调可持续发展的战略选择。根据《国家中长期科学和技术发展规划纲要（2006—2020 年）》及《全国农业和农村经济发展第十一个五年规划（2006—2010 年）》，制定本规划。

一、农业科技发展面临的新形势

党中央国务院对今后 15 年我国科学和技术发展做出战略规划与部署，提出建设创新型国家目标。农业科技进入新的发展起点,肩负着引领农业和农村经济发展的历史使命。必须立足现实,植根产业,抓住机遇,加快发展,走出一条有中国特色的农业科技自主创新道路。

(一)农业科技发展现状

"十五"期间,我国农业科技发展取得重大成就,农业科技进步贡献率达48%。超级稻、转基因抗虫棉、矮败小麦、禽流感疫苗等方面的科技成果处于世界领先水平;以主导品种、主推技术和主体培训为重点的"科技入户"工作深入展开,创新了农技推广机制;国际先进农业技术引进工作成效显著,消化吸收和再创新能力逐步增强;农业装备水平显著提高,全国耕种收综合机械化水平达36%;农业信息化快速发展,成为农业科技进步的重要推动力;农业科研体系建设取得进展,科技队伍得到加强,科研条件进一步改善,为农业科技实现跨越式发展奠定了良好基础。

尽管如此,面对我国建设现代农业和社会主义新农村的历史任务,面对世界农业科学技术的快速发展,农业科技发展还存在许多不适应。主要表现为:一是自主创新能力不强,科技的支撑和引领作用还未完全发挥。二是科技投入严重不足,没有形成稳定的科技投入机制。三是创新和应用体系不完备,还存在一些体制性和机制性障碍。

(二)农业发展对科技的战略需求

1. 国家食物安全,巩固和提高农业综合生产能力,迫切需要突破产业发展的技术"瓶颈"。

加快建设现代农业,转变农业增长方式,迫切需要依靠科技创新优化产业结构和提高效益。

2. 成果转化应用,促进农民持续增收,迫切需要拓展科技转化渠道和增收空间。

3. 循环农业,建设资源节约型和环境友好型新农村,迫切需要创新发展模式。

4. 农业国际竞争力,抢占农业科技制高点,迫切需要增强农业科技自主创新能力。

(三)农业科技发展的机遇

1. 科技发展的政策保障力愈益强劲。党中央、国务院高度重视"三农"工作。

2. 科技发展的需求拉动力愈益强劲。

3. 科技发展的内在推动力愈益强劲。

二、指导方针和目标

(一)指导方针

以邓小平理论和"三个代表"重要思想为指导,贯彻落实科学发展观,围绕发展现代农业和建设社会主义新农村的重大战略需求,全面实施科教兴农战略和人才强农战略,为实现全面建设小康社会目标、构建社会主义和谐社会提供强有力的科技支撑。

未来15年,农业科技工作的指导方针是:自主创新,加速转化,提升产业,率先跨越。

(二)总体目标

到2020年,形成布局合理、功能完备、运转高效、支撑有力的国家农业科技创新体系,我国农业科技整体实力率先进入世界前列。农业科研开发投入占农业GDP的比重提高到1.5%以上,农业科技进步贡献率达到63%,推动以现代农业为核心的创新型农业建设。

经过15年的努力,在我国农业科技的若干重要方面实现以下目标:

1. 继续保持水稻、转基因抗虫棉、基因工程疫苗等方面的国际领先优势,带动畜禽水产优良品种、专用特色品种培育取得突破;

2. 加快优势农产品高效安全生产、耕地质量提升、重大农业生物灾害防控、农产品采

后收理与加工和农业生态环境综合整治等核心技术的研发,形成现代农业生产技术体系和管理标准体系;

3. 突破农业装备的关键部件和设备研制工艺,提高我国大型、成套、智能化农业机械和农业工程装备的技术含量和自给率;

4. 加快农业高新技术研究和产业化,取得一批重大原始创新成果,在世界农业前沿学科和基础研究领域占有重要位置;

5. 加强科技基础设施建设,建成若干世界一流的农业科研院所和农业高校,创建具有国际竞争力的龙头企业技术研发中心,建成稳定高效的创新队伍,完善农业科技推广服务体系,显著提高农业科技创新能力和成果快速转化应用能力。

(三)"十一五"目标

"十一五"期间,构建国家农业科技创新体系基本框架,建设农民科技教育培训体系,完善农业机械化和信息化综合服务体系,耕种收综合机械化水平达到45%左右,农业科技进步贡献率提高5个百分点。

1. 培育40个左右主要农作物主导品种,新品种增产潜力提高10%以上,保障粮食综合生产能力在5.0亿吨左右;培育15个左右主要畜禽、水产养殖新品种(系),畜禽和水产新品种增产潜力分别提高10%和15%;动植物新品种产品品质明显改善,自主供种能力大幅提高;培育一批高产、高能量、广适性、低成本的能源作物新品种。

2. 主要农产品深加工比例提高到40%,农产品加工业总产值与农业总产值之比提高到1.5∶1。

3. 开发先进实用智能化农业技术装备10~15项,耕种收综合机械化水平提高9个百分点,综合生产效率显著提高。

4. 要农作物病虫害损失率由8%下降到5%;猪、牛、羊、禽的病死率由8%、2%、4%和18%下降到5%、1%、3%和12%以下;水产业病害损失率降低8%。

5. 主要农区耕地退化率下降10个百分点,农田地力等级普遍提高1~2级;农业灌溉用水有效利用系数提高到0.5,肥料、农药等资源利用率分别提高3个百分点;秸秆饲用率提高到40%。

6. 推广农业标准化生产技术,基本实现食用农产品无公害生产;示范区畜禽粪便、生活垃圾和污水、农作物秸秆资源化利用率达到90%以上。

7. 建设100万个科技示范户,培训农民5亿人次,培养有文化、懂技术、会经营的新型农民;重点区域主导品种、主推技术入户率达到90%以上。

8. 建设"三电合一"农业综合信息服务平台,信息服务覆盖面达到2000个县,覆盖率达到农业市县的90%以上,受益农户达到1.6亿户。

三、农业科技发展的重点任务

1. 重点开展农业生物遗传改良和农业可持续发展等科学问题的基础研究。
2. 重点开展事关现代农业发展全局性、战略性、关键性的重大核心技术研究。
3. 组织农业科研攻关。
4. 开展核心技术集成示范。
5. 实施科技推广示范工程。

四、保障措施

(一)完善体系

1. 建设新型农业科技创新体系。
2. 完善农业技术推广体系。
3. 健全农民科技培训体系。
4. 完善农业知识产权保护体系。

(二) 创新机制

1. 完善财政科技经费投入与绩效考评机制。
2. 改革立项机制。
3. 完善分工协作和联合攻关机制。
4. 建立团队与人才队伍培养机制。
5. 建立成果分类评价与快速转化机制。
6. 探索建立农科教、产学研紧密衔接的新机制。
7. 建立农业科技合作与交流机制。

(三) 加强各类科技计划实施

1. 积极组织和参与国家重大科技发展计划的实施。
2. 组织实施农业部门各项科技计划。

(四) 完善激励政策,落实相关法规

1. 完善相关优惠政策。
2. 鼓励龙头企业开展技术创新。
3. 落实相关政策法规。

(五) 加强领导

(注:引用时有删减。)

【评析】

这是一篇目标明确,措施具体,表述清楚的规划。本篇采用了目的式开头。前言强调了农业科技在农业和农村经济发展中的重要地位,说明了规划的重要性。第一部分突出了我国农业科技的现状和农业科技发展面临的机遇,集中说明了规划的紧迫性和发展的有利条件。第二部分是规划的主体,分指导方针、总体目标、"十一五"目标、重点任务四个层面,作者采用了总-分结构,从宏观目标到具体任务,表明了制定规划的细心和科学。第三部分是保障措施,作者采用了并列结构式,这些措施内容具体,便于落实和检查。

由于规划时间长,其内容又具有方向性和全局性,规划可以省略"步骤"这项内容。本规划就没有写"步骤"。但其他计划如"方案"、"工作安排"就必须写步骤。

第三节 农业科技工作总结

一、农业科技工作总结的含义、作用和特点

总结是人们对前一阶段工作、学习等方面的情况进行回顾、分析与评价,找出经验和教训,从中得到一些规律性的认识,以指导今后工作的一种事务文书。善于总结是提高工作素养的具体体现,擅长写总结是现代工作人员的基本功。高职高专学生在今天的学习和今后的工作当中,不仅要制订各种计划,同样也要撰写各种总结。学会写总结,有利于自身素质的提升,可以更好地开展工作。

农业科技工作总结是总结的一个分文。它是农业科技部门对已经完成的农业科技工作或某项农业科技任务进行全面和系统的回顾、分析、研究，从中找出经验教训，得出规律性认识的科技应用文书。

农业科技工作总结主要有以下几个方面的作用。其一，它总结了成功的经验和失败的教训，使成功的经验得到推广，失败的教训给人们以警示，在今后的工作中少走弯路，少犯错误，更有利于今后顺利开展工作。其二，它有助于沟通信息，交流经验，使下情上述，主动争取上级领导机关的指导和帮助，并加强与兄弟单位的协调配合。其三，总结记录了宝贵的实践资料，对总结者来说，也具有留存资料和鼓舞士气的作用，同时，可提高广大科技人员的基本素质和业务能力。

农业科技工作总结有三个特点。第一是经验性。总结是在自身实践之后进行的，之所以总结，其根本目的是要把实践中成功的经验和失败的教训归纳出来，得出科学的结论，指导以后的工作实践。提取经验，归纳教训，是撰写总结的关键，也是总结这个文种的本质特点。第二是理论性。总结要在正确理论的指导下，对实践情况进行分析综合，把零散的肤浅的感性认识上升为全面的理性认识，找出规律性的东西。总结不是单纯的"摆事实"、"记流水账"，而是注重说明，突出思辨，理论性非常强。第三是独特性。每个农业科技部门或单位的工作实践都具有其特殊性，实践主体千差万别，实践内容丰富多彩，每一篇总结都应具有与众不同的独特性。愈是个性鲜明的总结，其社会价值愈大。总结不要写成千篇一律的套话文章，不要写成空洞无物的公式化官样文章。

总结与计划有着密切的联系。计划是总结的前提和依据，总结是计划的检验和结果。在人们的社会实践中，总结与计划二者的关系相辅相成，缺一不可。科技工作人员在工作之初制订计划，在工作结束之后写出总结，首尾呼应，形成一条完整的工作链。

二、农业科技工作总结的基本格式

总结的分类与计划的分类存在一定的对应关系，有一定的相似性。总结可以从不同的角度分出不同的类型。但从写作的意义上说，特别要把握综合性总结与专题性总结。

综合性总结又叫全面总结。这种总结内容详细，涉及面广，既要反映出成绩，又要找出差距；既要有经验、做法，又要有教训、体会；有时还要提出今后的工作意见等。写综合性总结，不仅要全面，还要突出重点，防止面面俱到；不仅要总结出规律，还要写出新意。综合性总结往往是领导为向群众作农业科技工作总结，向上级汇报工作情况或与外单位交流经验而撰写的。

专题性总结又称经验总结，是对某项农业科技工作或工作的某个方面进行的专项总结。这种总结突出一个"专"字，内容单一集中，针对性强。它偏重于经验、成绩的总结，起到典型引路，以点带面的作用，但也有偏重于从反面总结问题、教训，剖析其主客观原因，以引起人们警醒的。专题性总结带有一定的工作研究性质，对实践具有很强的指导意义。农业科技工作总结通常包括以下几个项目。

1. 标题

农业科技工作总结的标题有两类，单行标题和双行标题。单行标题可分为三种，即全称式标题、简称式标题和文章式标题。全称式标题，由单位名称、时限、内容和文种构成，如《××农业科学研究所 2008 年科技工作总结》。简称式标题，可根据具体情况而省略某些项目，如《2008 年农业科技工作总结》（省略单位名称），《柑橘冻害防御技术研究总结》（省略单位名称和时限）。文章式标题，标题概括出总结的内容，揭示其主题，如《2008 年加强国际农业科技合作工作的回顾》。双行标题，即同时使用主标题和副标题。主标题揭示出总结的主要观点或基本经验，点明主旨，副标题作进一步的补充或注释，如《高举"十七大"的旗帜，全面做好农业科学技术工作——××农业科学研究院 2008 年工作总结》。

2. 前言

也称导言，即情况概述。这一部分要简略地交代工作的时间、背景、任务的内容与要求、完成任务的基本情况等，即使读者对总结对象有一个概括性了解，又为下文的具体分析与总结提供了基础。总结的前言并不只是一副面孔，它有多种写法，不同的写法将使前言的内容与作用发生变化。

（1）概述式　概述基本情况，简要交代工作背景、时间、地点和条件等，这是总结前言的惯用写法。例如《××农业职业学院 2014 年科技工作总结》中的前言是这样表述的：2008 年，科技工作真抓实干，取得了较好成绩，科技处被教育部评为全国科研管理先进集体。

（2）对比式　将前后情况进行对比，从而突出成绩，从成绩入手总结经验。例如下面的这段文字表述：我校是一所普通职业学院，学生入校时基础一般，如××年入学的新生，语文、数学两科总分都在 200 分以下，这给教学工作带来很大困难。为了迅速扭转这种局面，我们狠抓教学管理，科学育人，大力调动了广大教师积极性，教学质量有了明显提高。上述学生共 300 人，经过 3 年的教育培养，××年毕业后，3/4 以上的学生考上了专升本。

（3）提问式　开篇提出问题，点明总结的重点，以引起读者的注意。例如：一要改革，二要发展，这是摆在我校科研工作面前的两大问题。怎样改革？如何发展？二者之间是什么关系？对这些问题必须认真思考，给予正确的回答。

3. 主体

这是总结的核心部分。这一部分主要包括过程与做法、成绩与经验、问题和教训三个方面的内容。主体部分要对所完成的工作加以分析，回答为什么要这样做和为什么能够这样做，哪些做法是成功的、行之有效的，有什么经验体会，揭示出取得成绩的主客观原因。无论是全面总结，还是专题总结，都要总结经验教训，总结出规律性的认识。

总结主体的内容很丰富，其常见的结构方式有如下几种。

（1）横式结构　即按照内容逻辑性，分成横向平列的几个层次，从几个不同的侧面对工作情况予以分析总结。例如《××农业职业学院 2014 年科技工作总结》，在简短前言之后，全文平列成 7 个方面，对全年的科技工作予以分析总结：①基础研究取得重要突破；②重大项目硕果累累；③学术会议及交流；④基地建设形成良性循环；⑤校企合作开创新局面；⑥科技园建设稳步推进；⑦专利与成果斐然。这种结构形式，观点鲜明，材料和观点有机统一，结构层次有条不紊。

（2）纵式结构　按工作的开展过程来安排结构。先把整个工作过程分成几个阶段，再分别对每个阶段的情况进行分析，总结经验教训。如专题总结《让学生做学习主人的经验总结》，按培养学生自主性学习的工作开展过程，把总结分成"开端"、"入手"、"扩展"和"收获"几个层次，逐一总结每一阶段的做法和体会。这种结构形式便于反映事物的内部发展规律，人们的思想认识也随之逐步加深。

（3）纵横式结构　纵横交错，事理结合，既体现事物的发展过程，又注意内容的逻辑关系，或以纵为主，纵中有横，或以横为主，横中有纵，这种结构方式适合于全面性总结。

4. 结尾

表述未尽事宜与今后的设想。这部分主要写还存在哪些尚未解决的问题，结合过去工作中的经验教训，对今后的工作提出设想，确立目标和方向。结尾要自然、简洁，力戒空话、大话、套话。

三、农业科技工作总结的写作要求

1. 实事求是

总结是对实际工作的集中与概括，务必求真。写总结要坚持一分为二的观点，不能只报喜不报忧，靠虚假的数字出成绩，也不能为了迎合某些上级部门的旨意而扭曲事实，弄虚作假。总结的事实要真实典型，数据要准确可靠，背景材料要明白确凿。只有实事求是，总结才能发挥它的作用，产生真正的力量。

2. 抓住重点

总结的内容要讲主次，分详略，最忌讳把总结写成"流水账"，不得要领，不知所云。一篇总结要告诉读者的主要经验是什么，主要体会是什么，主要问题是什么，一定要让读者明白。抓住了总结的重点，删去枝枝蔓蔓，内容集中，中心突出，总结的体会才能深刻，经验与教育才会清晰可辨。

3. 突出特色

人们的科技实践活动是丰富多彩、各具特色的，在全面分析研究的基础上，要理清工作的步骤与环节，抓住问题的症结，通过反复比较，去发现工作中哪些做法切实可行而又富于创意，哪些措施具体到位而又别出心裁，哪些体会刻骨铭心，哪些经验最具有推广价值。把握了这些新颖而深刻的内容，总结就会写出特色，写出个性。

【范文 3-8】

2015 年××市农业科技工作总结

2015 年，市科技局重点围绕农业产业化，以农业新技术新品种新模式的研究、引进、试验、示范为突破口，逐步提高我市农业科技含量。此间全市共申报省级以上农业科技攻关项目 32 项，申请省级农业科研补助经费 897.0 余万元；申请省级棉花工程技术研究中心 1 个，申请经费 200 万元；申报 2015 年度国家农业科技成果转化资金项目 5 项，申请无偿科技经费 380 万元；申报省级以上星火科技计划项目 12 项，申请科技开发贷款 9700.0 万元；受理市级农业科技攻关计划项目 86 项。截止 2015 年 11 月底，已下达省级农业科技攻关计划项目 14 项，资助科研补助经费 101.0 万元；已批准建设省级棉花工程技术研究中心 1 个，科研经费 100.0 万元；已下达国家省级星火计划项目 5 项，批准科技贷款额度 8860.0 万元；下达国家级农业攻关计划项目 1 项，经费 50.0 万元；下达省级星火贴息项目 4 项，贴息金额 50.0 万元；下达市级农业科技攻关计划项目 31 项，经费 104.5 万元。

一、以实施农业科技计划项目为依托，组织全方位协作攻关

（一）组织全市农科专家开展粮、棉、油、瓜、果、菜等新品种选育与科技创新，为荆州农业培育新的经济增长点。

（二）在农产品深加工技术方面有发展。

（三）在水产养殖方面也取得了新的突破。

二、围绕农业产业化，积极引导、实施精深农业工程

1. 在实施农业科技创新活动中，市科技局适时组织科技项目、资金及科技人员，重点抓好我市生物农药、生物肥料产业化开发。

2. 实施农产品深加工计划，不断完善农业产业化链条，促进我市农村经济良性发展。

3. 依托资源优势发展畜牧养殖，振兴一方经济。

三、以实施国家、省级星火计划为依托，推进农业产业化科技行动

我市星火计划在突出重点、加强集成、迎接入世、产业推动、实现跨越的思想指导下，紧紧围绕农业产业化经营和农业增效、农民增收的目标，努力把农业和农村经济发展真正转到以质量和效益为中心的轨道上来。

1. 我市星火项目成效。

2. 为更好地促进我市星火再上新台阶。

3. 在组织实施各类星火计划项目的同时，适时开展形式多样的星火实用技术培训。

4. 及时处理全市专家学者来函来信，为市委市府当好参谋。

四、下步工作打算

今后三年，我们将乘着十八大的强劲东风，与时俱进，紧紧围绕全面建设小康社会的奋斗目标，积极工作，不断开创荆州农业科技工作的新局面。

1. 继续推进农业科技创新行动，力争在粮棉油新品种选育、农产品深加工、水产养殖技术开发及农业产业化、标准化、国际化方面取得新的突破，实现跨越式发展。

2. 结合荆州实际，以科技项目为依托，扎实推进荆州市农业、林业、水产、畜牧种子种苗产业化工程，尽快建成科技含量高、资金信息物业畅通，具有一定规模和权威的全国性标准化种子种苗基地2~3个。以此引导1万农户奔小康的发展目标，为建设农业强市做贡献。具体落实在以下几方面。农业方面：重点建设以双低油菜、杂交棉花、优质水稻为重点的种子繁殖基地。水产方面：重点建设以黄颡鱼、黄鳝为重点的苗种繁育基地。林业方面：重点建设以杂交马褂木、楠木、兰花为重点的园林绿化美化及速生用材林种子种苗基地。畜牧方面：重点推广波尔山羊胚胎移植技术。

3. 加大各类农业科技计划项目争取力度，力争在立项项目数、项目投资规模及项目技术水平三个方面有较大突破。

【评析】

这是一篇规范的农业科技工作总结，编者对一些具体的内容和细节作了删减。《2015年××市农业科技工作总结》是一个地区一年来农业科技工作成效和下一步计划的总结材料，标题的制作精心而准确，内容集中，偏重成效和打算，对经验论述不足，文章的前言概括完整，保证立即转入主体内容，并为主体内容作了必要的铺垫。文章的结构合理，逻辑层次清楚，内容具体，有强大的材料和数据，有针对性和区域性。总结的结尾没有进行论述，实属遗憾。

第四节　农业科技会议纪要

一、农业科技会议纪要的含义、作用与特点

会议纪要是适用于记载、传达会议情况和议定事项的书面文件。农业科技会议纪要是会议纪要中的一种，它以简要的文字、全面而集中地对农业科学技术会议所讨论的问题、决议

等事项进行综合，作为传达、贯彻会议精神的一种书面材料。凡重要的大中型农业科技会议，都要撰写会议纪要。

会议纪要是在会议记录的基础上加工整理而成的，它的作用主要表现在：第一，它可以上呈，发挥上报和沟通作用，让上级机关全面了解会议情况和会议的主要成果，以便得到上级机关的及时指导。第二，它可以下发，发挥引导作用，通过会议纪要传达会议的精神和议定的事项，指导下级机关的工作，统一对有关问题的认识。第三，发挥制约和查考的作用，会议纪要是在相应的范围内指导工作、解决问题、检查贯彻落实会议精神的重要依据和凭证，它还可以作为重大事项的记载以备日后考查。

会议纪要有三个特点。第一是真实性。会议纪要必须全面真实地反映会议的内容，对会议的内容不能随意地更改和增删。内容的真实性增强了会议纪要贯彻执行的效力。第二是概括性。会议纪要必须以精练的文字高度概括会议的内容和精神，做到概其要，精其髓，从理论的高度对会议做出概括和总结。第三是灵活性。会议纪要的表现形式灵活多变，篇幅长短不一。其内容的取舍、结构的安排、文字的遣用可根据制发者的意图而变化，表现出很强的灵活性。

二、农业科技会议纪要的基本格式

科技会议纪要和一般会议纪要一样，可以分成以下三种类型。

（1）记载型会议纪要　这种会议纪要偏重于记载会议情况和议定事项，是会议纪要中最简单，也是使用最多的一种。它主要将会议的有关情况记录在案，起备查、备考的作用。各种专题性的农业科研会议纪要、座谈会议纪要均属此类。

（2）传达贯彻型会议纪要　这种会议纪要主要用于传达贯彻会议精神和议定事项，有很强的政策性和指导性，下级机关必须认真贯彻执行。它适用于专门解决某一专项科技工作或特殊工作而召开的重大工作会议，如《××省高等职业院校科技工作会议纪要》，《××省科技工作会议纪要》等均属此类。

（3）综合型会议纪要　这种会议纪要既用于记载会议情况和议定事项，又用于传达贯彻会议精神。最典型的是科技工作协调会纪要，既要把与会各方的观点记录在案，又要把大家达成的共识写清楚，以便作为今后贯彻执行的依据。

会议纪要的结构由标题、开头、主体、结尾四部分构成。

1. 标题

农业科技会议纪要的标题有以下三种形式。

（1）机关名称＋会议名称＋文种　例如《××省农业厅2015年农业生产工作会议纪要》。

（2）会议名称＋文种　例如《农业科技工作座谈会纪要》。

（3）正、副标题式　正题揭示会议的主要内容，副题由会议名称和文种组成，例如《以科技为先导，增强种子生产的科技含量——××市种子生产科技化会议纪要》。

2. 开头

叙说会议的概况。写明会议召开的目的、依据和背景；交代会议的名称、会议的议题；介绍会议召开的时间、地点、与会人员和与会单位；简述会议的经过或主要收获。这是会议纪要的总体部分，一般写上一个自然段即可。有的会议纪要则将此部分的内容采取表格式的方法，逐栏逐项填写，这也是对会议概况的一种叙说方式。

3. 主体

写明议定事项，这是会议纪要的重点，它包括情况分析与议定事项两层内容。情况分析是对以往工作的回顾，对当今形势的分析，对工作本质的认识与把握；议定事项则在分析的基础上，列叙今后的工作任务、方针、政策、措施、要求等。会议纪要的主体一般采用两种结构方法，一是新闻报道式，二是分叙式。

（1）新闻报道式　这种结构形式适用于记载型会议纪要，它只将会议的概况、会议的议题、决定事项等依次写出即可，它的特点是简明扼要，中心突出。

（2）分叙式　这种结构方法适用于传达贯彻型会议纪要。它是将主体的内容分项叙写，具体有以下几种方式。①分类标项式。将会议讨论的内容依其内在联系和逻辑关系归纳成几个方面，分类逐项撰写，并标以数码或冠以合适的小标题。这种写法条理清楚，要点突出，逻辑性强，需要具备较高的分析综合能力。②指挥式。这种写法多用于安排部署重要工作的会议，特别是用于决定事项的表述。一般都以这样的段首句领起下文："会议认为……"、"会议指出……"、"会议决定……"、"会议同意……"、"会议通过了……"。这种写法庄重严肃，传达贯彻型会议纪要非常适合这种写法。其实，指挥命令式与分类标项式又常常综合一起使用，既分列项，又采用指挥命令式的写法。③发言摘录式。一些讨论会、座谈会的纪要常采用这种方法。它将每个人的主要意见归纳整理出来，依发言顺序以摘录。这种写法平直易写，能使每个人的意见得到明确充分的表达，便于日后查考。

4. 结尾

写出希望和号召。有的会议纪要在写完议事项后就自然结束。传达贯彻会议纪要有的还加上一段希望号召的文字，以起到鼓励和鼓舞的作用。

三、农业科技会议纪要的写作要求

会议纪要只是会议文书中的一种，会议文书还包括会议记录、会议侧记、会议简报等。为了更好地掌握和写好会议纪要，下面，将会议记录、会议侧记、会议简报的区别做一简单地说明。

会议纪要与会议记录的区别主要有两点。第一是内容不同。会议记录完全是原始地记录与会人员的发言；会议纪要则是在记录的基础上加工整理而成，概括性、理论性都比较强。第二是作用不同。会议记录只起依据和凭证的作用，而会议纪要则主要是具有传达贯彻落实的作用。

会议纪要与会议侧记的区别也是两点。第一，会议侧记可以侧重写会议一个或两个方面的内容；但会议纪要则须反映和概括会议的整个内容，前者突出"点"，后者强调"面"。第二，会议侧记属于会议的新闻报道，不能作为文书印发到各个机关部门；会议纪要则具有指挥和约束力，是农业科研机关单位开展日常工作的有效的管理工具和手段之一。

会议纪要与会议简报的区别有三点。一是简报贵"简"，一般篇幅短小，会议纪要是对整个会议内容和精神的概括，篇幅相对要长。二是简报主要起沟通信息的作用，没有指导和约束力，会议纪要特别是传达贯彻型会议纪要则具有指导意义和约束力。三是在会议召开的过程中，简报可以发一期，也可以发数期，会议纪要则只能在会议结束后发布一次。

撰写会议纪要必须注意以下几点要求。

1. 善于集中

会议纪要的撰写者一定要认真分析研究会议上的各种不同意见，求同存异，将符合科学规律的多数人的意见集中起来,如实反映,抓住了主流与本质,会议纪要才能反映出会议的精神,体现会议的意图。

2. 精于撮要

会议纪要必须突出一个"要"字,任何会议都是有备而开的。会议的主题、会议要着重解决的问题和会议要达到的目的,便构成了会议内容的"要"点。会议纪要必须紧扣这个"要"点,切不可面面俱到或泛泛而谈,力争要点明确,中心突出。

3. 力求严谨

会议纪要要对会议的全部内容进行分析归纳、加工整理,要行文严谨,达到条理化、理论化的要求。所谓条理化,即会议纪要的内容分类别、分层次、分顺序,逻辑清晰,结构严谨;所谓理论化,即会议要有较强的理论概括性,语言文字具有思辨色彩,具有较强的说服力。

【范文 3-9】

全国农业科技年工作座谈会会议纪要

7月9日至10日,农业部科技教育司组织召开了全国农业科技年工作座谈会,邀请16个省、市、自治区农业厅、局科教处和中国农科院、中国水产科学院科技年工作办公室、《农民日报》、中央农业广播电视学校负责同志参加座谈。科技教育司领导到会作了重要讲话。

会议总结了上半年科技年工作的进展情况,交流了各地、各单位的做法和经验,围绕部领导关于科技年活动要按照"事、势、实"的指导思想开展工作的重要指示,进行了认真的讨论,共同研究策划了下半年科技年的重大活动和宣传方案。会议决定进一步提高对组织"全国农业科技年"活动重大意义的认识,突出为农民办实事,使农民得实惠,努力挽回"非典"对科技年活动带来的不利影响,在下半年掀起科技年活动的新高潮,全面落实科技年的预期目标和各项任务。

一、高度重视、精心部署、开局良好

从汇报交流的情况看,"全国农业科技年"的活动得到各级领导的重视,各省、市、自治区、部直属科研院所积极行动,制订方案,建立组织协调机构,完成了全国农业科技年的部署与发动工作,开局良好。贵州、湖北、北京、江西、安徽、青海等省、市都陆续召开了科技年新闻发布会和启动会,形成了省部上下互动。四川省省委书记在全省农村工作会议上,要求各地把开展农业科技年活动作为促进广大农民学科技、奔市场、求创业的重大举措,副省长出席了全省"农业科技年"活动启动仪式,省财政新增农业科技推广经费500万元;河南省主管农业和科技的两位副省长对农业科技年活动做了批示,明确一把手要亲自抓;黑龙江省省长在"万名科技人员百日送科技下乡"服务团出征仪式上要求科技人员要"下得快、下得实",为农民解决实际问题;贵州省副省长在"全省农业科技教育工作会暨贵州省农业科技年新闻发布会"上讲话,提出具体要求;吉林省成立了以副省长为组长,省政府副秘书长、省农委主任为副组长的"农业科技年"活动领导小组。

二、科技年活动内容丰富、形式多样,深受农民欢迎

各地、各单位坚持"两手抓",努力将"非典"造成的影响挽回来,组织开展了多种形式的科技活动。

科研院所力求为地方、为农民办实事。中国农业科学院分别与辽宁省、山东省寿光市共

同主办了北方农展会和国际蔬菜科技博览会,与地方达成合作协议,为当地提供了80多项科技成果,展示并提供了新的品种,发放3万余份技术资料,接待农民咨询5000余人次,各所都采取多种形式组织科技下乡、技术培训。中国水产科学院上半年已举办30余次科技培训班,培训农(渔)民和水产工作者6270人次。

各地科技年活动呈现新亮点。各省农业部门大力组织科技人员下乡,力求为农民办实事。北京市组织了"双百千科技下乡工程",通过赠送给农民的《百名专家百项农业技术名录》,建立农民与专家的直接联系,深受农民欢迎;广东省推出的缓释肥的技术是继"水稻抛秧"后的又一项使用简便、节本、效果明显、农民叫好的新技术;广西壮族自治区科技下乡小分队推出的"健康、生产、生活"三服务活动突出"实现农村小康"的主题;山东省组织的"农业专家顾问团"正在农业结构调整中发挥作用。

农业新技术推广采用新机制、新方式。各省普遍加强了信息网络、咨询热线、声像等现代传输手段的应用,新编辑了一批科技系列丛书。安徽省在巢湖探索农业部门与民营农资企业联办"千家万户技术服务",探索了农技推广工作的新途径和新机制。四川省的"农民科技致富上网工程",辽宁省的"主体联户服务网络",使农民及时掌握了市场信息和致富信息。

农民科技培训工程扎实推进。河北省农业厅在科技进村入户示范站建设的基础上,最近与河北农业大学联合实施了一村一名大学生(村干部)的定向招生,还决定自筹经费建设100个省级农民科技书屋;广东省今年拨出培训专项经费300万元,安排了40个农民科技培训基地的建设;江西省举办了特色技术培训班;黑龙江省有针对性地推广"十二项优质高效适用技术",培训农民致富带头人;吉林省发放的《农村建设小康社会系列丛书》和辽宁省为农民提供的放心种子、药、肥料书册供不应求;贵州省农技部门自筹资金在贵定县推广蔬菜飘浮育苗技术,菜农收入明显提高。在组织科技年活动中,各省农业厅科技年工作办公室采取了与优势农产品区域布局、与农技推广体制改革、与各类科技项目及培训计划多方面结合的做法,整合资源,积极工作,争取各方面的支持。

宣传力度不断加大。《农民日报》设立了"全国农业科技年"专栏、专版。各省、市、自治区电视、广播、报刊、网络也分别设立了科技年专题或专栏。辽宁省建设了立体农民科技服务网络,在省电视台开播农业科技年系列节目;河北省通过省电视台《世纪乡风》栏目、河北农业信息网等多种途径,对农业科技年活动进行广泛宣传;湖北省农业厅与省电视台等单位联合开办农业科教信息服务窗,设立了"农业科技年活动"专题,发布农业新技术、新成果信息。目前,通过科技年动态、简报和网络已建立起信息报告制度,各地的科技年活动情况不断反馈到部科技年工作办公室。

三、进一步提高认识,把科技年工作做实

由于突发非典型肺炎疫情,"全国农业科技年"活动受到影响。同时,从反馈的情况看,各层次的活动与工作进展不平衡,缺乏整体策划,重点不够突出,特别是宣传工作从总体上还未达到应有的声势和效果。会议认为,今后几个月,是实施农业科技年活动的关键时期。为此,按照部《关于进一步做好全国农业科技年工作的通知》的要求,根据科技年工作要贯彻"事、势、实"的指导思想,大家一致认为,下一阶段必须重点做好以下工作。

(一)进一步提高认识,加强组织指导

要站在学习贯彻"三个代表"重要思想的高度,进一步提高对开展"全国农业科技年"活动重要性的认识。部党组确定今年为"全国农业科技年",是贯彻落实"三个代表"重要思想、落实"十六大精神"的重大部署。"农业科技年"是2003年全国农业系统一项带有旗帜性、全局性、标志性和社会影响力的活动,是促进农业科教事业发展的强大动力和良好机遇。同时,也是对全国农业科教系统组织、策划能力的挑战和考验。为此,一定要抓住机遇,变被动为主动,加强对下半年科技年活动的组织指导、统筹协调,保持上下联动、信息畅通,全国一盘棋,切实掀起再动员、再组织、再落实的高潮。

(二)认真研究、突出重点,精心筹划下半年的重大活动

理清思路,对原定活动方案进行认真梳理,根据国务院关于着重抓好增加农民收入工作的部署,突出各地、各行业部门的优势和特点,从科技年活动的实际效果和农民是否得到实惠出发,突出策划和落实下半年若干项重大活动、重点技术,千方百计组织科技人员深入农村,为农民办实事,采取多种形式,使农民学到技术、用好技术,依靠科技增加收入。

(三)加大宣传,营造声势

精心策划和组织下半年全国"农业科技年"的宣传活动。根据下半年的宣传计划方案,通过中央和地方媒体加大科技年的宣传力度。在办好《农民日报》科技年专栏和专刊、加大在中央媒体宣传力度的基础上,8月份全国农业科技年工作办公室组织记者深入一线,对农业科技年活动进行深入报道,形成科技年宣传的新高潮。各省、市、自治区、各行业和各单位一定要充分作好有关宣传内容、重点技术、重要文章的准备,做到重点突出、主题鲜明、提前策划、提前安排、及时报道。同时,继续办好中国农业信息网、中国农业科技教育网、中国农村远程教育网的"全国农业科技年"专栏。为了扩大农业科技年的宣传和影响,在农业科技年的宣传活动中,都要冠以"2003全国农业科技年"的标志。

(四)加强监督检查和信息反馈

充分利用信息网络、动态简报,快速反映各地、各层次、各行业科技年的活动情况,加强信息通报和监督检查,坚持每月两次向科技年工作办公室报告的制度。切实做到"年初有布置、年中有检查、年底有兑现"。同时,提早做好年底总结、表彰的准备工作,以便从计划方案的制定、组织落实、活动开展、信息宣传、实施效果等方面,对科技年的活动进行全面的总结和考查。

【评析】

这是一篇总结交流贯彻落实的会议纪要。该会议纪要对下级单位和有关部门具有很强的政策性和指导性,因此,篇幅大,内容丰富,针对性强。纪要的第一自然段为开头部分,集中说明了会议的时间、地点、主题和与会单位及人员,使读者对会议的概况和重要性有一个整体性的认识。

纪要的主体分为三个部分。第一部分着重介绍了与会领导讲话和有关单位的交流情况,写法上强调了发言者的身份、地位与内容的重要程度。主体的第二部分对"农业科技年"上半年作了认真的总结,分析了面临的形势,肯定了取得的成绩。主体的第三部分部署了"农业科技年"下半年要抓紧做好的四项工作,这四项工作既是会议形成的决议,也是所有与会人员和相关单位会后必须贯彻落实的四项具体工作。作者采用了分类标项的写法,条理清楚,要点突出,一看就明白。纪要没有写结尾,有点遗憾。

第五节　国际农业科技交流合作信函

在国际技术交流合作中,经常需要用信函就许多农业科技事宜进行联系、商洽,达到沟

通、传播信息和顺利完成交流合作任务的目的。在技术交流合作中,信函是对外联系的重要工具。有关国际农业科技交流合作的范文,由于高职高专的学生在今后工作一段时间后才能接触,在此不一一列举。

一、农业科技事务书信

农业科技事务书信是国际技术交流合作中,交流双方就日常各种事务问题加强联系而撰写的信函。

1. 功能和结构规范

将自己的目的、意愿用书面的形式告诉对方,是事务书信的主要功能。其内容要素有以下特点:一是有特定的适用对象和实用目的;二是要准确表达自己的观点。农业科技事务书信都有特定的作者。其内容的组合方式与普通信函一样,要与国际惯例接轨。

(1) 信头 指信纸上面印好的寄信人单位名称、地址、电话号码、传真等,一般印在信纸的中上方;如果不用印有信头的信纸,则寄信人的单位名称和地址等可用电脑打在信纸的右上角。

(2) 日期 指写信日期,应打在信头下4行至6行的右方,或在寄信人地址的下方,且需完整地书写。

(3) 收件人名称地址 信封上虽已有收信人的姓名地址,但信内仍需重写一次,一般打印在信纸的左边,低于日期2至3行。收件人姓名前应加尊称,常用的有 Mr.(先生)、Mrs.(夫人)、Miss(小姐)、Ms.(女士)等称呼,或者 Dr.(博士、医生)、Prof.(教授)、Pres.(经理、会长、校长)等头衔或职务。

(4) 称呼 对收信人的尊称,打印在名片、地址下1、2行的位置。较多的用 Sir、Dear Sirs、Gentlemen。

(5) 正文 信的内容、主体,是全信最重要的部分。应在称呼下2行开始。

(6) 结尾套语 是写信人向收信人表示敬意的客套语。一般在正文下2至3行偏右位置,套语后加逗号。常用的有 Yours truly,Truly yours,Yours very truly 等。

(7) 签名 在套语下3行左右的地方用钢笔清楚地签上自己的全名,签名下面再分行打出姓名、职务和单位。

(8) 其他 包括附件、附言、注意事项、事由、备查等,根据需要书写。

农业事务书信用外文书写,以上的结构要素大都需要具备。如果是用中文书写,信头、日期、收件人名称和地址可省略不写。

事务书信根据其写作目的还可分为询问信、证明信、咨询信、协商信、洽谈信、联络信等。

2. 写作过程及方法

在写作农业事务书信过程中,首先应明确写作目的。在交流合作的不同阶段,每封信都应明确收函的对象及特定的内容,以达到其特定的目的。其次,农业事务书信是国际农业科技交流合作中的有机组成部分,涉及国家科学技术、对外交流政策、法律法规和保密等问题,写作时应自觉维护国家利益与声誉,避免造成不良影响。

农业事务书信在长期的实践中已形成了科学、实用的惯用格式和具体要求。写作时应遵守国际惯例,按其要求撰写。如通常对港澳、东南亚地区、日本等国家和地区的华裔科学家、企业家宜用汉文信函,其他则应用外文信函。对于信封,中国邮电部按国际惯例明确规定：对寄往港、澳、台地区以及蒙古、朝鲜、新加坡等国用汉文书写收、寄信人姓名及地址的信函可以使用国内标准信封；对用英、法文书写收信人姓名及地址寄往上述地区及国家的信函，则必须将寄信人姓名及地址写在信封左上角或背面，将收信人姓名及地址写在信封的右半部。

农业事务书信在表达中应注意语言的准确性，避免产生歧义；简洁得体的语言能让对方更好地了解自己良好的管理水平，促使交流合作项目愉快完成。

二、邀请信

1. 功能和结构规范

邀请信的主要功能是正式邀请合作方前来访问、考察、讲学、任教或工作。在国际农业科技交流的各种活动中，它具有桥梁和纽带的作用。

邀请信可分为主动发出的邀请信、接受邀请信（应允信）和拒绝邀请信（辞却信）3种。

邀请信内容是：向对方表示简短的问候，说明邀请的目的、原因以及邀请干什么等。其特点是内容清楚准确，表达简明扼要，语言热情谦恭，事项安排周密。

2. 写作过程及方法

发出邀请信的目的是希望对方应邀参加某一活动或出席某一会议，因此，在写作前应对活动或会议的背景、意义、主题作详尽深入的了解，对对方的基本情况作基本的分析与估计，针对对方感兴趣的问题书写。凡邀请对方出席学术会议，应充分肯定被邀请者的学术水平和取得的成果，使对方感受到邀请者的诚意。

邀请信的形式要素包括标题、称谓、正文和落款。

（1）标题　在文首正中写明"邀请信"字样。

（2）称谓　顶格书写被邀请人的姓名和尊称。有时可在姓名前加上"尊敬的"等，在姓名后加上"先生"、"女士"等。

（3）正文　表明邀请的原因、背景、目的并对有关问题提出参考性的建议；简要介绍我方情况；就具体的时间、地点等提出意见或建议；我方负责的费用；日程安排；表示希望对方能应邀光临的热切心情并请对方给予能否接受邀请的答复。

（4）落款　写明发出邀请的单位名称或个人姓名及成文时间等。

接收到邀请信后，不管接受与否，一般都应及时答复，否则有失礼貌，造成不良的国际影响。

三、感谢信

1. 功能和结构规范

感谢信是使用最广的社交书信之一。用于国际技术交流合作的感谢信的主要功能是：感谢对方在经济、技术等方面的友好协作或给予的大力支持和帮助，并借以联络感情，维系往来，为建立新的业务联系打下良好基础。

感谢信的内容要素应突出对方对自己的支持和帮助，对此作适当的议论、评价。正文开头首先阐明感谢的原因，接着表达真挚的感激之情。

2. 写作过程及方法

（1）要明确写信的目的　感谢信不能随随便便地使用。它是在口头表达不足以表达谢意时才使用的,它比口头方式郑重,影响更大,效果更突出。因而在写感谢信时,必须清楚地了解对方对我方是什么样的支持、帮助,选择什么样的角度、用什么样的语气去表达,感谢时应怎样把握好分寸等,从而达到感谢信的目的。

(2) 要写得简短而有诚意　感谢信一般写得不长,可以是一大段,也可以分成几小段。写作感谢信时语言要恳切,感情要真挚,但话不宜说过头,否则会给人一种言不由衷的感觉。此外,感谢信的写作要及时,时过境迁,其意义和效果就不大了。

(3) 感谢信一般由标题、称呼、正文及落款组成

① 标题。在第一行正中位置写上"感谢信"或"致××的感谢信"字样。也可以不设标题。

② 称呼。在标题下隔行顶格写所感谢的单位名称或个人的姓名。按照国际惯例,称呼个人时只写姓,不写名,在姓前可加"尊敬的"、"亲爱的",姓后加"先生"(或"女士"、"太太"、"小姐"等)以示尊敬。

③ 正文。一般包括3方面的内容。一是对对方提供的帮助、给予的接待或赠送的礼品表示感谢;二是简单说明对方提供的帮助所起的作用或所赠礼品的用途;三是表示与对方建立长期友好关系的愿望并再次表示谢意。

④ 落款。正文结束后,另起一行,在右角处签名。国际信函习惯在签名上方写上"你的忠诚的"或"你的忠实的"等表示敬意的词语。若需注明写信人的职务、学衔或官衔,应把这些内容放在签名下面,然后在签名、职务等内容之下写明具体时间。

四、推荐信

1. 功能和结构规范

在国际交往中,应接受方或被推荐方的特定要求进行推荐所写的书信称推荐信。推荐信的主要功能在于加强不同国家的组织与组织之间、个人与组织之间、个人与个人之间诸多方面的联系,使之相互了解,相互合作,人尽其才,物尽其用。

推荐信的内容应具体实在,不任意夸大,不隐瞒被推荐人或物的不足之外,使受信人能较为客观地了解情况,决定取舍。其特点是语言委婉、诚恳,行文简洁、通俗。内容的组织方式与一般书信相似,只是发往国外的推荐信,其内容较发往国内的要详尽一些。推荐信除写明被推荐人的情况外,还应有推荐人的自我介绍。

2. 写作过程及方法

写作推荐信时,推荐人应先对被推荐人或物作详尽的了解,并视被推荐者的具体情况写推荐信,写作者应具有一定的地位、资格和名望,以增加受信人的信赖程度。若是自荐信,推荐时应对自己作出较全面和客观的评价,掌握好说话的分寸。过分自命不凡,会使受信人产生反感和不信任;而一味的谦逊则可能让受信者怀疑你的能力。推荐信的写作要有明确的针对性,重要推荐介绍物品的性能、使用特点等。

推荐信一般由标题、称呼、正文、结尾及落款组成。

(1) 标题　在第一行正中位置写"推荐信"字样,也可不写标题。

(2) 称呼　首先,开门见山向对方提出推荐的目的和意图,即推荐该对象干什么。接着介绍被推荐人基本情况(着重介绍其学历、水平、专长、能力等)。然后对被推荐者作出评价和结论,提出推荐理由。最后指出自己与被推荐人的关系,再次表达推荐愿望。

(3) 结尾　提行空两格写上"切盼尽快予以答复"或"盼复"等字样。

（4）落款　与感谢信的落款相同。

五、祝贺信

1. 功能和结构规范

国际技术交流合作的祝贺信，其主要功能是在对方取得某项科研成果或某方面的荣誉时用信函表示祝贺，借以联络情谊。其内容主要是对对方的能力或取得的成就予以赞颂，并表示诚挚而良好的祝愿。有的信是祝贺召开重要国际会议或某项工程竣工的。

2. 写作过程及方法

祝贺信意在祝贺，写得既要热情洋溢，又要实事求是。评价对方的成就能力不能夸大其辞，否则使人觉得言不由衷。

祝贺信篇幅一般不宜过长，语言要流畅、明快。根据写信的具体场合以及与对方关系的亲疏来确定其语言风格，有的写得拘谨而雅致，有的写得活泼而亲切。

祝贺信的写作格式与感谢信、推荐信相似，一般由称呼、正文、结尾、落款组成。

（1）称呼　要写全称，名称前可加上表示尊敬或亲切的修饰语。

（2）正文　首先向对方表示祝贺及祝贺的原因。接着，或赞扬对方所取的成绩，或评价对方对社会的贡献，或借机拓展业务，表明新的合作意向。最后再次表示衷心的祝贺。

（3）结尾　预祝对方更上一层楼之类的措辞。

（4）落款　与以上各信一致。

综 合 训 练

一、基本概念

1. 填空题

（1）农业科技文摘主要由_____和_____两部分组成。

（2）简报是机关团体和企事业单位用来_____、_____和互通情况、交流信息的一种文书。农业科技简报，是在农业科技领域里，简明扼要地汇报研究进展、动态、成果、交流情况、反映_____一种书面形式。

（3）农业科技综述是为_____的，要适应科学技术发展的总趋势，推进_____的向前发展。

（4）农业科技工作总结是总结的一个分文。它是农业科技部门对已经完成的农业科技工作或某项_____进行全面和系统的回顾、分析、研究，从中找出_____，得出规律性认识的科技应用文书。

（5）在国际技术交流合作中，经常_____就许多农业科技事宜进行联系、商洽，达到沟通、_____和顺利完成交流合作任务的目的。在技术交流合作中，信函是_____的重要工具。

2. 选择题

（1）农业科技文摘在写作上可分为（　　）种形式。
　　A. 一种　　B. 二种　　C. 三种　　D. 四种

（2）科技简报从内容上区分有以下（　　）种类型。
　　A. 一种　　B. 二种　　C. 三种　　D. 四种

（3）科技综述的基本格式一般由前言、（　　）、结语、附录四部分构成。

A. 正文   B. 摘录   C. 例文

(4) 农业科技述评的基本格式由绪言、发展史、现状分析、改进建议、预测、结束语、附录、（　　）等构成。

A. 预测   B. 正文   C. 前言   D. 参考文献

(5) 收件人姓名前应加尊称，常用的有 Mr.（先生）、Mrs.（　　）、Miss（小姐）、Ms.（女士）等称呼，或者 Dr.（博士、医生）、Prof.（教授）、Pres.（经理、会长、校长）等头衔或职务。

A.（爱人）   B.（夫人）   C.（情人）   D.（教师）

3. 判断题（正确的打"√"，错误的打"×"）

(1) 农业科技文摘的特点表现在五个方面。（　　）

(2) 著录事项的内容是翻译原始文献的重要手段，与文摘的内容同等重要，切不可马虎草率。（　　）

(3) 农业科技工作计划的特点主要表现在四个方面。（　　）

(4) 邀请信的主要功能是正式邀请合作方前来访问、考察、讲学、任教或工作。在国内的各种活动中，它具有桥梁和纽带的作用。（　　）

(5) 祝贺信的写作格式与感谢信、推荐信相似，一般由称呼、摘要、结尾、落款组成。（　　）

二、简答题

1. 科技文摘的基本格式由哪几部分构成？
2. 科技文摘的编写有什么要求？
3. 什么是农业科技综述？
4. 农业科技综述的写作有什么要求？
5. 简述农业科技工作计划的意义。
6. 农业科技总结通常包括哪几个项目？
7. 简述农业科技会议纪要的写作要求。

三、模拟写作练习

1. 写一份农业科技简报。
2. 写一封学术会议邀请信。
3. 写一篇农业会议纪要。
4. 写一份农业科技计划。
5. 写一封祝贺信。

第四章　农业科技项目文书

【知识目标】
　　掌握农业科技项目建议书，农业科技项目开题和进度报告，农业科技成果鉴定书三种文体写作。

【能力目标】
　　理解农业科技文书所包含的主要内容，充分认识农业科技文书写作的意义和地位，学会写作农业科技文书的几种主要文体，提高农业科技文书的写作能力。

【素质目标】
　　系统培养从事农业科技工作从立项书到鉴定书文本写作过程基本素质，构建落实如何根据农业科技项目文书开展农业科技工作，养成良好的农业科技工作兴趣。

第一节　农业科技项目建议书

　　国际上一般把项目定义为"一种临时性的、创造唯一产品和服务的任务"。项目的临时性是指每一个项目都有一个明确的开始和明确的结束。一般项目都是在一定时间内存在，是"临时的"。明确项目的临时性有利于对项目管理机制、机构、模式和手段的选择。

　　科技项目在概念上有狭义和广义之分。狭义的科技项目是指为解决一个比较复杂的综合性科学技术问题而确定的研究与试验发展工作；广义的科技项目是指为了促进科学技术发展，进而发挥科学技术对经济社会的推动和引领作用而实施的项目、课题、计划、专项等一系列科技活动的总称。农业科技项目建议书中的项目主要是就广义而言的。

一、农业科技项目建议书概述

1. 农业科技项目建议书的概念

　　农业科技项目建议书是对某农业项目实施所作的一个总体轮廓构想，是以经济和社会发展的长期规划、行业规划和地区规划以及国家产业政策为依据，在调查研究、市场预测及技术分析的基础上，着重论证项目实施的必要性、可行性、发展前景、经济效益及其他相关要素，并向其主管部门提出拟投资研究与建设的正式书面建议。农业科技项目建议书实际上是农业投资机会研究文件，其目的是为了获得批准将所建议项目纳入正式科研规划中，为下一步正式申请立项打下基础。

2. 农业科技项目建议书的基本内容

　　农业科技项目建议书一般由项目申请单位编制完成，是正式立项前对项目的轮廓性设想，主要从项目实施的必要性方面论述，同时初步分析项目实施的可行性。

　　科技项目建议书与可行性研究报告不同。从内容上看，项目建议书是对科技项目粗略的论证，可行性研究报告则是对科技项目在技术上、经济上的合理性与可行性进行全面、周详的分析、论证、比较。从程序上看，主管部门审批项目建议书在前，可行性研究报告则是在项目建议书得以批准后才开始进行的研究，以便为正式申请立项做准备。从作用上看，项目建议书只是就某个可能实施项目向科研行政主管部门提供的建议性材料，以获得主管部门的认同，获得批准后纳入科研规划意向；可行性研究报告则是建议书意向获得认同后进行的十分详尽的可行性论证，目的在于获得正式立项申请的最终批准。农业科技项目建议书主要包括以下内容。

（1）总论

① 农业科技项目名称。

② 申报项目单位概况（单位名称、地址、主管单位名称、项目负责人姓名、职务、职称、科研经历等）。

③ 项目实施地点。

④ 项目总体内容、总体目标。

⑤ 项目年限及进度安排（项目前期工作的安排，包括调研、考察、谈判、设计等；项目实施所需要的时限等）。

（2）项目建设的必要性和条件

① 背景。

② 项目实施的必要性。

③ 项目实施的技术关键及创新点。

④ 项目实施的条件分析：包括已有工作基础、当前具备的条件（地质、气候、交通、公用设施、征地拆迁工作、施工等）及其他因素分析（政策、资源、法律法规等）。

（3）实施规模与产品方案

① 建设规模（试验研究规模、种植规模、养殖规模、农副产品加工规模）。

② 产品方案（产品开发与推广方案、种植方案、养殖方案、农副产品方案等）。

（4）技术方案、设备方案和工程方案

① 技术方案（包括技术路线、产品开发、生产技术及其流程等）。

② 主要设备方案（各种设施、设备选型及主要设备来源）。

③ 工程方案。

（5）投资估算及资金筹措

① 投资估算（研究投资估算、建设投资估算、流动资金估算、投资估算表）。

② 资金筹措（自筹资金、其他来源）。

（6）效益分析

① 经济效益（销售收入估算、成本费用估算、利润与税收分析、投资回收期、投资利润率等）。

② 社会效益（项目实施对社会所产生的重要意义或价值）。

（7）结论　农业科技项目建议书的内容大致包括以上内容。当然，在实际生活中，一份农业科技项目建议书中未必同时都得具备所有内容，内容顺序也未必按此布排，可以根据实际需要进行增减和调整。

二、农业科技项目建议书的基本格式

1. 一般格式

农业科技项目建议书作为一份正式的书面文件，除了内容有所规定外，格式上也有一定的要求。

2. 项目建议书的封面

封面内容主要包括标题和拟办单位的基本信息。

（1）标题　即项目名称，标题的字体可以大一点，以示突出。有的项目建议书规定了具体的字体字号，按规定执行即可。例如城关镇无公害蔬菜基地建设项目建议书。

（2）项目申报单位　写清提出项目建议并拟办单位的名称，例如河南省方城县城关镇人民政府、辽宁农业职业技术学院等。

（3）单位负责人　写清该科技项目的负责人姓名，例如×××经理（镇长、院长等）。

（4）申报单位地址

（5）项目起止时间　即本项目拟自何时起至何时止。

（6）联系方式　包括联系电话、传真、电子信箱等，方便报、审双方联系和咨询。

（7）申报日期　项目建议书的上报时间。

项目建议书应用 A4 纸打印，封面可以参考图 4-1 格式，具体内容的增减可因需而定，不必生搬硬套。

```
×××××××××
   项目建议书

项目名称：×××××
申报单位：×××××
起止时间：×××××
地    址：×××××
邮政编码：×××××
负 责 人：×××××
电    话：×××××
传    真：×××××

申报日期： ××年×月×日
```

图 4-1　项目建议书封面样例

3. 项目建议书的目录

目录单放在第 2 页，依项目建议书内容顺序按序码统一列出，作用是让审阅者对项目建议书的主要内容先有一个总体印象。

4. 项目建议书的主体

项目建议书的主体包括标题、正文、结尾三个部分。

（1）标题　标题采用公文标题的写法，要简单得体，准确精练，除了必须具有的"建议书"三字外，还必须突出项目涉及的主体与技术名称以及项目的具体目标指向，让审阅者一目了然。例如：《生物降解淀粉餐饮具系列产品开发项目建议书》、《城关镇无公害蔬菜基地建设项目建议书》。

（2）正文　正文应按项目建议书内容的顺序分条进行表述。必须运用可靠的事实和数据充分说明拟办项目的目的和意义、水平和现状、目标和内容、特色和创新点、方法和进度、投资和效益等方面。

（3）结尾　结尾签署建议书编制单位和日期。如有附件，应在结尾处写明附件的名称及份数。例如附图、附表、附件：a. 附图（总体规划图 1 份）；b. 附表（建设投资估算汇总表 1 份）；c. 附件（批复文件 2 份，等）。

三、农业科技项目建议书的写作要求

1. 熟悉业务，资料翔实

农业科技项目建议书是呈送上级审批的综合性经济报告，这要求编制者比较熟悉该项目的相关业务，占有丰富的资料，了解农业经济发展政策，掌握相关科技发展的现状和趋向，洞悉市场需求及其变化规律，清楚本单位的研究资源状况和项目建设能力水平，这样才能紧扣主题，切中要害，否则就会虚无缥缈，隔靴搔痒，很难编制具有一定科学性的项目建议

书，也很难实现立项的预期目标。

2. 注重事实，说理充分

项目建议书的中心内容是论证科技项目实施的必要性和可能性，这种论证过程不同于可行性研究报告，不需要大量的严密细致的分析论证，而是通过确凿可靠的事实、充分有据的理由予以概括说明即可。例如可以从本项目发展前景、项目实施的主客观条件、技术、资金优势，经济效益估算等方面陈述项目实施的必要性和可能性，力求事实准确、理由充分。

3. 内容完整，简洁明晰

项目建议书条目繁多，内容复杂，在编制时要拟定提纲，逐一将各层次标题分列出来，不要遗漏，保证内容的完整性。同时，还要做到主次分明，条理清楚。如前所述，项目建议书的内容有较为固定的表述顺序，有严谨的分析思路，随意颠倒、相互穿插都会破坏其内容的逻辑性与完整性。

在注重内容完整的同时，还应力求文字表达简洁明晰。例如在介绍资金、设备、生产能力和概述前景与效益时，可列举一些具体数据，这样既可以使文字简洁，又能使审阅者一目了然。概念模糊、含义空泛的词语，如"业绩非凡"、"资金雄厚"、"设备先进"、"管理有方"、"产品过硬"、"前景良好"等应予以摒弃。

四、农业科技项目建议书范文及评析

上面介绍了农业科技项目建议书的基本写法、格式和要求，需要说明的是，在当前实际科研工作中，科技项目建议书已不常应用，而代以"×××科技项目申请（评审）书"（见"范文二"），因为科技项目立项基本上都来自各科研行政主管部门颁布的研究规划，通常不接受零散的科研项目建议并为之立项。但是，这并不说明科技项目建议书的存在没有任何意义，它可以使科研行政主管部门及时了解社会需要的应用研究信息，并在其发布项目规划前，着眼考虑将所建议的内容列入正式规划项目进行资助，以及时解决农村、农业、农民的实际生产、生活问题。这也表明，科技项目建议书实际上与科技项目申请（评审）书在内容、格式、要求上应该是完全一致的，所不同的是建议书递交在项目规划前，而项目申请（评审）书则已是规划中的项目了；建议书可以简明，项目申请（评审）书务必详尽。

下面，通过对三个农业科技项目建议书的实例分析，来增加对农业科技项目建议书的感性认识，理解项目建议书的严谨性和在编制时需要引起注意的事项。封面、目录这些内容均略去，只列举评述其正文。

【范文 4-1】

××镇大姜科技项目建议书

一、项目提出的背景

××镇 2013 年大姜科技项目，是在全县农业综合开发"十一五"初步规划的基础上提出来的。结合我镇农业生产的实际，从全镇总体考察结果看，大姜是我镇农民增收的主要来源之一，但多年来姜瘟、姜癞等病虫害一直影响着大姜生产潜力和品质的提高，制约了大姜产业的发展，农民对大姜高科技种植意愿强烈。为此，我镇确定在阿陀南大洼规划大姜科技示范园，以此带动全镇大姜产业的发展。规划示范种植面积 60 亩，设计总投资 23 万元。

二、项目建设的必要性

第一，我镇土壤适合种植大姜，而且有大姜种植的传统。镇党委政府一直把大姜作为农民增收的重要产业之一，在大姜种植上做了大量工作，于2007年申请获得大姜无公害农产品标志，激发了农民种姜积极性，2012年全镇发展大姜8000亩以上。但由于农民分散种植，品种退化，技术滞后，投入相对不足，姜瘟等病虫害加剧，加之大姜市场不稳定，农民种姜的效益出现徘徊状态，制约了农民增收的步伐。

第二，要想提高大姜种植效益，解决实际问题，抵御市场风险，就必须依靠科技，通过建设大姜科技示范园，带动大姜产业的健康发展。但由于地方财力不足，缺乏资金，很难发挥科技示范作用。所以，利用农业开发资金建设大姜科技示范园，通过推广无公害病虫害综合防治技术，解决姜瘟、姜癞病害防治的难题，对农民增收、农业增效，带动当地大姜产业的发展有重要意义。

第三，我镇有农业技术人员十几名，具有开展试验示范，推广新技术的能力和条件，完全能够承担大姜科技项目的实施工作。

三、建设内容和投资估算

（一）大姜科技示范60亩

（二）建设内容

该项目共需投资23万元，具体内容及投资估算如下：

1. 优质脱毒姜种　9.6万元

每亩用优质姜种400公斤，4元/公斤，每亩用种款计1600元，60亩用种款9.6万元

2. 土壤改良　11.42万元

（1）测土配方施肥化验土样2个，每个100元，共200元

（2）推广生物菌肥60吨　每吨1900元，共11.4万元

3. 生物防治病虫害　1.98万元

（1）防治大姜癞皮病用根线通600瓶，每瓶15元，计0.9万元

（2）生物防治姜瘟技术：生物农药每亩用药180元，1.08万元

四、预期效益

通过大姜科技开发，最终每亩每年可产出优质大姜7000公斤，科技开发前亩产4500公斤，开发后亩增产2500公斤，以每公斤2元计算，亩增收5000元，每年100亩增收50万元，全镇8000亩大姜通过科技推广后，最终年新增大姜产值4000万元。

附表（1份）：

××镇大姜科技示范项目投资估算表

项目名称	单位	数量	单价/元	金额/元	备注
脱毒姜种	公斤	24000	4.00	96000	
土壤改良	个			114200	
土壤化验		2	100	200	
生物菌肥	吨	60	1900	114000	
生物农药				19800	
根线通	瓶	600	15	9000	180g/瓶
姜瘟用药	亩	180	60	10800	
合计				230000	

【评析】

这份农业科技项目建议书写得比较简明。从结构上看，基本符合科技项目建议书的主体结构要求；从内容上看，实施地点、总体内容与目标、项目建设的必要性与条件、项目规

模、投资与效益估算都比较明确，但在许多地方还显得笼统，论证缺乏充分性。例如，建议书中的"具有开展试验示范，推广新技术的能力和条件，完全能够承担大姜科技项目的实施工作"，就显得虚无缥缈、含糊空洞；项目建议书中缺乏进度安排和工程方案内容，缺乏创新点的分析等。另外，科技项目建议书中所用的量和单位均为非法单位，比如"亩"应改为"公顷"计量，"公斤"应改为"千克"计量，这虽然无碍于项目的审批，但作为正式文件，应该以更高的水平展示出对科技项目所具有的严肃、严谨和科学的态度。

【范文 4-2】

××省教育厅高等学校科学研究项目申请书

项目名称：南果北移及设施配套栽培技术研究

研究单位：××农业职业技术学院

协作单位：××××集团农业科技园区

项目主持人：×××

联系电话：××××

邮编：××××

起止时间：2012 年 9 月—2015 年 9 月

××省教育厅制
2012 年 7 月

一、研究项目科学依据及意义

1. 科学意义和社会应用前景

在农业产业结构调整，设施农业和观光农业大发展的背景下，南果北移引种及其设施栽培配套技术的研究至少具有以下科学意义和应用前景：

第一，填补南方果树北方栽植的空白，丰富北方水果市场。目前，随着储运条件的改善，南方水果在北方市场也有销售，但有些南方果树的水果极不耐储运，北方市场很难见到，即使偶尔有销售，品质也很难体现品种特性。南方果树种类繁多，有些种类在北方有很大的市场前景，通过本项目的实施可大大丰富北方水果市场。

第二，丰富北方设施果树栽培的树种品种结构，为提高设施果树栽培的经济效益提供技术支持，进而为提高农民的收入提供服务。目前，北方地区设施果树栽培的比较效益在明显下降，很重要的一个原因就是树种品种结构比较单一，随着产量的增加，必然导致效益的下降。本项目的实施将显著增加北方设施果树栽培的种类，而这些种类的增加将提高果树设施栽培的经济效益，为农民的增收提供技术上的支持。

第三，为北方开发和发展都市观光农业及花卉业的发展提供支撑。本项目引种的南方果树除食用外，在北方均有观赏价值，有些品种则属于花果两用树种。这些树种品种的引进在设施农业上将是一个赏花与品果、经济效益与社会效益结合上的一个突破，对发展生态农业、观光农业具有重要意义。这也是本项目的创新点之一。

2. 本课题研究领域、国内外研究现状和发展趋势

本项目涉及的树种和品种在我国北方设施栽培中，石榴和枇杷未见有栽培报道，火龙果和木瓜没有成规模的栽培，在本项目合作企业中有零星栽培，但由于栽培技术的原因，栽培效果和经济效益都不很理想，主要原因是缺乏设施栽培南方水果的系统研究，只是按传统的养花经验管理，不掌握南方果树的栽培管理技术。根据现有资料介绍，本项目涉及的树种和品种在北方地区设施中没有成功栽培的记载。

北方地区设施农业发展迅速，在农业产业结构调整中作用巨大。但设施栽培蔬菜、地方传统果树发展余地已经很小，比较效益在下降。因此，利用北方的设施进行南果北移将是设施农业发展的一个新的增长点，具有很好的发展前景，尤其是在大中城市发展观光农业中发展潜力很大。

3. 本项目的学术特色和立论依据

本项目的学术特色在于通过科学的设计，在日光温室中实现南方果树在北方的栽植和观赏与果品生产的巧妙结合。立论依据是日光温室可以创造适合南方果树的生长环境，南方果树在北方可以产生观赏的效果。

4. 主攻关键和创新之处

选择在北方地区具有观赏价值和果品生产价值，而鲜果较难运输到北方的树种和品种；掌握这些树种和品种的日光温室栽培技术要点；为观光农业提供新颖的管理模式是本项目主攻关键和创新之处。

5. 经济与社会效益分析

根据对××省市场需求分析，这一项目的市场需求就很大。如××省的44个现代农业园区的建设中，设施农业、特色农业将占很大比重。本项目既是设施农业，又是特色农业，进入现代农业园区的需求量是很大的。再如仅在沈大高速公路绿化产业带建设过程中，设施农业、观光农业就占地43万亩，其中的发展也将预示着这个项目的需求前景广阔。如果本项目的推广量达到我省设施农业的10%，按每亩（667平方米）创直接经济效益1万元计，年经济效益将达到4个亿。

二、研究内容和预期成果

1. 研究内容

（1）通过研究引进的石榴、枇杷等南方果树的果实性状、观赏价值等，选择适合在北方设施中栽培的品种；

（2）通过观察与调查，研究这些树种与品种在设施栽培环境条件下的生长发育规律、病虫害发生规律、需肥水特点等；

（3）研究南方果树在设施栽培环境条件下的湿度、温度、光照的控制；

（4）研究这些品种的栽培模式和生产技术，尤其是无公害生产技术；

（5）研究这些品种的病虫害防治技术等。

这些研究内容的出发点在于解决设施栽培果树观赏性与食用性的结合，果业与旅游业的结合，环境保护与无公害水果生产的结合。关键技术是适宜品种的选择、设施环境因子控制标准、生长结果的调控、整形修剪模式、无公害植物保护等。

2. 预期达到以下目标和技术指标

（1）成功选择引进4～5个南方果树树种，10个左右品种用于设施栽培。

（2）掌握引进果树在设施栽培条件下的生长发育规律，为设施栽培提供理论支持。

（3）提出引进果树的设施栽培环境控制指标。

（4）研究出这些果树地设施栽培模式和无公害生产技术。

（5）建成示范基地三处以上，分别在沈阳、大连和丹东等地建设示范基地并培训人员。

研究结束时，除研究报告外，在省级以上刊物发表论文三篇以上，在国家级出版社出版一本本项目涉及果树的实用技术专著。

三、研究方案

1. 可行性论证

北方设施果树栽培已有成功的经验可借鉴，如桃、葡萄、樱桃等果树的设施栽培均已获成功。只要摸索南方果树的生长发育规律、对环境条件的要求，就可保证南方果树在北方设施中栽培的成功。同时，我们又具备南方花卉的栽培经验。参照北方果树的设施栽培技术，借鉴南方花卉的设施管理技术，可以确定本项目的技术路线是可行的。

2. 研究方法和技术路线

本项目在校内日光温室和合作企业的温室内同时进行以下研究内容：

（1）照预期目标，进行引进石榴、枇杷等树种的品种筛选试验；

（2）选择设计栽植密度和树形，进行引进品种的适宜栽植密度和树形试验；

（3）通过设施环境的调控，探索引进品种的湿度、温度和土壤条件的要求；

（4）通过实地栽培管理，探索引进品种的整形修剪、花果管理、病虫害防治等技术环节；

（5）进行引进品种的繁殖育苗研究。

3. 进度安排

2012年春，收集资料，实地考察，确定引进品种。并于春季引进大花大果石榴100株、枇杷品种3个50株、火龙果50株，进行生长习性观察。

2012年10月将引进品种定植在日光温室内，进行设施栽培试验，考察不同树种对环境条件的要求，调查不同树种品种在日光温室内的生长发育特点，探索适宜的栽培方式、方法。

2012年冬季摸清木瓜的生长、结果习性，进行木瓜丰产栽培技术试验。

2013年春季再引进若干新品种。同时进行引进树种品种繁殖试验研究，探索引进树种品种的快速繁殖技术。

2013年秋到2014年春，进行引进树种设施栽培，进行品种的丰产性试验和模式化栽培试验。

2014年5月在××地进行多点试验，将试验面积扩大到50亩。同时培训技术人员。

2015年5月，进行项目的现场鉴定和结题鉴定。

4. 可能遇到的问题与解决方法

一是南方果树对北方土壤的适应性问题。这个问题可以通过人工配制栽培用土来解决，在设施栽培条件下解决这个问题并不困难。二是冬季低温问题。这个问题可以通过选择保温条件好的温室以及通过加温来解决。

四、研究工作基础和条件

本课题已有无花果引种及模式化栽培的成功经验，这个项目已经通过省教育厅的鉴定，计划通过本项目将无花果课题进一步推广。无花果课题组成员也是本课题的主要成员，具有果树设施栽培的经验。有枇杷的前期工作基础，少量引种试验已经进行了多年，现已经有枇杷品种5个，积累了一定的栽培经验。石榴引种工作已经进行了一部分，兼有观花和品果特性的石榴品种正在引种观察当中。木瓜温室栽培2012年已经结果，初步掌握了其生长发育规律。火龙果等南方果树也已经开始引种试栽，大多数引种工作进行顺利，前期准备工作基本结束具备立题开题条件。

本校具有适宜进行果树栽培的日光温室，相应的仪器设备也都具备，有较充分的研究工作条件。

项目主持人情况

<table>
<tr><td rowspan="4">基本情况</td><td colspan="2">姓名</td><td>×××</td><td>性别</td><td>男</td><td>出生年月</td><td colspan="2">1956年8月</td></tr>
<tr><td colspan="2">技术职称</td><td colspan="2">教　授</td><td>定职时间</td><td colspan="3">2001年</td></tr>
<tr><td rowspan="2">最后学历</td><td colspan="3">大学,1982年毕业于沈阳农业大学</td><td rowspan="2">学位 B</td><td colspan="2">A:博士</td></tr>
<tr><td colspan="3">研究生,1999年毕业于沈阳农业大学</td><td colspan="2">B:硕士
C:学士</td></tr>
<tr><td colspan="2">从事专业</td><td colspan="3">果树设施栽培</td><td>学术兼职</td><td colspan="2">省果树学会理事</td></tr>
</table>

研究成果获奖及专利申请情况	序号	时间	成果名称	授奖部门及等级	完成人顺序
	1	2012年	××农专Ⅲ、Ⅳ日光温室及计算机调控技术	省政府科技进步三等奖	3
	2	2012年	无花果设施栽培技术及加工保鲜研究	省教育厅审定	2
	3	2010年	保护地桃品种早醒艳选育	省农作物品种审定委员会	1

研究论文和专著情况	序	时间	论文、专著名称	发表刊物名称及出版社	完成人顺序
	1	2009年	设施园艺	中国农业出版社	副主编
	2	2010年	果树保护地栽培技术指南	中国农业出版社	主编
	3	2012年	桃树保护地栽培	金盾出版社	主编
	4	2012年	杏树保护地栽培	金盾出版社	主编
	5	2012年	樱桃保护地栽培	金盾出版社	主编
	6	2008年	保护地果树生产技术	北方果树1.2期	第二作者

参加课题研究的组成人员情况

姓名	性别	年龄	专业技术职务	从事专业	工作单位	课题分工	本人签名
×××	男	56	教授	果树栽培	××农业职业技术学院	主持	
×××	男	32	讲师	果树栽培	××农业职业技术学院	石榴设施栽培	
（其余略）							

<table>
<tr><td rowspan="3">课题组人员构成</td><td rowspan="2">合计</td><td rowspan="2">正高职</td><td rowspan="2">副高职</td><td rowspan="2">中级</td><td rowspan="2">初级</td><td colspan="3">在校学生参加情况</td></tr>
<tr><td>博士</td><td>硕士</td><td>本、专科</td></tr>
<tr><td>34</td><td>2</td><td>2</td><td>5</td><td></td><td></td><td></td><td>25</td></tr>
</table>

申请课题经费预算金额　　　　　　　　　　　　　　　　　　　单位：万元

申请资助金额	2013年	2014年	2015年
	3	1	1
其他经费来源及金额	学院科研及教学经费投入5万元		

预算支出经费项目	金额	计算根据
引种费用	1	引石榴100株,每株30元,需3000元;引枇杷100株,每株20元,需2000元;引种火龙果、木瓜各100株,需5000元
生产资料费用	3	每年需用塑料薄膜、肥料、农药、草帘等约1万元左右,三年共需3万元左右
考察调研差旅费	0.5	需要到南方主要引种栽培区考察,主要有四川、安徽等省
温室管理监测	3	每年日常温室管理监测及冬季的燃料费约1万元左右,三年共需3万元
苗木的看、养护	0.5	每年的苗木看、养护管理需要三个工人,按每人5000元计,约需1.5万元

续表

申请资助金额	2013 年	2014 年	2015 年
	3	1	1
鉴定费	0.3	用于现场鉴定及材料费用等	
资料费	0.7	每年用于照相、摄像及其他资料费约需 2000 元左右	
不可预见费	1		
合　计	10		

需要说明的问题：本项目必须在日光温室内进行，这是前提条件。因此，最低研究经费应不少于 5 万元

协作单位意见：
（主要内容：
1. 具体协作内容；
2. 协作单位能够提供的条件。）
番木瓜引种及温室栽培、无花果示范推广在大连丰荣集团农业示范园区进行，由园区提供日光温室两栋。

　　　　　　　　　　　　　　　　　　　　　　　　单位公章　年　月　日

应用其研究成果单位意见：

　　　　　　　　　　　　　　　　　　　　　　　　单位公章　年　月　日

申报单位意见：
（对该项目研究能否保证提供所需工作环境及研究条件，匹配经费能否保证足额、按时到位。）

　　　　　　　　　　　　　　　　　　　　　　　　单位公章　年　月　日

（其余略）

【评析】

此为当前通行的科技项目立项（评审）书，与建议书只是功能不同，内容上大同小异。

第二节　农业科技项目开题和进度报告

科技项目开题报告、进度（中期）报告以及项目完成后所形成的总结报告统称为研究报告。作为研究报告的重要组成部分，项目开题报告和进度报告在整个项目研究与实践过程中各有其独特的功能，在很大程度上决定着科技项目研究的组织、实施和走向，并起着规范、展示、督促和改进作用。因此，写好科技项目的开题报告和进度报告是科研人员能力和水平的体现，也是提高课题研究质量和水平的重要环节。

一、农业科技项目开题报告

1. 农业科技项目开题报告的内涵与功能

农业科技项目开题报告是在某农业科技项目已获得主管部门批准立项后，在具体研究、实施前，向主管部门报送的第一份书面报告，亦称初期报告，戏称开战宣言。其功能是论述项目实施的重要性、可行性，研究目标，研究内容，研究思路和方法等。科技项目开题报告则是在"可行"的基础上阐述"怎样行"，注重研究阶段的具体日程和活动安排。

项目开题报告不是凭空编制出来的，它是在项目获得批准后，由项目主要负责人根据项目申报情况草拟基本实施方案，然后召集主要参研人员召开科技项目开题报告研讨会，对开题报告实施草案进行讨论、商榷、协调和充实，最后形成较为完善的报告材料，报送项目主管部门备案，请主管部门审查有无缺陷或不妥之处，并作为督查该项目实施、进展情况的科学依据。

开题报告与科技项目立项（评审）书相比，主要有两点不同。

第一，从程序上看，立项（评审）书在前，开题报告在后。立项（评审）书是开题报告的基础；开题报告是立项（评审）书的深化。

第二，从功能上看，立项（评审）书着重于论述立项研究的依据和意义、目标和内容、特色和创新、预期成果与形式、投资与效益及已有的基础和条件等，目的在于让评审部门与专家看好并批准所立项目；开题报告则侧重阐述把项目目标细化为哪些具体内容，哪些人参与和怎样分工，按照什么样的进度安排去操作，采取哪些具体的方法和技术路线去研究，将会遇到什么困难并如何应对等，目的在于明确行动方案，并随时接受主管部门督察。

但是，在目前通行的立项（评审）书中，已基本将开题报告的内容包含进去了，比如说，内容详目、分工与进度、具体方法与技术路线这些东西本应该在开题报告中呈现，现在在立项（评审）书中也都要填写这些方面的内容和要求。这表明，科研行政主管部门对项目研究者的要求更高了，对科技项目立项的质量要求更高了，要想成功立项，就必须在立项前做大量的调查研究工作，将原来在批准后才可能进行的研究工作完成于未批准之前。如果做不到这一点，就难以获得科技项目的批准。也正因如此，现在对撰写独立的开题报告并不十分强调，甚至可有可无了。

2. 农业科研项目开题报告的基本格式

一般的开题报告由标题、正文和结尾三部分构成。

① 标题由课题名称和文种（即开题报告）组成，如"水葫芦的利用与开发开题报告"。

② 正文要写明问题的提出、研究和建设此项目的意义与价值、国内外研究现状、水平和发展趋势，讲清该项目研究与建设所要达到的目标、内容、步骤、技术路线和方法，阐明研究的现有基础、课题组成员分工、预期成果和形式、经费概算及主要参考文献等。这部分是开题报告的核心，占有较大篇幅，约1500～2500字。实际操作中尽管会与正文内容要求有所不同，但对课题作出论证和研究方案设计是必须具备的。

③ 结尾由报送部门（加盖公章）、课题负责人签名和报送日期三部分组成。开题报告既可以写成报告文本，也可以用表格化的形式。科技项目开题报告有基本定型的格式，有的主管部门提供现成的开题报告空白表，可以按照里面的具体项目依序填写，也有的由项目承担单位自己编制。

3. 农业科技项目开题报告的写作要求

开题报告的名称基本取决于农业科技项目建议书或可行性研究报告书中的称谓，比如项目建议书的名称叫"营口经济技术开发区熊岳温泉旅城建设项目建议书"，则可行性报告即应叫做"营口经济技术开发区熊岳温泉旅城建设项目可行性研究报告"，而开题报告则应为"营口经济技术开发区熊岳温泉旅城建设项目开题报告"。通常情况下不能将主体称谓变更，否则开题报告即与可行性研究项目及建议项目相悖离。农业科技项目开题报告的封面可以参照图4-2格式制作，其条目可根据实际需要增删，内文可参照以下项目要求来完成。

（1）承担单位基本情况　包括单位全称、详细地址、邮编、单位性质、主管部门、成立时间、现有职工数量、主要产品或从事的主要工作、财力情况、开户银行等。

（2）项目研究与建设的目的和意义　研究与建设的目的、意义包括理论与实践两个层面，通过这两个层面来阐述为什么要研究，有什么研究价值。这一般可以先从现实需要方面去论述，指出现实当中存在的问题亟待去研究、解决，并指出本项目的研究与建设将有什么实际作用，然后，再写本项目开展所具有的理论和学术价值。这些都要写得具体一点，有针对性一点，不能漫无边际地空喊口号。比如不要都写成是坚持党的科学发展观，落实党的科

```
×××××× 科技项目
     开题报告

项目名称_____
项目类别_____
项目起止时间_____
第一承担单位_____
其他承担单位_____
协作单位_____
项目联系人_____
联系电话_____
填报日期_____
            ××××× 制
```

图 4-2　开题报告封面样例

教兴农政策、建设社会主义新农村、构建和谐社会等一般性的口号。

写这部分时要详尽研究材料，不可凭空想象，要在了解与本项目相关的当前科技形势、国内外研究和实践现状、水平及发展趋势的基础上，寻找问题，并寻找适合国情、省情和本区域实情的解决办法，以此为基础提炼出本项目开展的意义。

（3）项目的国内外（或省内外）研究水平与动向　这部分也可称作项目研究与建设状况综述，就是本项目有没有人研究，研究达到什么水平，存在什么不足以及正在向什么方向发展等。开题报告凭这些内容一方面可以论证本项目研究与建设的地位和价值，另一方面也说明本项目承担者对该项目研究是否具有较好的把握。做好综述的前提是仔细查阅与本项目研究关联密切的、大量的典型文献资料，这样才能对该项目的研究现状有清醒的了解。如果不了解或者不甚了解，那就会吃人嚼过的馍，就难以确定科学的研究内容，就无法确立项目开展的特色与创新点。

（4）研究与建设的目标、内容　项目研究与建设的目标就是项目最后要达到的具体目的。确定研究目标时，一方面要考虑项目本身的实际要求，另一方面要考虑承担者的实际条件和工作水平，这样才能将目标定得具体而切合实际。只有项目目标定得明确而具体，工作的方向才能明晰，重点才能突出，才能免受其他因素的干扰。确定目标时往往存在的问题有：不写研究目标；目标扣题不紧；目标用词不准确；目标表述不精练，拖泥带水；目标定得过高，无法实现。

项目的内容是依据研究目标来确定的。内容比目标更具体，更明确。一个目标通常需要通过多方面内容的展开来实现，内容与目标之间不是一一对应关系，而是子目标与总目标的关系。例如在本节后面的［范文三］"水葫芦的利用与开发项目开题报告"中，其研究目标为"开发利用，趋利避害水葫芦"（这一目标的表述存在问题，应表述为"找到开发利用水葫芦的科学途径和方法，使之成为成熟的技术加以推广"）。为实现这一目标，确定了水葫芦营养物质的定性、定量检测，水葫芦产品开发方法及应用前景，水葫芦饲料对饲养动物的影响研究，水葫芦净化污水的试验研究，水葫芦粉种植食用菌的尝试，水葫芦利用状况的调查分析 6 个不同方面但相互关联的研究内容。这 6 个相关内容实际上成为总目标的子目标，它们的研究都服从和服务于总目标。在确定项目研究与建设内容时要引起注意的是研究内容必须明确具体，不能写得很笼统、模糊不清，甚至把意义和目的当作研究内容来写，这对项目的研究与建设十分不利。

（5）项目分工、进度和预期成果　在制订的项目实施方案中，要写出课题组长、副组长、课题组成员以及分工。组长就是本项目的负责人。一个结构优化的项目组应该包括三方面的人，一是有权之士；二是有识之士；三是有志之士。有权了课题就可以得到更多的支持，有识了课题质量、水平就会更高，有志了可以不怕辛苦，踏踏实实去干。课题组的分工必须要明确合理，争取让每个人了解自己工作和责任，不能吃大锅饭。但是在分工的基础上，也要注意全体人员的合作，大家共同研究，共同商讨，克服研究过程中的各种困难和问题。

项目进度安排也就是项目实施在时间和顺序上的安排。研究的步骤要充分考虑研究内容的相互关系和难易程度,一般情况下,都是从基础问题开始,分阶段进行,每个阶段从什么时间开始,至什么时间结束都要有规定。具体包括:整个研究拟分为哪几个阶段;各阶段的起止时间;各阶段要完成的研究目标、任务;各阶段的主要研究步骤等。

项目研究成果可以以研究报告、论文、专著、软件、课件、产业、产品等多种形式呈现。项目不同,研究成果的内容、形式也不一样,但不管形式是什么,课题研究必须有成果,否则,该项目就没有完成。

(6) 项目研究的技术路线和主要方法　技术路线实际上就是研究思路在操作层面上将怎样去实现。技术路线须写得比较概括,简明扼要地表达出沿什么思路去实现研究目标,常用线路图示之。如调查研究→试验检验→理论概括→总结成果→推广运用。

研究的方法是指项目研究时拟采用的方法。研究方法的种类很多,一方面需认真选择,另一方面要确实存在这个方法,不可自行编造。如调查研究方法,实验研究方法,比较分析法,统计分析法,模糊数学法,数字虚拟技术等。一个大的项目往往需要多种方法,小的项目可能主要是一种方法,但也要利用其他方法。

(7) 项目的现有工作基础和条件　主要是指实现本项目研究已具备的基础和条件。主要有相关研究的工作积累和已取得的研究成绩;项目组主要成员的学历和研究工作简历,包括近期发表的论文或获得的学术奖励、在项目中承担的任务;已具备的实(试)验条件等。很多项目对人员和设备方面的要求是比较高的,如果基本的研究条件都没有,这个项目同样不能立项。

表 4-1　×××××农业科技项目开题报告

项目名称			项目来源			项目编号	
项 目 负 责 人 情 况							
姓名		年龄		行政职务		技术职称	
最后学历/学位				最后毕业学校			
已取得的科研成果							
工 作 单 位 情 况							
全称				主管部门		性质	
详细地址						邮编	
项 目 研 究 人 员 情 况							
姓名	年龄	工作单位及职务		技术职称		用于本项目此项工作量小时数/年	
研究背景或依据							
项目研究的意义							
项目研究的文献综述							
目标和主要内容							
特色、创新点和所要解决的关键问题							
项目研究的方法和技术路线							
研究的进度与分工情况							
项目规模及预期达到的经济、技术指标							
已有的工作基础和条件							
经费概算							
申请者与合作者承诺与签名							
申请者所在单位签署意见和盖章							

(8) 项目的经费概算　经费概算是指完成该项目所需总经费,主要包括研究业务费、实验材料和设备费、协作费等。还常列出一项其他费用作为机动,但金额不宜太多,一般比其他费用科目少些。课题经费的概算要实事求是,不可"狮子大开口",最好先咨询主管部门的经费安排,有针对性作出概算。

撰写开题报告,可以参考表4-1格式,当然可根据实际需要增减。

开题报告写作中要注意的问题主要有以下几点。

第一,认真按科研项目开题报告的内容和要求来写作,不可图省事少写内容或马虎应付。因为这些内容是科研主管部门对项目管理、检查、督促实施的依据,也是申请者研究水平的展示。开题报告要写得使主管部门深信此项研究势在必行,应给予支持和指导。

第二,写开题报告的语言要规范、科学,还要通俗、中肯。语言通俗主要指少用专业性太强的术语,以便主管人员能看得懂。所谓中肯是指语气确切、简明、不含糊其辞。

第三,写作项目开题报告的执笔者应有科研工作经验和资料的积累,如对某一研究方向目前国内外研究现状、发展趋势、相关学术著作或论文都看过一些,并存储有资料。如果没有积累或积累太少,写开题报告时会觉得无从下手,即使写出来、文章也会空洞无物。

【范文 4-3】

水葫芦的利用与开发项目开题报告

一、项目研究背景

水葫芦,学名凤眼莲（*Eichhornia crassipes*）,雨久花科,俗称布袋莲、水荷花、假水仙。水生直立或漂浮草本。叶直立、卵形或圆形,光滑,叶柄长或短,中部以下膨大如球,基部有鞘状苞片,花茎单生,中部亦具鞘状苞片,穗状花序呈蓝紫色。水葫芦是50多年前从南美的巴西引进来的,属外来物种。它喜欢生长于温暖向阳及富含养分的水域中,无性繁殖能力特别强,每年的九、十月份是生长旺季。在适宜的条件下,每5天就能繁殖新株,也能开花结实产生种子而进行有性繁殖,一枝花大约结300粒种子。一公顷水面的水葫芦就能挤满200万株,重达300多吨。

在富营养水体中,水葫芦的生长速度近乎疯狂,若不及时打捞,会覆盖水面,堵塞河道,影响航运,阻碍排灌,在汛期阻碍水流,最终腐烂变臭,污染水质。浓密的水葫芦还降低了光线对水体的穿透能力,影响水底生物的生长,并增加水中二氧化碳的浓度,降低水产品产量,因此有些学者将之列为"世界十大害草"之一。

水葫芦现已在中国很多地区泛滥成灾。如在杭州富春江水库,这些水生植物一大片一大片地连在一起,放眼望去水面俨然是一片看不到边的绿色草地,有些地方的厚度居然达到四五十厘米。多年来,受水葫芦之害的富春江水力发电厂、严子陵钓台管理处等单位,每年都要组织人力打捞处理1000多吨水葫芦,以保证正常航运和发电,为此要耗费不小的人力、财力。如上海市市容环卫部门和水利部门每年也要花掉近500万元的打捞费,打捞水葫芦等漂浮垃圾,在水葫芦生长高峰期,总重量约有200万吨的水葫芦覆盖了上海市约25%的内河水域。为此,上海市曾每天出动2000多条船,8000多人次,打捞水葫芦上万吨。

任何事物都是一把双刃剑,有其利,也有其不利。就目前看,水葫芦对人类的消极影响占据着主导地位,鉴于此,研究、探索科学利用水葫芦的途径,去害存利,化害为宝,就具有十分重要的现实意义。

二、项目研究综述

据我们调查,国外关于水葫芦利用、开发的研究尚未见报道,国内对水葫芦的利用则有一定的研究与实践基础，但还没达到开发为成熟技术加以推广利用。目前的利用主要还是局部的和零星的，体现在以下几个方面。

（1）鲜水葫芦的简单利用。一是制成蔬菜，水葫芦的鲜花、嫩叶、茎鲜味可口，清香甜润，可直接食用，也可作鲜汤、菜食用；二是制成饲料，水葫芦叶、茎切碎用作鸡、鸭、鱼、猪、牛、羊等禽、畜的青饲料，每亩年产量60吨以上，可供30~40头猪饲用；三是将根和枯叶用作复合肥料的原料。（2）利用水葫芦鲜汁，从中提取营养素，加工提炼食品、保健品、药品及营养添加剂。水葫芦内含有丰富的粗蛋白、粗脂肪、氨基酸、胡萝卜素、总黄酮等营养物质和多种微量元素，是极具开发潜力的物种。每亩水面可产水葫芦60吨以上，鲜汁可提取40吨，鲜汁既可用于功能饮料的营养添加剂，又可将鲜汁萃取干粉，它是一种高级营养素，既可作食品饮料和营养添加剂，也可作保健品和药品。水葫芦含有丰富的蛋白质，一株去除了水分的干水葫芦含20%蛋白质，含量是一粒大豆的一半。这意味着，若有50000公斤的水葫芦，去除90%以上的水分，剩下5000公斤干水葫芦，相当于2500公斤大豆。（3）利用干渣、根和枯叶作肥料。水葫芦榨汁后的干渣约占10%；根、叶粉碎烘干后每亩约2吨，以40%的配比，可生产复合肥料5吨。目前，中科院武汉水生所已成功生产出水葫芦复合肥。（4）净化污水。事实上，水葫芦是净化污水的"生态功臣"。专家指出，在适宜条件下，一公顷水葫芦能将800人排放的氮、磷元素当天吸收掉。24小时内每克干重水葫芦能从污水中除去镉0.67毫克、铅0.176毫克、汞0.150毫克、银0.65毫克、钴0.57毫克、锶0.54毫克。一般情况下，3年时间内它就可将污水净化到常用水质标准，而投资仅需现行治污工程的20%以下。研究表明，水葫芦甚至能将富营养水质转化成可直接饮用水。利用水葫芦净化污水是一种成本低廉、节约能源、效益较高的简便易行方法。（5）制作盆景。其实，水生植物作为盆景从来都是方便而新鲜的，水葫芦也不例外。如上海、广州有些单位，他们把水葫芦变为盆景，成为美化环境的有用植物。有关植物专家介绍，水葫芦作为普通绿色植物，成活率非常高，因此种植起来简单。（6）制作家具。由于水葫芦不需花钱买，每当夏秋季节，水葫芦生长旺盛，只要花一些人工下河捞取就行。而且由水葫芦制成的家具不含甲醛，兼有环保、新颖等特色，所以特别受一些白领和艺术家的追捧。如2003年成立的上海水葫芦环保家具有限公司，是一家注册资本仅50万元，但第一年就实现利润40万元的公司。目前该公司一个月要生产300件家具，但还跟不上市场的需求。（7）种植食用菌。古田县长安汽车有限公司的职工将水葫芦用于试种食用菌获得成功。他们将水葫芦粉碎渣试种竹荪、大球盖菇各一平方米，于2004年底获得成功：大球盖菇收11公斤，产量与现行用木屑、稻壳、刨花等为培养基的种植方式基本相同；竹荪收成0.25公斤（干品），略低于现行的用棉籽壳为培养基的0.3公斤（干品）左右，但用水葫芦粉碎渣作培养基因其易腐烂，生长期可提前约一个月。之后，他们又进行了食用菌生产中最难的银耳试种，经过发酵、晾晒以及改变辅料配方等一系列反复试验，终于在鸡年来临前夕获得成功：试种的10袋用水葫芦粉碎渣作培养基因的银耳菌筒，除了个别菌穴感染变黑外，袋袋均长出银耳，一般均有碗大，朵型、色泽于平常无异。（8）利用水葫芦治病。水葫芦可以医治多种疾病。中国人的祖先早就发现了水葫芦的医药价值。根据古书《神农本草经》、《本草纲目》、《本草遗》、《滇南本草》的记载，其中描述的浮萍、水葫芦的形象，与现在的水葫芦非常相似，入药效果极好。《本草纲目》水萍篇明确表示，水萍可医治伤寒、水肿、消渴、吐血、手脚发冷、脱肛、风热隐疹、风热丹毒、汗斑癜风、大风痢疾、毒肿初起，甚至可烧烟去蚊。今天的中药大辞典也清晰地写着：水葫芦，清热解毒、祛风除湿。治热疮、关节炎、风湿病。可内服也可外敷。配藻莎可治风热感冒,配升麻可诱发斑疹,也可行水消肿,配蝉蜕可治皮肤瘙痒。

三、研究意义

1. 开发利用水葫芦,既可减少危害,又能带来巨大的经济效益和社会效益。

2. 培养科技意识,提高科学研究的方法、能力与水平。

3. 变害为利,化害为宝,既有利于顺应自然规律实现人与自然的和谐发展,更有利于提高辩证思维的能力和科学创新能力。

四、研究目标和内容

本项目研究的目标是:找到开发利用水葫芦的科学途径和方法,使之成为成熟的技术加以推广。主要包含以下内容。

1. 关于水葫芦利用状况的调查分析。

2. 水葫芦营养物质的定量、定性检测。

3. 水葫芦饲料对饲养动物的影响研究。

4. 水葫芦净化污水的试验研究。

5. 水葫芦粉种植食用菌的试验研究。

6. 水葫芦产品开发方法及应用前景的研究。

五、研究方法

观察法、调查法、实验法、经验总结法、比较研究法、文献资料法。

六、项目分工及进度安排

本研究时限为3年,自2005年3月~2008年3月,具体进度安排如下表。

时间进程	项目内容	预期成果形式	负责人
2005.3~2005.7	关于水葫芦利用状况的调查分析	调查报告	略
2005.8~2005.10	水葫芦营养物质的定量、定性检测	试验报告	略
2005.11~2006.9	水葫芦饲料对饲养动物的影响研究	论　文	略
2006.10~2006.12	水葫芦净化污水的试验研究	论　文	略
2007.1~2007.6	水葫芦粉种植食用菌的试验研究	试验报告	略
2007.7~2007.12	几种水葫芦产品的开发与推广	论文、产品	略
2008.1~2008.3	水葫芦产品开发方法及应用前景的研究	研究报告	略

七、本项目的特色和创新点

国内外关于水葫芦生长习性和利用尝试已常见,但将它开发成具有推广价值的产业和产品的研究尚未有过,本项目研究正是在水葫芦为害日凶的背景下研究如何科学开发和利用它的积极因素,化害为利。另外,本研究还将分析水葫芦中重金属离子的含量,并找到其影响食用和做培养基的可靠途径。

八、经费预算

(1) 打印费、复印费:1200元

(2) 资料费:800元

(3) 调研费:2000元

(4) 论文评审费:2400元

(5) 实验设施、材料:5万元

(6) 产品开发费用:5万元

共计:10.64万元

九、参考文献

1. 徐在宽. 水葫芦对水质改良效果的研究，江西水产科技，2002年04期.

2. 蔡成翔，王华敏，张宗明. 水葫芦对五种重金属离子的去除速率与富集机制研究，广西右江民族师专学报，2002年06期.

（其他参考文献略）

（注：本范文已在引用时已根据教学目的重新进行了设计、加工。）

【评析】

这篇开题报告的写作总体上比较粗糙，不具有效仿的典型意义。第一，项目研究的目的、意义、内容、创新点等项写得不细致，而研究背景倒写得很多，显得头重脚轻、避实击虚；第二，对项目主持人和其他研究人员的基本情况、该项目研究的现有基础和条件以及项目实施的技术路线都避而不谈，使人怀疑该项目的研究人员是否曾仔细地思考过此问题，项目开题主笔人是否懂得开题报告的一般常识；第三，全文也没有明确而独立的项目预期经济技术指标分析，使人感到目的不明确，这样的项目最后的结果恐怕是不了了之。总之，这是一篇不成功的开题报告，这样的项目也很难不被主管部门批评乃至终止。

【范文4-4】

××市可持续发展指标体系评价研究开题报告

一、研究的立题依据和目标

（一）项目研究的意义、国内外的研究现状与存在的问题

1. 项目研究的意义

发展是一个复杂的过程，包含了自然—经济—社会等各个方面要素彼此消长的过程。因此，想要真正地评价福州市是否朝可持续发展演进，也是一个相对比较复杂的过程。可持续发展指标是反映经济、社会和环境长久健康的根本要素以及可持续发展的标尺，所以建立可持续发展指标体系对评价和调控福州市可持续发展具有重要的作用和意义。

（1）理论作用。随着可持续发展研究的深入开展，可持续发展指标体系已备受学者的关注。因此研究可持续发展指标体系具有重要的理论意义。

第一，可持续发展理论研究层次深入的要求。对于一门学科的发展，按照钱学森教授的说法，应该包括相互连接深入的三个层次：a. 注重宏观色彩的性质分析和推理分析，这是一门学科发展初期的理论准备；b. 带有数量概念分析和效应分析，这是科学发展中期的量化准备，是学科迅速发展时期；c. 带有实际操作性的制度建设，这是学科发展的高级成熟阶段，具有很强的实践运用价值。自20世纪90年代以来，经过许多学者的努力，在各国政府的倡导下，基本上已完成可持续发展指标研究人为综合评价的基础，客观地摆在学者的面前。其一方面是可持续发展理论的概念性的抽象，同时又是理论的简化总结，即对第一层次的概括；另一方面，指标体系的研究也标志着第二层次研究的开展，即可持续发展研究的量化阶段的开始，同时也为这一研究走向更深入的第三层次阶段铺平了道路。

第二，指标体系研究有利于可持续发展内涵研究的深入。可持续发展的内涵多定义为根据各自城市的特点，因地制宜，协调各部门的利益，追求整体利益的最优。例如，经济部门认为，现阶段应该用有限的资金来满足居民的物质生活需要，应该加大生产投入，结果出现环境污染加重的现象。而环境部门多从环境生态的角度提出解决环境问题的方案，他们多认为环境问题已非常严重，应该加大环境治理费用的投入，这样往往导致政府部门在决策时处于两难的地位。而且指标体系研究有利于认识经济和环境之间的相互关系，即从数量上认识

二者的投入产出关系，这样便于城市决策者考虑二者的利害关系，作出符合现实状况的决策。同时，在政策的实施过程中，也便于经济和环境部门积极的开展工作，而不至于模棱两可、含糊不清，结果出现不必要的失误。

(2) 实践作用。可持续发展中国家指标体系研究具有以下三方面的实践作用。

第一，是进行可持续发展规划的重要前提。规划工作是整个可持续发展工作中的一个中心环节。可持续发展规划是由现状到目标的发展规范，是实现可持续发展的有力保证。可持续发展指标体系的深入研究，有利于人们加强对资源、环境和经济、社会相互关系机理的认识，特别有些环境指标能深刻地反映经济发展对环境的影响。这样根据指标体系，再加上综合评价过程，即可得出过去发展可持续的特性，同时为将来可持续发展规划提供科学合理的依据。

第二，是监测可持续发展的指示器。监测是人们对系统运行过程管理的前提和手段。可持续发展是一个连续的过程，其过程的稳定性如何、受外界干扰（如人为灾害等）的震荡幅度和频率多大、与体现人们意愿的规划的吻合程度如何以及何时需要调控等等，都有赖于对可持续发展过程的监测。因此，监测环节的有效性，从根本上决定了可持续发展规划实施的成功与否，也进一步影响着可持续发展管理的成效。而指标体系作为可持续发展系统的具体体现，其任何一个指标的变化是系统运行好坏的直接指示，特别是能反映各子系统相互协调的运行状态。所以，若我们能及时监测这些指标的变化状态，则可以为将来系统的调控做好准备，同时更为可持续发展打下基础。

第三，是调控可持续发展的基础。指标体系给可持续发展的调控提供了基础。若某一子系统的某些指标出现运行不良，则可以从全局利益出发，重点调控该子系统的某些指标，使其在不影响发展整体利益的状况且出现好转，同时也可通过反馈作用影响政策的决策和制定。这一过程在现实的发展过程中具有重要意义，一方面不至于使系统局部出现整体崩溃现象；另一方面也提醒人们要时刻监测系统指标的反应，作好系统的调控作用。

2. 可持续发展指标体系评价的研究现状

国外可持续发展指标体系研究进展。

(1) 联合国可持续发展委员会（UNCSD）的可持续发展指标体系。1996年由联合国可持续发展委员会（UNCSD）、联合国政策协调和可持续发展部（DPCSD）牵头，在"经济、社会、环境和机构四大系统"的概念模型和"驱动力（Driving Force）—状态（Sate）—响应（Response）"概念模型（DSR）的基础上，提出可持续发展核心指标框架。指标涉及社会、经济、环境、资源、制度等领域，共136个指标。

(2) 联合国开发计划署（UNDP）的人文发展指标体系。1995年联合国开发计划署提出人文发展指数，以预期寿命、教育水平、生活质量三个基础变量组成综合指标，用来测度可持续发展水平及其差异。人文发展指数得到各国的认同，但在指标的选择和计算上还存在争议。此外，由于偏重现状描述和历史序列分析，预报功能不强。

(3) 世界银行（WB）的可持续发展指标体系。1995年世界银行提出"国家财富"或"国家人均资本"的概念，用来估算一个国家的可持续发展能力。世界银行用它计算了世界192个国家和地区的财富价值，计算结果得到了不少国家的肯定。该指标的主要有以下3方面问题，一是忽视了不同国家的基础条件和空间差异；二是社会资本的计算没有解决；三是以单一货币尺度测算一个国家的总财富。因此，该指标体系只提供了一个新的启示，还不能作为可操作的指标体系来评价可持续发展过程。

（4）加拿大国际可持续发展研究所（IISD）的环境经济可持续发展指标体系。加拿大国际可持续发展研究所从环境经济的角度，提出环境经济可持续发展模型。该模型以科玛纳尔（Commoner）的环境经济模型和穆恩（Munn）的持续发展理论为依据，建立了同时涵盖环境和发展两方面的可持续发展指标体系。目前还处于适用阶段。

（5）美国总统可持续发展理事会（PCSD）的可持续发展指标体系。美国总统可持续发展理事会（PCSD）现已提出美国可持续发展战略中的9个国家目标和相应的反映进步的指标体系。这9个方面指标体系包括：健康与环境、经济繁荣、自然保护、人员关系、可持续社区、市民参与、人口、国际责任、教育。

（6）英国可持续发展指标体系。1994年英国政府发布了可持续发展战略，建立了一套可持续发展指标体系，并进行了测算。英国的指标体系大约有120个基础指标。

国内可持续发展指标体系研究进展。

我国在可持续发展指标体系方面研究十分活跃。研究者分布于高等院校、研究所和一些政府职能部门，这里仅对一些有代表性的研究成果加以评述。

（1）国家统计局的中国可持续发展指标体系。1997年由国家统计局统计科学研究所、中国21世纪议程管理中心联合提出，从经济、环境、人口、科技与教育五个方面，分三层建立面向国家层面的中国可持续发展总态势评价指标体系。经济指标包括经济规模、结构、效益和能力共18个指标；资源包括水、土地、森林、海洋、草地、矿产、能源、综合利用共19个指标；环境包括水、土地、大气、废物、噪声、生物多样性、环境保护共16个指标；社会包括贫困、就业、收入、生活、健康，社会保障共6个指标；人口包括规模、结构、素质等共6个指标；科技教育包括投入和发展程度共7个指标，总共82个衡量指标。

（2）国家发展计划委员会的可持续发展指标体系。国家发展计划委员会国土开发与地区经济研究所《中国可持续发展指标体系研究》课题组把可持续发展指标体系分为两种类型，即外延指标（extensive indicators）和内在指标（intensive indicators）。外延指标分为两种：①自然资源存量或自然资产存量；②固定资产存量，即生产资本存量。内在指标是由外延指标派生出来的，也分为两种：①时间函数，即速率等；②状态函数，如环境质量、资源利用等。该课题组提出了社会发展指标、经济发展指标、资源指标、环境指标以及非货币指标，这些指标构成了衡量中国可持续发展的指标体系，其中社会发展指标23个，经济发展指标18个，资源指标6个，环境指标20个，非货币指标12个。

（3）长白山地区可持续发展指标体系。清华大学21世纪发展研究所建立的长白山地区可持续发展指标体系，将可持续发展总水平分为系统发展水平和系统协调性两方面，前者包括资源潜力、经济绩效、社会生活质量、生态环境质量四个主题，后者包括资源转换效率、生态环境治理力度、经济发展相关性三个主题。

（4）毛汉英的山东省可持续发展指标体系。1996年中国科学院毛汉英研究员从经济增长、社会进步、资源环境支持和可持续发展能力四个方面，分三层建立专门面向山东省可持续发展的评价指标体系，共90个指标。经济增长包括经济总量、集约化程度和效益共18个指标；社会进步包括人口、生活质量、社会稳定和社会保障共30个指标；资源环境支持包括资源、环境污染、环境治理生态共26个指标；可持续发展能力包括经济能力、智力能力、资源环境能力、决策管理能力共16个指标。指标选择上强调社会进步（30个）和资源环境支持（26个）。

（5）北京大学的可持续发展指标体系。北京大学张世秋在《可持续发展论》一书中，对多年来政府和研究人员关于可持续发展指标体系研究加以总结，提出了可持续发展指标体系由社会发展、经济、资源与环境、制度问题四大类指标组成。在每大类中，确定评价对象，给出具体的压力指标、状态指标和响应指标共计169个指标。

3. 可持续发展指标体系评价目前存在的困难

（1）理论与实践存在脱节。目前的可持续发展指标体系普遍存在着体系庞杂、不易操作等问题，有的指标难于综合与试验，无法用于不同区域之间的比较。其原因，一是体系的构筑往往是从概念框架到指标选择，而指标又同目前统计资料不相符；二是理论框架系由上而下，致使详细的分项计算难以进行。

（2）资料来源的缺口与统计口径的不一。表现在：一是中国现行的国民经济核算体系同目前的可持续发展理论不一致，故基础资料难以获得或不够齐全；二是目前的基础资料不全可靠，有的水分较大，影响到分析结果的准确性和客观性；三是统计口径不一致，各部门之间不衔接，同国际也不接轨，难于方便地运用国际的计算方法。

（3）资金约束严重，案例研究缺乏。指标体系的差异会给统计系统造成双倍的工作量，而国家及各部门的统计系统统计资金又都比较紧张，由于这些制约，案例研究较少。中国的区域差异很大，要建立中国的可持续发展指标体系，必须深入进行案例研究，不断完善与充实，方能最终形成一套符合国情的指标体系。

（4）忽视了可持续发展适用范围的重要性。可持续发展是以人和地为主要研究对象的，而这两个系统的地域差异性非常显著，所以没有一个放之四海而皆准的统一指标来衡量所有区域的可持续发展问题。人们在设计指标体系的时候常因忽视了这一问题而导致评价结果不准确。

（5）忽视了可持续发展适用时段的重要性。可持续发展单项统计指标对综合水平的影响在不同的时段力度不同，在一定的临界值以下，也许某一指标与可持续发展之间的相关关系并不明显，而在临界值以上，则可能表现出较强的相关关系。

（二）项目的研究内容、研究目标和拟解决的关键问题

1. 研究内容

（1）××市可持续发展因素分析。包括资源环境条件、经济发展现状评价、社会发展状况等。

（2）××市可持续发展指标体系及综合评价。主要包括评价指标体系的构建（评价指标体系的构建原则；指标的筛选与确定；评价指标体系的形成）、评价方法的选择（单项指标的目标值及其权重的确定；趋近度的确定；综合评价模型的建立）、评价结果分析（权重分析；趋近度分析；综合分析与诊断）、福州市可持续发展战略调整、福州市可持续发展的对策。

2. 研究目标

通过设立指标及综合评价，客观地反映××市可持续发展水平及制约因素，为提高可持续发展水平和改进管理工作提供决策依据，促进福州市可持续发展。

3. 拟解决的关键问题

（1）××市可持续发展指标体系的建立；

（2）××市可持续发展指标趋近度分析及综合评价；

（3）××市可持续发展的相应对策研究。

（三）项目的特色和创新之处及立论依据

1. 创新之处

首次建立了××市可持续发展指标体系,在分析过程中既使用趋近度分析法对单项指标进行分析,又采用多目标线性加权函数模型对指标进行综合分析,并且有针对性地提出促进福州市可持续发展的对策研究。

2. 立论依据

在以城市为背景的指标体系研究中,除上海市曾对若干国际大都市的经济、社会、环境指标作过系统调查外,以往研究者们一直侧重于解决发展中的关键问题——环境,较缺乏对可持续性的调查与研究。因此很需要建立一种指标体系,以期综合地、完整地体现可持续发展的经济、社会、环境诸方面。××市是××省省会,其发展的对于福建省具有深远影响。改革开放以来,××经济建设和社会事业全面进步,但发展的同时又带来了一系列问题。因此,需要全面地审视和评价××市发展现状,以克服发展过程中的不可持续发展因素,实现城市可持续发展。

(四) 研究工作的预期结果或成果

1. 本文通过采用科学性、实用性、可比性、可操作性、层次性等原则以及定性和定量相结合的方法,设计出了××市可持续发展的综合评价指标体系。

2. 为了更好地评价经济、社会、环境的可持续发展,论文应用趋近度分析与多目标线性加权函数模型对××城市可持续发展进行评价。

3. 对××市城市可持续发展提供若干建议。

4. 发表3篇关于××市可持续发展指标体系评价的文章。

5. 形成研究报告。

二、研究方法、技术路线和进度安排

1. 课题研究采用的方法、手段

(1) 实地调查、问卷调查和文献检索相结合的方法。通过实地调查与问卷调查了解年鉴及有关部门无法获得的资料。

(2) 定性与定量分析相结合。在本课题研究中,有一些情况、问题的调查阐述,将采用定量分析的方法,使问题更加直接明了,更加切合福州市的实际情况,更加具有说服力。出于课题工作量等客观条件,本课题研究也采用定性分析的方法来说明问题。

(3) 实证研究与规范研究相结合的方法。实证研究用以解释实际情况,规范研究用以提出指导理论。

(4) 层次分析法(AHP)。本文采用层次分析法来确定指标权重。这是一种整理和综合专家们经验判断的方法,也是将分散的咨询意见数量化与集中化的有效途径。它将要识别的复杂问题分解成若干层次,由专家和决策者对所列指标通过两两比较,重要程度而逐层进行判断评分,利用计算判断矩阵的特征向量确定下层指标的贡献程度,从而得到基层指标对总体目标或综合评价指标重要性的排列结果。

2. 采取的技术路线见下图

3. 研究的可行性论证

本文的研究内容丰富,方法切实可行,方向正确,技术路线相对完整,本人曾写过与之相关的论文,对该课题已有一定的了解,可以实现预期的研究目标。

4. 研究工作的总体安排和进度

(1) 2004.09~2005.01 查阅文献、搜集资料,学习与课题相关的理论知识,完成开题

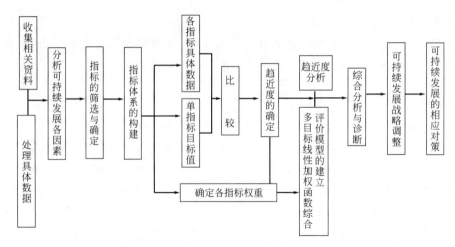

"××市可持续发展的对策研究"的技术路线图

报告；同时进行初步的研究调查工作。

（2）2005.02～2005.08 结合课题需要，深入各有关部门进行调查工作，并获得相关的数据。

（3）2005.09～2006.02 进行数据和资料的整理、分析并撰写论文初稿。

（4）2006.03～2006.04 完成学位论文的修改和定稿。

（5）2006.06 参加学位论文答辩。

三、实现本研究预期目标已具备的条件

（一）有与本项目相关的研究工作基础

1. 查阅了可持续发展指标评价的资料；

2. 收集了有关福州市可持续发展相关因素的材料与数据；

3. 查获了部分数据，并予以整理。

（二）实现本项目研究已有的主要仪器设备、尚缺的仪器设备及解决途径

本文主要以调查研究为主，结合文献资料，故需要的主要仪器有电脑、计算器。

四、本研究项目经费预算

（1）打印费、复印费：1200 元

（2）资料费：800 元

（3）调研费：600 元

（4）论文评审费：1400 元

共计：4000 元

（其余内容略）

【评析】

这也是个较典型的开题报告，完全符合开题报告的结构与要素要求。该范文表明，不管是农业科技项目还是非农业项目，不管是理论研究项目还是应用研究项目，其开题报告的内容、格式与要求等方面没有区别。

二、农业科技项目进度报告

1. 农业科技项目进度报告的内涵与功能

（1）内涵　科研项目进度报告是项目负责人在项目实施过程中向科研主管部门汇报工作

进度的情况及阶段性成果的书面材料。如年度报告（定期）、中期报告、进展汇报（不定期）。现在，科研主管部门常印制有"项目实施情况报告"之类的报表。

（2）功能　科研进度报告以记叙客观事实为主要特色，因而具备相当的纪实性，它是科研或技术主管部门了解项目研究进展情况，从而监督计划执行情况的重要依据。其主要功能体现为两个方面：一是项目负责人总结前一段工作的成绩和经验；二是向主管部门和协作单位通报信息，以便检查研究进度，安排进一步工作。

2. 农业科技项目进度报告的基本格式

科研进度报告由课题名称，课题概述（课题来源，起止时间，支持的经费等），本阶段研究工作的内容、情况和存在问题，本阶段研究进度的评价，下阶段研究工作的计划，参加这段工作的人员名单和报告时间等6部分构成。一般地说，项目进度报告是由项目负责人按照科研主管部门印制成的科技项目进度报告书来填写，其样式见表4-2。

表 4-2　×××年×××项目年度（中期）进度报告

课　题　名　称				
项目来源		项目编号		
承担单位		资助经费		万元
项目负责人		起止时间		
本阶段项目研究总体进展情况及完成的研究工作				
本阶段经费支出情况及下一阶段经费开支安排				
目前存在的问题及解决的主要途径、建议、措施				
承担单位意见	负责人（签字）： 年　月　日		主管部门意见	负责人（签字）： 年　月　日

3. 农业科技项目进度报告的写作要求

根据农业科技项目进展报告所包含的内容，其写作的具体要求有以下5个方面。

（1）课题概述　课题概述内容通常只在第一次进度报告中写，后续的进度报告可以不写。主要写明课题来源，起止时间，支持经费以课题要求等。

（2）本阶段研究工作的内容，情况和存在问题　写法上应按工作计划上规定本阶段任务条款或按上一次进度报"下一阶段工作的计划"的内容，逐条检查落实。要注意写明完成情况和所存在的问题，并分析存在问题的原因，如果不具备研究条件而未完成任务应作出说明。这部分写得如何，是进度报告质量的关键所在。

（3）下阶段研究工作计划　这部分写作既要参照课题工作计划写出下一阶段将进行的研究，又要针对上阶段工作的经验和存在的问题，将未完成的任务移至下一阶段去完成。如果研究工作计划有变动，应写明变动原因并作出新的安排。

（4）科研进度报告的编写方法　对单一课题，可采用时序式编写，按任务完成时间的先后写，但重点放在本阶段研究工作的进展和结果上，避免写成流水账。对项目比较多的课题，如分有多个子课题，可采用任务分项式编写，一项一项地写。也可把时序或任务分项式结合起来编写。

（5）内容真实，把握分寸　科研进度报告写作的重点应放在"研究计划完成情况"和"未能按计划完成的工作"两部分上。写作中应如实反映研究的客观实际，正确估价取得的成果；写成绩不要过分夸大，同时要写明存在困难和问题。

原则上讲，所有科技项目的研究都应该写科研进度报告，但在实践中常常又有所区别对待：通常情况下，都是较大型的基金项目按规定在固定年月撰写、递交项目进度报告，以向主管部门通报项目进展、经费使用、问题及解决途径、建议等情况，并调整完善实施方案；而一般两年或两年以下短期的、无基金资助的项目往往无须撰写进度报告，只着重看其最后研究报告和成果。

【范文 4-5】

黔南 5181.01 项目 2004 年度进度报告

课 题 名 称			
黔南 5181.01 项目			
项目来源	世界粮食计划署粮援项目	项目编号	×××
承担单位	贵州省 IFAD/WFP 项目办	资助经费	3425.63 万元
项目负责人	×××	起止时间	2003.10～2005.10
本阶段项目研究总体进展情况及完成的研究工作			

黔南 5181.01 项目在省、州、县项目领导小组的领导下，经各相关部门的支持、广大基层干部和农户的参与以及项目办人员的共同努力，任务指标基本按计划完成，项目区农户得到实惠，思想意识有了转变，实施项目的主动性、积极性增强，为 2005 年 10 月前全面完成项目奠定了良好的基础。

一、项目建设进度

黔南 5181.01 项目在独山、三都、荔波 3 个县 9 个乡镇 157 个村实施，自 2003 年 10 月开工以来，由于管理有序，操作规范，各项工程实施顺利开展。项目计划总投资 3425.63 万元，其中 WFP 无偿援助小麦 9000 吨，折合人民币 966.42 万元，地方政府配套（含粮食）2459.21 万元。到目前为止，项目资金到位 2169.57 万元，占计划的 63.3％。其中外援资金 613.67 万元，占计划的 63.5％，内配资金 1555.9 万元，占计划的 63.3％。三县项目区已完成沼气池及配套改厕改圈 4193 套，占总计划的 76.5％；修建人畜饮水池 277 处，占总计划的 58.3％；维修村小学校 12 栋，占总计划的 80.0％；新建乡镇农业培训中心 2 栋，占总计划的 22.2％。培训农民 107655 人次，占总计划的 78.4％，其中扫盲培训 10772 人，占计划的 77.8％；植树造林培训 22189 人，占计划的 81.4％；种植业培训 32420 人，占计划的 78.4％；畜牧业及沼气培训 26318 人，占计划的 78.9％；健康教育培训 11741 人，占计划的 60.1％；用水管理培训 4215 人，占计划的 76.6％。发放相关培训资料 15 万份，科技光碟 500 多张，为项目区农业生产的发展和农民增收起到了积极的作用。

二、项目实施效果

我州是首次实施世界粮食计划署粮援项目，为了把项目实施好、管理好，州和 3 个县的政府分别成立了以分管领导为组长，粮食、扶贫、财政、审计、计划、农业、水利、教育、畜牧、林业、卫生、妇联等相关部门领导为成员的项目领导小组，在项目领导小组的领导下，州、县农业局成立了以主管（分管）局长为主任的项目办公室，项目乡、村成立了以乡长、村长为组长的项目执行小组，统一领导、协调管理项目，保证了项目顺利实施。

1. 农村社区环境有所改善，农户生活质量有所提高

项目区修建沼气池及配套改厕改圈 4193 套，可使 4193 农户、18500 余人受益。277 处饮水工程的完成，可解决万余户、4.5 万多人和 2.5 万头牲畜的饮水困难，他们可以吃上干净卫生的自来水、池水、井水，减少了疾病发生。多数劳动力（尤其是妇女）将可以从砍柴

挑水等繁重的家务中解脱出来，使其有更多时间从事生产劳动。以每户每年节约排水60个工日计，使用了供水设施的农户年可节约工日60万个。如三都县大河龙场7、8组79户人家，居住在半山腰上，距河边较远，世代以来饮水较困难，去年实施项目，从2公里外的山上引来山泉水并修了蓄水池一口，使该组妇女解脱了挑水做饭的家务劳动；独山上司拉干村利用项目，从地下抽取泉水，并修建蓄水池一处，使该村结束了长年饮用被污染的河沟水的历史。沼气的应用，多数妇女摆脱了柴火煮饭被烟熏火烤的困苦，并可减少森林砍伐，以每户每年减少薪材4500公斤计，4193户沼气使用户年可减少砍柴1887万公斤，使当地生态环境得到保护，同时也促进了畜牧业的发展以及村容寨貌的改变。如三都大河营寨村1~4组，102户农户，通过实施项目修建人畜饮水池3处，沼气池82口，硬化村寨路面1660米，发展早熟蔬菜140亩，经果林30亩，饲养二元母猪130头，成为当地典型的"母猪村"，往年"脏、乱、差"的村寨环境已彻底改变。

2. 农民思想观念有所转变，农户自我发展能力有所增强

通过项目素质教育培训，项目区农民科技文化水平不断提高，思想观念开始转变，商品意识不断增强，开始利用所学知识充分利用资源优势，改变传统的单一种植、养殖模式，积极发展早熟蔬菜、水果和规模养猪、养牛、养鸡等，产生了明显的经济效益，涌现了一批致富典型。如荔波县项目区今年新增早熟蔬菜2000余亩，利用马尾松造林2000余亩。朝阳镇八烂村，全村268户，1098人，自5181.01项目在该村实施以来，已修建人畜饮水池2处，沼气池237口，举办文化技术培训班20期，有998位农民受到了先进文化和技术的教育。今年发展早菜达413亩，新建蔬菜大棚56个，仅早菜一项，今年全村人均增收98元。该村村民王士芬家，今年种0.3亩西红柿，收入1000元，人均增收230元。同组覃宇进家，今年学种0.3亩大棚草莓，收入3400元，人均增收380元。

三都县项目区新增早熟蔬菜1500亩，麻竹1200亩，茶叶700亩。大河镇五星村，全村357户，1557人，项目实施修建了7处人畜饮水工程，解决了常年吃水难的大问题，群众积极性高涨，参加项目实施非常踊跃，今年全村坝子田全部实行规范化栽培，并发展早熟蔬菜200多亩，发展二元母猪100多头。仅这两项，全村经济收入增加40.5万元。该村村民韦朝兵家，除用自家责任田种菜外，还租用其他农户3亩田种早菜，收入达5000元。同组村民蒙元亮家，今年兴办养猪场，已出栏猪100多头，纯收入达3.6万元。还有龙场村2组杨胜青家，种植麻竹15亩，饲养二元母猪3头，纯收入超万元。

独山县项目区新增商品蔬菜5000亩，经果林100多亩。下司镇塘芝村，全村315户，1405人，该村已完成人畜饮水工程4处，沼气工程155套，维修学校一栋，846位农民接受了文化科技培训。今年全村水稻、玉米规范栽培面积达90%以上，并开始用稻田种西红柿30亩，发展葡萄105亩，种梨树60亩，饲养母猪180头，发展奶牛6头，全村今年粮食增收41.8吨，经济收入增加66.4万元。该村村民柏万权家，去年4.3亩耕地全部种水稻和玉米，产品产值3000元，今年用1.4亩地种粮食，用2.9亩种西红柿，产品产值达8840元，是去年的2.9倍。同组村民杨利国家，用4亩耕地种葡萄，今年纯收入达6000元。还有下司二组林元光家，养猪70头，每头猪纯收入100元，一年两批猪纯收入达1.4万元。群丰村扁山组毛远芳家，养肉牛62头，每头牛出卖可纯收入300元，62头牛纯收入可达1.86万元。

通过项目实施，项目区在社会、生态、经济效益上都有所增长，广大农户得到实惠，农民要求实施项目的积极性更高，为项目的全面完成奠定了良好的基础。

三、实施项目的体会

1. 领导重视，相关部门支持，技术、资金、资源得以整合

黔南5181.01项目自开工以来，各级领导非常重视。一年多来，州、县共召开工作协调会15次，听取项目情况汇报，及时解决存在的问题。州政府吴军副州长、宋恩鹏督导员，亲自主持召开专题会议，统一认识，统一目标，明确责任，以州政府办文件下达各级各部门执行；省农业厅许宾生副厅长、张太平总农艺师多次深入项目区检查指导；项目县的分管领导，则是亲自把关，协调筹措配套资金；乡镇领导自己带头，发动组织群众，安排落实项目，为项目的顺利实施，提供了组织保障。

各涉项部门以大局为重，按照政府的部署，围绕黔南5181.01项目，主动利用国内项目参与实施，把项目做实做强。如沼气工程与农业部门国沼项目捆绑实施；人畜饮水工程与水利部门渴望工程项目捆绑实施；校舍维修与教育部门危改、普九项目捆绑实施；乡镇农业培训中心建设与农业部门"三站"建设项目捆绑实施等，做到各负其责，各计其功，使项目做大做强。

基础设施建设中，各相关部门投入资金1404.14万元。农业部门、水利部门、教育部门除投入资金外，从项目设计到施工，都安排专业人员到现场进行指导。

在素质教育培训上，各县利用扶贫农发资金、部门专项资金等投入151.76万元。妇联、教育、林业、农业、畜牧、卫生、水利等部门派人深入乡村组织培训。除妇联外，各部门投入师资共985人次。由于多部门积极投入和参与，改变了过去实施项目单打独斗的局面，综合效应十分突出。如三都县合江镇甲照村关脚小学，原有3间木板房教室，由于长久失修，校舍破烂不堪，常年日晒雨淋，老师苦不堪言。今年利用5181.01项目资金和县教育局匹配资金8.9万元，把原来危房拆掉，新建了一栋一楼一底6间教室砖混结构教学楼，老师、学生、家长喜上眉梢。该校校长莫俊波通过自身的受益，主动担当5181.01项目宣传员，把5181.01项目实施的内容及好处向学生传授，通过学生回去作家长的动员工作，由于宣传到位，发动到家，现该村已利用5181.01项目资金和县水利局匹配资金加上农户的集资，修建了人畜饮水池5处，使全村203户人家都用上了自来水，解决了常年吃水难的问题，同时有120户人家率先实施了沼气工程，过上了煮饭不用柴，喝水不用抬的城市居家生活；荔波县瑶山乡瑶族同胞聚居的拉片村，将项目实施与建设民族村寨紧密结合，经县扶贫办、水利局、计划局、农业局、旅游局等部门的共同融资，新建设移民新楼10多栋，改造村民旧房20多栋，修建人畜饮水池4处，沼气池64套，新增养猪128头，同时还硬化了村寨道路，修建了民族歌舞表演场等，村容寨貌发生了明显的变化，为提高农民生活质量奠定了基础。

2. 干部职工受到锻炼，部门形象和人员素质得以提高

黔南5181.01是联合国世界粮食计划署援助项目，项目的实施管理必须按国际惯例运行，而我州又是首次实施国际粮援项目，对外援项目的实施管理可以说是白纸一张。为实施好项目，各级项目办人员通过参加世界粮食计划署、省项目办举办的项目设计、评估、监测和财务管理等培训班学习，以现场会形式开展县与县之间的互教互学，以及赴省内外同类项目实施区考察，并将学习的知识结合本地情况积极探索，为项目的顺利实施积累了一些经验。

一是狠抓宣传。除利用广播、电视、各种会议宣传外，项目办还专门印制有项目标志、项目简介、群众易于喜爱接受的台历、挂历、年历等宣传品13700多份，分送相关部门领导及项目乡、村和农户家中，做到家喻户晓。荔波县项目办，在培训方式上，结合八烂村群众居住、劳动都比较集中的特点，首创广播室，建立村级科技广播站，由播音员每天结合农时向农户广播传授适用技术和科普讲座。在培训内容上，结合民风民情，进行了民族舞蹈等特色培训，深受群众欢迎。

二是狠抓示范。三县项目办因地制宜选择了有代表性的20个村作为示范样板村，以示范效益启发群众，以示范扩大影响，赢得了群众的支持与参与。

三是狠抓管理。项目实施的每一个重要阶段，州办以调研为基础，采用以会代训的方式，召开项目人员现场培训会，找经验，查问题，统一思想，统一规程，使各地项目实施步调一致，达到取长补短，共同进步。一年多来，共召开项目会议5次，组织检查5次。通过实践，项目办人员掌握了外援项目的基本操作程序，积累了经验，按时完成了世粮署要求的季报、半年报、年终报等各类报表，基本没有延误或漏报现象。

四是狠抓部门间协调。黔南5181.01项目虽由农业部门牵头，但项目实施内容涉及各相关部门，为了与部门间达成共识，各级项目办按项目设计，主动上门与涉项部门沟通联系，以诚信赢得相关部门的理解和支持。三都县项目办，利用常年工作关系网络，加强交流与沟通，得到相关部门主动配合实施项目；独山县项目办，以5181.01项目为平台，充分调动乡村争项目，要项目的积极性，以外资引内资，以小项目引大项目，项目开展十分主动；州项目办随时将项目动态向州级相关部门通报，使部门领导掌握项目实施情况，为领导决策项目实施提供了依据。

目前存在的问题及解决的主要途径、建议、措施

1. 由于项目援助粮食未能及时足额到位，项目计划仅完成74.1%。
2. 部分项目区交通不便，且村寨分散，给项目实施增加难度，影响了实施进度。
3. 项目区多为少数民族聚居地，语言交流不畅，妇女的参与有待提高。
4. 由于我州是第一次实施外援项目，经验不足，项目管理水平有待提高。

下一步计划安排

黔南5181.01项目计划到2005年9月30日结束，根据设计方案，还有27%的工程量尚未实施，其中沼气工程建设1289套，人畜饮水工程198处，校舍维修3栋，乡镇农业培训中心7栋，扫盲培训3066人，林业技术培训5056人，农业技术培训8932人，养殖业培训6996人，健康教育培训7797人，用水管理培训1285人。由于交通等原因，后面实施的项目难度更大，工作更艰巨，同时由于前期忙于抓实施进度，对部分竣工工程缺乏必要的管护，部分工程设计不尽合理，资料收集归档不够规范及时等诸多问题还需进一步完善。时间紧，任务重，对此，计划集中人力、物力，务必在6月底前完成主体项目，后3个月作工程扫尾和项目验收准备。针对突出问题，强调抓好以下几项工作。

1. 加强项目宣传，进一步调动农民积极性

每个项目县、项目乡、项目村都要设置标志牌，公示栏，尤其是核心示范村，要充分利用农户墙体，制作通俗易懂的宣传画、宣传标语，广泛向农户宣传。

2. 加强部门协作，加大项目投入

黔南5181.01项目实施一年多来，由于时间短，投入小，各实施点项目比较单一，大多数项目区整体效益不明显。因此，要充分利用5181.01项目平台，继续争取各类资金注入，

把项目做实、做强、做亮。

3. 加强项目服务，发挥后续效益

已竣工验收的基础设施项目，协助村委会建立管护制度或乡规民约，摸索后续服务经验，使之发挥长久效益。在新品种、新技术的推广应用上，加速培养二传手，明确科技带头人，负责新技术的咨询服务和带头示范应用。并因地制宜，积极寻找致富门路，注重培育当地主导产业、主导产品，增强项目区农户自我积累、自我壮大、自我发展能力。

4. 加强档案管理，强化资料收集归档

项目建设资料，包括设计方案、施工图纸、竣工验收报告、培训教材、讲义、人员名单等，都要一一收归入档。粮食发放手续要求账、卡、册、单统一、齐全。

5. 加强检查督促，保质保量按计划完成任务

州、县项目办要多深入项目区，对建设工程进行核实调查，及时查缺补漏，同时抓好2005年计划项目的实施，确保目标任务保质保量完成，以良好的绩效迎接世粮署的检查验收。

承担单位意见	负责人（签字）： 年　月　日	主管部门意见	负责人（签字）： 年　月　日

【评析】

这篇范文从基本结构和内容上看均符合项目进度报告的标准要求，项目名称、来源、负责单位、总投资、建设年限等内容齐全，项目进度、实施效果、存在问题和解决对策清楚。

按项目进度表例样的要求，进度报告中应该具有"本阶段经费支出情况及下一阶段经费开支安排"的内容，但文中没有单独体现出来。事实上，作者在报告中可以单独体现出来，也可以将本阶段经费支出情况融入项目进度中并交代清楚。但是，不应缺少下一阶段经费开支安排，比如按总投资计划还有多少资金没有到位，到位后将如何分配。最好是将这一阶段总的、具体开支的项目以附表的形式讲述清楚。

范文中有的"实施项目体会"部分不是项目进度报告所必有的内容，可以写，也可不写。因为项目进度报告在本质上是介绍如何做的、做到什么程度、有何问题、下步打算、经费收支如何，不是谈心得体会的，如果觉得对写对下一步工作有利，则可以写点，勿多。

第三节　农业科技成果鉴定书

一、科技成果鉴定概述

1. 关于科技成果

（1）什么是科技成果　"科技成果"是科学技术研究成果的简称，是指人们通过研究活动，如实验观察、调查研究、综合分析、研制开发、生产考核等一系列脑力、体力劳动所取得的，并经过同行专家审评或鉴定，或在公开的学术刊上发表，确认具有一定的学术意义或实用价值的创造性结果。科技成果是社会的重要精神财富和物质财富，是国家的重要智力资源，也是衡量从事科技活动人员贡献大小的重要标志。

（2）科技成果的类型及特点　科技成果可分为三种类型。一是基础理论成果，是指在基础研究和应用研究领域取得的新发现、新学说，其成果的主要形式为科学论文、科学著作、

原理性模型或发明专利等。二是应用技术成果，是指在科学研究、技术开发和应用中取得的新技术、新工艺、新产品、新材料、新设备，以及农业、生物新品种、矿产新品种和计算机软件等。三是软科学成果，是指对科技政策、科技管理和科技活动的研究所取得的理论、方法和观点，其成果的主要形式为研究报告。作为科技成果必须具备三个特点：一是创造性，或是前人所没有的，或是在前人研究成果的基础上又增添、加深了内容；二是先进性，即成果较原有的技术、理论超前一步，居领先地位；三是应用性或实用性，有一定的经济效益、社会效益和学术价值。

2. 关于科技成果鉴定

（1）科技成果鉴定的内涵　科技成果鉴定是指有关科技行政管理机关聘请同行专家，按照规定的形式和程序，对科技成果进行审查和评价，并作出相应的结论。

进行科技成果鉴定，是科技成果管理工作的一部分，通过鉴定、评价，对于指导科学技术推广，发展社会生产力，具有明显的推动作用。我国十分重视科技成果的鉴定，将其列为科技成果管理的重要任务。1961年国务院颁发了《新产品、新工艺技术鉴定暂行办法》；1978年国家科委发布了《关于科学技术研究成果管理办法》；1985年国务院、国家科委联合发出了《关于加强科技成果管理的通知》；1987年国家科委发布了《中华人民共和国国家科学技术委员会科学技术成果鉴定办法》；1994年国家科委发布了《科学技术成果鉴定办法》，对科技成果的技术鉴定和评审作了具体的要求，并把"实事求是、科学民主、客观公正、注重质量、讲求实效"作为科技成果鉴定工作的基本原则，以保证科技成果鉴定工作的严肃性和科学性。国务院各部委、中国科学院和各省、市、自治区也都对科技成果的评审、鉴定工作制定了具体的制度和办法。

（2）科技成果鉴定的基本要求

① 申请科技成果鉴定，应具备下列条件：一是已完成合同约定的或者计划任务书规定的任务；二是不存在科技成果完成单位或者人员名次排列异议的权属方面的争议；三是技术资料齐全，并符合档案管理部门的要求；四是有经科技部或者省、自治区、直辖市科技厅（委、局）或者国务院有关部门认定的科技信息机构出具的结论报告。

② 科技成果鉴定的范围：凡列入国家和省、自治区、直辖市以及国务院有关部门科技计划（以下简称科技计划）内的应用技术成果，以及少数科技计划外的重大应用技术成果，按照相应办法进行鉴定；凡科技计划内的基础性研究、软科学研究等其他科技成果的验收和评价方法，由科技部另行规定。

③ 科技成果鉴定的主要内容：主要包括是否完成合同或计划任务书要求的指标；技术资料是否齐全完整，并符合规定；应用技术成果的创造性、先进性和成熟程度；应用技术成果的应用价值及推广的条件和前景；存在的问题及改进意见。

（3）科技成果鉴定程序　基本程序是：鉴定申报→材料审查→组织召开鉴定→形成鉴定书。首先要明确向哪申报，按科学技术成果鉴定办法规定，需要鉴定的科技成果，由科技成果完成单位或者个人根据任务来源或者隶属关系，向其主管机关申请鉴定；隶属关系不明确的，科技成果完成单位或者个人可以向其所在地区的省、自治区、直辖市科学技术委员会申请鉴定，然后依据相关规定，按照暂行规定的若干程式（检测鉴定、会议鉴定、函审鉴定）对申请鉴定的科技成果进行鉴定，最后形成科技成果鉴定书。科技成果鉴定书，过去亦称"技术鉴定证书"，是由科学技术成果鉴定机构对某项研究成果经过严格审查、评议，确定其是否符合科技成果的基本条件，并从科学意义、学术水平、成熟程度、实用价值等方面进行评价而形成的评审意见书。

二、农业科技成果鉴定书

1. 农业科技成果鉴定书的概念及其功能

农业科技成果鉴定，是农业科技行政主管部门邀请研究、设计、试制和使用单位的同行专家，按照国家颁布的标准和规定，对所取得的农业科技成果进行审查和评价并做出的相应结论。而将对农业科技成果进行审查和评价所得出的结论形成系统而严谨的书面文字材料，就是农业科技成果鉴定书。

国家非常重视农业科技成果的鉴定，农业部于1996年下发了《农业科学技术成果鉴定暂行办法》，对鉴定规程进行了详尽的规定，并明确要求凡符合申请鉴定的农业科技成果，必须填写"科技成果鉴定申请书"并按申请书的"填写说明"来填写申报，关于农业科技成果鉴定申请书的内容不在此讲述了。

应该说，对农业科技成果鉴定的结论权威地反映在鉴定书上，因而农业科技成果鉴定书至少具有以下几个方面的作用或功能：一是证明农业科研人员在农业某个领域的某个方面当前所达到的科研水准，从而起到激励和鞭策的作用；二是能够使成熟的农业技术成果得到社会公认并得以尽快推广、应用，为国民经济的发展作出贡献；三是有利于交流农业技术信息，避免重复研究，从而有助于农业科技人员开辟新的研究领域和研究课题；四是对不成熟的农业技术成果，可以及时发现症结，使其得到研究改进和提高，等到完全成熟后再用于农业生产，以免给生产带来损失。

2. 农业科技成果鉴定书的特点

农业科技成果鉴定书有以下4个特点。

（1）评价性 鉴定书要对一项科技成果作出评价。

（2）结论性 即对一项科技成果的结论性意见。

（3）权威性 鉴定结果是由同行的专家、权威人士共同作出的，具有权威性。

（4）规范性 鉴定书的写作有固定的撰写程序和写作规范。

3. 农业科技成果鉴定书的格式与写作要求

科技成果鉴定书是由国家科委编制的，它具有统一的格式。按国家科委颁发的《科技成果鉴定书》的格式规定，农业科技成果鉴定书一般包括封面、正文及附录三个部分。

（1）封面 填写鉴定报告的名称、编号、被鉴定项目的名称、研制单位、组织鉴定单位、鉴定日期等。

（2）正文 主要包括成果简要说明及主要技术指标、推广应用前景及效益预测；鉴定意见；主持鉴定单位意见；组织鉴定单意见；主要技术文件目录及提供前单位；鉴定委员会名单。其中，鉴定意见是鉴定报告的核心内容，要根据鉴定对象分条目撰写。鉴定意见一般由三部分组成：肯定性意见、改进性意见及对所提供的技术文件的审定情况。

（3）附录 即其他的说明文字。

农业科技成果鉴定书的空白表的正文前面或正文结束的后面通常附有"填写说明"，对表中的具体项目的写法给出了明确的要求，按此要求填写即可。但要注意以下几点：

第一，应按国家科委规定的格式撰写，不应擅自改变。

第二，科技成果的名称应能反映出本成果的特点，既简单明了又切中实质。

第三，"简要说明和技术规格"栏目，在按说明填写时应注意叙述简明扼要，切忌冗长繁琐。

第四,"鉴定委员会鉴定意见"一栏,是鉴定书的核心,要写明两点:一是鉴定经过的简单说明,包括鉴定时间和鉴定方法;二是鉴定结论,突出该成果在国内外所具有的学术水平、经济价值、推广价值和意义作用,并指出该成果所存在的缺点或鉴定中尚未解决的问题以及该问题是否影响鉴定内容。

【范文 4-6】

成果登记	登记号	
	批准日期	

科 学 技 术 成 果 鉴 定 证 书
鉴字〔2001〕第 25 号

成果名称:无花果保护地栽培与加工技术研究
完成单位:××农业职业技术学院
鉴定形式:通讯鉴定
组织鉴定单位:××省教育厅　　　　　　(盖章)
鉴定日期:2001.10

国家科学技术委员会
一九九四年制

简 要 技 术 说 明 及 主 要 技 术 性 能 指 标

无花果,桑科榕属落叶小乔木,原产亚热带阿拉伯南部,一千多年前,经丝绸之路传入我国。过去,我国无花果的种植呈零星分布状态,自产自销,商品化极低。据不完全统计,全国成片生产园大约 0.3 万公顷,只占全国果树面积 980 万公顷的 0.037%。可见,无花果目前在我国还是一个待开发的新兴树种。

无花果是喜温树种,适合于年均气温 15℃ 以上的地区发展,且易种易管,早果丰产。它的果实风味独特、软糯香甜、营养丰富,不仅可以鲜食,还可以制成各种精美的加工食品。它的保健医疗价值极高,具健身、美容、治病、防癌等功效。因此,受到世人的关注,具有良好的发展前景。随着北方日光温室的蓬勃兴起,反季节栽培的草莓、葡萄、桃、李、杏、樱桃相继有了新的突破。在北方进行观赏盆栽的无花果,能否进入日光温室进行生产性栽培,成了果树科技工作者的热门话题。

1995 年以来,我们对室内、室外、客盆移栽的无花果进行了观察,1998 年组成课题组,提出可行性论证。经校学术委员会讨论,报省教育厅科技处立项、审批,"无花果保护地栽培与加工技术研究"被列为 1999 年重点科研项目。

经过三年的研究,取得了如下成果。

1. 通过品种试验,确定了美国大型无花果——麦司依陶芬为鲜食最佳品种。
2. 通过抗寒试验证明,无花果在塑料大棚及中棚内不能安全越冬。只有在日光温室内可正常生长。
3. 通过栽培试验,确定最佳栽培株距为 2.5m、行距为 1.5m,每亩 133 株。采用单层双臂文字形整形,两层双臂篱架、重短截修剪,利用腋芽结果,环剥及夏季修剪,可有效地控制树冠,实现矮化密植栽培。
4. 在日常温室内进行保护地栽培,于冬至以后升温,6~8 月利用塑料薄膜防雨,9 月中旬再覆新膜,进行延后栽培,可使鲜果采收期由 7 月延迟到 10 月底。
5. 通过区域化试验,使麦司陶芬栽培线由××移到××,向北推进 1100 公里。
6. 在××农业职业技术学院基地的日光温室内经三年的试验,达到了当年见果、二年定型、三年丰产的目标。2001 年在 400m² 的日光温室内种植的 80 株无花果产量达到 1125.6kg,平均株产 14.1kg,折合亩产 1871.3kg。销售价格:前期超市价每公斤 40 元,后期批发价每公斤 10 元,亩产 2 万元左右。
7. 研究栽培技术的同时,对过熟及未成熟的无花果,采用简易的加工工艺制成果酱与果脯等进行综合开发利用。
8. 三年来先后接待了国内外的专家和各级领导、企业家及科技专业户 600 多人次,在××、××办培训班两次。2000 年和 2001 年分别发表了《无花果保护地栽培研究初步》、《无花果晚秋未成熟果的加工与利用》、《无花果温室栽培技术》及出版了《无花果保护地栽培》一书用以指导生产。

推 广 应 用 前 景 与 措 施

经测试专家认定：无花果果实成熟从 7 月初到 10 月底，采收期长达 120 天，比露地栽培延长一倍。无花果成熟时果皮紫红鲜艳，果肉桃红色，平均单果重 83.9 克，最大可达 130 克，可溶性固形物含量为 12.5%～16.5%，平均 14.1%。在××农专二代Ⅳ型日光温室内，三年生无花果亩产鲜果 1871.3kg，采后立即冷却储藏，适当小包装，当天进货，当天销售，产值达 2 万元左右。

这一成果已推广到××、××、××等地区，使无花果新品种麦司依陶芬的栽培线，向北推进了 1100 公里。因无花果不耐储运，适合于在交通方便、人口密集的大城市郊区发展，面积要适量、集中，走产业化道路。随着旅游观光农业的发展，无花果会成为保护地栽培的最佳首选树种。

当前保护地蔬菜、果树的生产由于市场经济的调节，出现了大量产品季节性和区域性过剩、经济效益下降的趋势，保护地无花果的异军突起将在种植结构的调整中发挥应有的调节作用。无花果保护地栽培试验的成功，为保护地栽培又填补了一个空白，为北方水果市场提供了一个美味珍品。这一技术的推广无疑为××省"两高一优"农业又开拓了一条新的致富之路。

推广措施：

1. 继续完善"无花果麦司依陶芬北方日光温室栽培技术"，指导××的无花果保护地生产。

2. 推广良种，确保质量，建立中心苗圃，跟踪服务，现场指导。进行技术培训，培养基层技术骨干。

3. 推广××农专二代Ⅳ型日光温室，进行原有旧式温室的改造。

4. 在××、××、××、××、××、×××等大中城市郊区，适量推广种植面积，调整种植结构，全省 4 万公顷日光温室如果拿出 0.5%，即 200 公顷，种植无花果，年产 0.5 万吨商品果，可创产值 1 亿元，可望成为保护地生产的一支新兴产业。

主 要 技 术 文 件 目 录 及 来 源

1.《无花果保护地栽培与加工技术研究》工作报告
2.《无花果保护地栽培与加工技术研究》技术报告
3. 无花果温室栽培技术
4.《无花果晚秋未成熟果的加工与利用》
5. 成果应用单位经济效益证明
6. 无花果保护地栽培现场测试意见
7.《无花果保护地栽培》(金盾出版社 2001.9)

鉴 定 意 见

受××省教育厅委托，对××农业职业技术学院承担的"无花果保护地栽培与加工技术研究"科研项目进行通讯鉴定。经五名鉴定委员的认真审阅，一致认为该项目的工作报告、技术报告、查新报告及测试报告等资料齐全，试验设计合理，技术路线正确，测试手段先进，数据翔实可行，符合规定，已按项目合同完成了规定的各项研究任务。在各位委员函审意见的基础上，得出如下鉴定意见。

1. 该项研究立题准确、有新意。符合当前农业产业结构调整和农村经济发展以及农民脱贫致富的需要。首次在我国北方采用保护地栽培无花果成功，使无花果的栽培界线由南向北推进了 1100 公里，扩大了无花果的栽培范围。

2. 通过品种及栽培试验，筛选出了大果型的鲜食品种麦司依陶芬。在北方进行温室栽培，可以正常生长结果并安全越冬，使无花果达到当年见果、二年成型、三年丰产，创亩产 1871.3kg 的高产纪录，产值 4 万元，纯利润 2.2 万元，经济效益及社会效益显著。在无花果不能进行露地栽培的北方地区有广泛的发展前景。

3. 利用无花果"麦司依陶芬"休眠期需冷量低的生物学特性，确定了该品种在温室条件下进行促成与延后栽培的控温措施与时间，形成了一套成熟的模式化栽培技术，使无花果由 7 月初到 10 月底陆续成熟，延长了鲜果市场供应期，该生产技术领先，措施可行，易于推广。

4. 无花果属落叶乔木，在温室有限的空间里，采用单层双臂文字型整枝、休眠期进行超短截修剪，生长期进行综合修剪等措施，实现了矮化密植，早期丰产。该项研究内容具有创新性。

5. 研究了未成熟及过熟无花果适宜的加工工艺及技术，为无花果的综合开发利用提供了一个新的途径。

综上所述，该项研究为北方保护地果树栽培增加了一个新的树种，为南果北移解决了关键性技术难题，在北方广大城市郊区及观光农业领域有广泛的开发潜力。该项研究在同行业研究中居国内领先水平。

建议进一步完善配套技术，扩大区域试验的同时，加强储运、保鲜、包装等方面的研究。

鉴定委员会主任：_____ 签字成员：____、____、____、____

_____年____月____日

主 持 鉴 定 单 位 意 见

（略）

主管领导签字：_____（盖章）

_____年____月____日

组 织 鉴 定 单 位 意 见

（略）

主管领导签字：_____（盖章）

_____年____月____日

科 技 成 果 完 成 单 位 情 况

序号	完成单位名称	邮政编码	所在省市代码	详细通信地址	隶属省部	单位属性
1	××农业职业技术学院	××××××	×××	××省××经济技术开发区	××省	2
2	××市东陵园艺苗圃	××××××		××市××区东大营街10号	××省	4
3	××园艺花卉科学研究所	××××××		××市振兴中路168号	××省	4
（余略）						

注：1. 完成单位序号超过8个可加附页，其顺序必须与鉴定证书封面上的顺序完全一致。

2. 完成单位名称必须填写全称，不得简化，与单位公章完全一致，并填入完成和名称的第一栏中。其下属机构名称则填入第二栏中。

3. 所在省市代码由组织鉴定单位按省、自治区、直辖市和国务院部门及其他机构名称代码填写。

4. 详细通信地址要写明省（自治区、直辖市）、市（地区）、县（区）、街道和门牌号码。

5. 隶属省部是指本单位和行政关系隶属于哪一个省、自治区、直辖市或国务院部门主管。并将其名称填入表中。如果本单位有地方/部门双重隶属关系，请按主要的隶属关系填写。

6. 单位属性是指本单位在 1. 独立科研机构 2. 大专院校 3. 工矿企业 4. 集体或个体企业 5. 其他。五类性质中属于那一类，在栏中选填1.2.3.4.5即可。

主 要 研 制 人 员 名 单

序号	姓名	性别	出生年月	技术职称	文化程度	工作单位	对成果创造性贡献
1	×××	男	1942.3	教授	大学	××农业职业技术学院	第一主持人
2	×××	男	1956.8	教授	大学	××农业职业技术学院	第二主持人
3	××	男	1970.4	农艺师	大学	××省花卉公司	指导协作
4	××	男	1979.11	技术员	大专	××省果树研究所	栽培试验
5	×××	男	1942.9	实验师	大学	××市××园艺苗圃	协作单位
6	×××	男	1958.8	高级农艺师	大专	××市园艺花卉研究所	协作单位
（余略）							

《无花果保护地栽培与加工技术研究》鉴定委员会名单

序号	鉴定会职务	姓名	工作单位	专业技术职务	签名
1	主任	××	××省果树科学研究所	研究员	略
2	委员	×××	××农学院果树研究所	教授	略
（余略）					略

科 技 成 果 登 记 表（此表填略）

成果第一完成单位	成果名称				（限35个汉字）		
	研究起始时间			研究终止时间			
	单位名称						
	隶属省部	代码		名称			
	所在地区	代码		名称		单位属性（ ）	1. 独立科研机构 2. 大专院校 3. 工矿企业 4. 集体个体 5. 其他
	联系人						
	邮政编码			联系电话	1. _____ 2. _____		
	通信地址						
鉴定日期				鉴定批准日期			
组织鉴定单位名称				（限20个汉字）			
成果有无密级	（ ）	0—无 1—有		密级	（ ）	1——秘密 2——机密 3——绝密	
成果水平	（ ）	1——国际领先 2——国际先进 3——国内领先 4——国内先进					
任务来源	（ ）	1——国家计划 2——省部计划 3——计划外					
应用行业大类	（ ）	01—农、林、牧、渔、水利；02—工业；03—地质查和勘探业；04—建筑业；05—交通运输、邮电通信业；06—商业、饮食、物资供销和仓储业；07—房地产、公用事业居民和咨询服务业；08—卫生、体育、社会、福利业；09—教育、文化、艺术、广播和电视业；10—科学研究和综合技术服务业；11—金融、保险业；12—其他行业					
应用情况	（ ）	1—已应用；2—未应用，原因：A—无接产单位 B—缺乏资金；C—技术不配套 D—工业实验前成果 E—其他					
转让范围	（ ）	1—允许出口 2—限国内转让 3—不转让					

科 研 投 资（万元）		应 用 投 资（万元）	
国家投资		国家投资	
地方、部门投资		地方、部门投资	
其他单位投资		其他单位投资	
合 计		合 计	

本 年 度 经 济 效 益（万元或万美元）			
新增产值		新增利税		其中创收外汇	

（附页）

承 诺 书

本单位（或个人）承诺：

  1. 本鉴定证书中所填写的各栏目内容真实、准确。

  2. 提供鉴定的技术文件和资料真实、可靠，技术（或理论）成果事实存在。

  3. 提供鉴定的实物（样品）与所提供鉴定的技术文件和资料一致，并事实存在。

  4. 本成果的知识产权或商业秘密明晰完整，归属本单位（或个人）所有，未剽窃他人成果、未侵犯他人的知识产权或商业秘密。

  若发生与上述承诺相违背的事实，由本单位（或个人）承担全部法律责任。

完成单位（盖印）

（或个人）签字：

年　月　日

【评析】

  这是一份较为完整的农业科学技术成果鉴定书范式，可以作为今后应用写作时参考。为了让大家认识科技成果鉴定书全貌，此范文将所有的填写说明都全部举出来。但此鉴定书范文也有几点不足之处。

其一，缺少"鉴定委员会专家测试报告"的内容，或多或少地减弱了专家鉴定意见的信度。

其二，"简要技术说明及主要技术性能指标"与"推广应用前景与措施"两部分的文字内容有重复交叉，整个行文的精练度略差。

其三，文中的量与单位不统一。例如，有的地方用 kg，而有的地方用公斤；有的地方用公顷，有的地方则仍然使用已经为非法单位的"亩"；有的量的单位用国际通用符号，有的则用汉字表述等，降低了其严肃性与严谨性。

综 合 训 练

一、基本概念练习

1. 填空题

（1）_____是在某农业科技项目已获得主管部门批准立项后，在具体研究、实施前，向主管部门报送的第一份书面报告，亦称_____。

（2）农业科技项目建议书是对某农业项目实施所做的一个_____构想，是以经济和社会发展的长期规划、行业规划和地区规划以及国家产业政策为依据，在调查研究、市场预测及技术分析的基础上，着重论证项目建设的_____性、_____性、发展前景、经济效益及其他相关要素，并向其主管部门提出拟投资项目的正式书面建议。

（3）"鉴定委员会鉴定意见"一栏，是鉴定书的核心，要写明两点：一是_____的简单说明，包括鉴定时间和鉴定方法；二是_____，突出该成果在国内外所具有的学术水平、经济价值、推广价值和意义作用，并指出该成果所存在的缺点或鉴定中尚未解决的问题以及该问题是否影响鉴定内容。

2. 选择题（多选或漏选均不得分）

（1）科技项目建议书与可行性研究报告的区别表现在：（　　）。
  A. 内容详略不同　　B. 时序先后不同
  C. 目的与作用不同　D. 严肃性不同

（2）开题报告与立项（评审）书的差异在于：（　　）。
  A. 立项（评审）书在前，开题报告在后
  B. 立项（评审）书是开题报告的基础；开题报告是立项（评审）书的深化
  C. 立项（评审）书目的在获准立项；开题报告则目的在于明确行动方案
  D. 内容的详略程度不同

（3）农业科技成果鉴定书的特点有：（　　）。
  A. 评价性　　　　B. 结论性
  C. 权威性　　　　D. 规范性

3. 判断下列说法是否正确，并将错误的说法纠正过来。

（1）写得比较概括，简明扼要地表达出沿什么思路去实现研究目标，并常用线路图示之，这就是项目研究的指导思想。

（2）科研项目开题报告是项目负责人在项目实施过程中向科研主管部门汇报工作进度情况及阶段性成果的书面材料。

（3）科技成果就是人们科技研究的结果。

（4）对农业科技成果进行审查和评价所得出的结论形成系统而严谨的书面文字材料，就是农业科技成果鉴定书。

二、简答题

1. 农业科技项目建议书与农业科技项目申请书有何异同？
2. 农业科技项目开题报告包括哪些项目，其重心在哪几部分？

3. 农业科技项目鉴定书中的核心部分是什么，都应该突出哪些内容？
4. 农业科技项目开题报告的写作有什么要求？

三、模拟写作练习

1. 请参考书中对"范文 4-1"的评析，上网查阅相关资料，认真思考，仍然以"营丘镇大姜科技项目建议书"为题，在原文基础上写出一份内容完整、结构严谨、质量较高的项目建议书。

2. 仔细阅读"范文 4-3"的评析，上网查阅相关资料，仍以"水葫芦的利用与开发项目开题报告"为题，将之做成一个较为完善的开题报告。

3. 请在老师的指导下，也可以结合自己毕业论文的研究方向，选一个研究课题，通过搜集数据、资料、查阅文献，或是积累实践数据与经验，写出一份开题报告和进度报告。

4. 上网查阅一篇农业科技项目的总结报告，并以专家的身份，写出一份鉴定意见，然后根据本书提供的科技项目鉴定书的格式要求，构造出一份仿真的农业科技项目鉴定书。

第五章 农业报告与论文类文书

【知识目标】

掌握科研实验报告、农业科技考察的基本格式和写作要求以及农业科技论文的写作要求和步骤。

【能力目标】

理解农业科研报告、农业科技考察报告的写作要求和农业科技论文的写作特点；学会写作农业科研实验报告、农业科技考察和农业科技论文报告。

【素质目标】

培养后续发展能力，提升竞争力；具备分析农业科研实验报告、农业科技考察报告、农业科技论文写作的能力；达到在开展农业科技活动的同时可撰写相应的文本。

第一节 农业科研实验报告

一、农业科研实验报告概述

1. 农业科研实验报告的概念

实验是一种在特定条件下，认识自然现象，探索自然奥秘，获取感性知识，验证和发展科学理论，深化科学研究的重要手段。通过实验进行观察、分析、综合、判断，如实地把实验过程、实验中观察到的现象，实验中得到的数据和结果记录下来，按照一定的格式和要求整理成的文字材料称为实验报告；而农业科研实验报告是农业科技工作者在科研活动中，为了检验某种与农业研究方面的理论和假设，或进行创造发明或解决实际问题而开展实验，对实验过程和结果的观察、分析、综合、判断进行如实记录，写成的文本。

农业实验报告的作用是报道实验的过程和结果，解释实验对象的本质和规律，实验报告是科研人员公布自己实验结果的一种实用文体，是对实验的如实记录，他所记录的实验过程，描述的实验的现象，表述的实验结果，都具有再现性，能为再次实验所重复的验证，在实验报告中，除了文字描述，还经常采用图解的形式，包括用简单的曲线、表格、示意图等表示实验装置、各种变量的关系以及实验结果等，因而具有纪实性、验证性和直观性等特点。其基本功能是通过对实验的过程和结果的报道，记录科学事实，揭示实验对象的本质和规律。

这里所讲的农业科研实验报告不同于大学生在校期间所写的实验报告。前者是具有一定的研究性和创造性，并具有信息交流作用、资料保留作用和学术价值的科技文献；后者通常是重复前人已做过的实验，是教学过程中的一个训练环节。

农业科研实验报告和科技论文的区别明显，前者以如实记载实验过程与结果为目的，表达方法以叙述和说明为主；而后者则以阐述见解和观点为目的，表达方法以论证为主。通常一项农业科研实验，均可写成实验报告，但并非所有的实验都能写成论文。

2. 农业科研实验报告的撰写原则、特点和分类

农业科研实验报告的撰写原则有以下 3 点。

一是正确性原则，即实验原理、方法、数据、结论正确无误及实验报告表述的正确无误；二是公正性原则，即实验者不带偏见的客观观察和理解现象的公正性；三是可读性原则，即文字顺畅，符合语法规则和人们的阅读习惯。

科研实验报告具有很强的验证性和纪实性，不因实验者而异，实验结果可以重新实现，有再现性。观测的结果和记录的数据要绝对真实可靠，图表是完成科研实验报告的重要表述工具之一。

科研实验报告按性质分，可分为检验型实验报告和创新型实验报告。行农业科研实验的方法有定性实验、定量实验、模拟实验、对照实验、析因实验以及结构分析实验、中间实验等多种类型，但所写的科研实验报告的格式大同小异。

二、农业科研实验报告的基本格式

1. 题目

农业科研实验报告的题目要尽量明确、简练，能反映实验研究的内容。

2. 作者

凡是直接参加实验的全部工作或主要工作，并作出主要贡献，能对报告负责的人，都应署名。

3. 摘要

4. 引言

5. 正文

包括实验原理、实验设备、实验方法、实验结果和讨论。

（1）实验原理　主要写清实验所依据的基本原理、实验方案、实验装置的设计原理等，既有理论依据，又有客观依据。

（2）实验目的　简明扼要的说明为什么样要进行这个实验，本实验要解决什么问题，以及它对研究某一课题在国民经济发展中有什么意义。

（3）实验设备和器材　记录主要仪器的名称、型号和主要性能参数。

（4）实验装置和步骤　应根据实验目的和原理来确定，写出实验操作的总体思路、操作规范和操作注意事项，准确无误的记录原始数据。说明实验装置时，一般按空间顺序进行表述；说明操作顺序时，一般按时间顺序进行表述。

（5）实验结果与讨论　实验结果是实验报告的主体，要把实验数据整理加工成插图或表格形式，按照一定的顺序排列，或按照问题的性质分类，并对得出的结果进行具体、定量的分析，说明其可靠性，杜绝只罗列不分析的现象。对实验结果的分析讨论包括以下几个方面：影响实验的根本原因，提高实验精度的措施，扩大实验结果的途径，实验时观察到的现象，得出的规律和如何解释这些规律，实验结果与已知结果或理论推算结果对比的情况，测量的误差等。

（6）结论　这是实验报告最终的、总体的结论，是报告的精髓，通常用肯定的语句对实验研究中的成果、失败的教训、存在的问题进行概括，提出改进办法与建议。其中，讨论比较简略，不必像科技论文的讨论那样细致深入。

6. 参考文献

在报告中凡是引用别人的结论、实验数据、计算公式的均应注出所引用的文献、参考文

献有两种：一种是报告的正文中作者引用的某些文献的参考文献表，置于正文之后；另一种是作者推荐可供参考的文献题录，应置于附录部分。

三、农业科研实验报告的写作要求

实验报告是一种告知性、说明性的文体。实验的目的、要求、原理、步骤、装置、结果、讨论和结论等，应采用说明文的表达方式，用简练的文字真实地记录下来，客观地表述实验的过程和结果。实验报告是在科学实验的基础上得出的，因此，科学性是保证实验报告质量的首要条件，任何臆想和猜测都是不能写入实验报告的，由于它的科学性，就决定了实验人员必须要一丝不苟，来不得半点马虎，要尊重科学、尊重事实。但不同农业实验报告在写法上有具体的要求。

（1）**定性实验** 其目的是判断某种因素的有无，某些因素之间联系的有无，判断某个假设或设想的真伪，决定不同假说和方案的弃取等。为此，报告中对实验目的、原理、方法要充分论证，对实验装置、测量仪器及其可靠性与精确度要详细介绍，数据和结论要简单明确。

（2）**定量实验** 其目的是准确地测定物质的组成、物质的变化并对其作出物理、化学、力学性能等方面的定量描述。为此，要求数据必须十分真实、准确，强调数据的精确度，这是定量分析的关键。

（3）**模拟实验** 其方法是在实验室中人为地创造条件，模拟实际需要的特殊环境，从而以较小的代价，获得明确的实验结果，如疾病的动物模型实验、地球生命诞生的模拟实验等。模拟实验报告的重点是对实验方法、装置和结果的阐述。

（4）**对照实验** 通常将实验对象分成若干组，固定某些实验条件，改变某一个或若干个实验条件，得出结果后进行对比分析，如优良品种筛选实验、药物疗效实验等。其写作重点是实验条件、方法和对照分析讨论。

（5）**析因实验** 是通过实验探索产生已知结果的原因的实验。其写作重点是实验过程和结果，用以说明所确定原因的真实可信。

【范文 5-1】

氮肥运筹对太湖麦区弱筋小麦宁麦 9 号产量与品质的影响

王曙光[1,2]，许 轲[1]，戴其根[1]，张洪程[1]，霍中洋[1]，黄萍霞[1]

(1. 扬州大学农学院，江苏扬州，225009；2. 扬州市农业局，江苏扬州，225002)

摘要：为给弱筋小麦高产优质栽培措施的选择提供依据，以宁麦 9 号为材料，研究了施氮量及不同基追比对弱筋小麦产量与品质的影响。结果表明：(1) 在基追比例为 5：5、施氮量为 168.75～225kg/hm^2 时，小麦产量较高，蛋白质含量、湿面筋含量达到国家弱筋小麦标准；(2) 在总施氮量为 225kg/hm^2 条件下，基追比为 6：4 时，小麦产量相对较高，蛋白质和湿面筋含量达到国家弱筋小麦标准。

关键词：小麦 氮肥运筹 产量 品质

中图分类号：S 512.1；S 311 文献标识码：A 文章编号：1009-1041（2005）05-0065-04

英文摘要（略）

关键词（略）

随着经济发展和人们生活水平的提高，优质专用弱筋小麦在小麦市场上的需求量越来大。江苏省具有发展优质弱筋小麦得天独厚的生态优势和强劲的市场需求,因而大力发展优质弱筋小麦生产前景广阔。江苏省根据目前小麦生产中主推品种的品质潜力和对各生态农区温、光、水、肥、土等资源分析,将太湖麦区划为中筋、弱筋红粒小麦优势麦区。然而由于优质弱筋小麦品质形成机理及栽培调控技术的研究相对滞后,严重制约了弱筋小麦生产的发展,使得江苏省优质弱筋小麦在全国的比较优势得不到充分发挥。氮肥施用是影响小麦产量与品质较活跃的因素,对小麦产量与品质有明显的调节作用。弱筋小麦产量与品质是一对矛盾,高产与优质较难协调。本试验通过对弱筋小麦宁麦9号不同施氮量及氮肥运筹方式的试验,研究了弱筋小麦产量与品质协调形成的机理,探求优质弱筋小麦高产优质协调的调控措施,对于促进江苏省弱筋小麦生产发展、提升小麦生产作效益具有重要的应用前景。

1 材料与方法

1.1 试验设计

试验于2002~2003年在昆山市玉山镇科技示范园区实验田内进行,试验地前茬水稻,黏土,土壤地力中上等,全田地力均匀,地面平整。土壤基础地力为全氮含量1.2g/kg,速效氮116.0mg/kg,速效磷47.1mg/kg,速效钾153.8mg/kg。供试品种为弱筋饼干小麦宁麦9号。11月7日播种,坂茬撒播,覆土,密度1.5×10^6株/hm²。全层基施P_2O_5 150~225kg/hm²,K_2O 300kg/hm²。实验由不同氮肥运筹方式即基追比例(总施氮量225kg/hm²,试验Ⅰ)和不同施氮量(基追比例5:5,试验Ⅱ)处理两个试验组成,氮肥设置及处理见表1,均为随机区组排列,各处理重复2次。在拔节期追肥时,注意局部区组控制。小区面积13.34m²。追肥时间统一为叶龄余数2.5时施用。

实验处理设计　　　　　　　　　　　　　　　　　　　　　　　　　单位:kg/hm²

氮肥运筹方式	试验Ⅰ			试验Ⅱ			
	施N量	基肥	拔节穗肥	施N量	基肥	拔节穗肥	基追比
10:0	225	225	0	56.25	28.125	28.125	5:5
9:1	225	202.5	22.5	112.5	56.25	56.25	5:5
8:2	225	180	45	168.75	84.375	84.375	5:5
7:3	225	157.5	67.5	225	112.5	112.5	5:5
6:4	225	135	90	281.25	140.625	140.625	5:5
5:5	225	112.5	112.5	337.5	168.75	168.75	5:5
4:6	225	90	135	0	0	0	0
3:7	225	67.5	157.5	0	0	0	0

1.2 测定项目

1.2.1 产量

(具体内容略)

1.2.2 品质

(具体内容略)

2 结果与分析

2.1 氮素供应对弱筋小麦宁麦9号产量及产量构成因素的影响

2.1.1 施氮量对产量及产量构成因素的影响

(具体内容略)

2.1.2 氮肥运筹方式对弱筋小麦宁麦9号产量及其构成因素的影响

(具体内容略)

2.2　氮素供应对弱筋小麦宁麦9号籽粒品质的影响

2.2.1　施氮量对弱筋小麦宁麦9号籽粒品质的影响

（具体内容略）

2.2.2　氮肥运筹方式对弱筋小麦宁麦9号品质的影响

（具体内容略）

3　讨论

（具体内容略）

参考文献（略）

【评析】

本文是一篇结构完整的实验报告，主体部分是"实验材料及方法"和"实验结果"。作者在介绍实验材料和方法时，采用说明的方法交代实验的时间、地点、品种和土壤肥力状况，而且对实验设计以及实验测定的项目和测定的方法等作了详细的解释，给人们详尽可信的感觉。在分析"实验结果"时，作者分条列项说明了①氮素供应对弱筋小麦宁麦9号产量及产量构成因素的影响；②氮素供应对弱筋小麦宁麦9号籽粒品质的影响，并且在每一项中又对其所产生的原因和影响结果进行了详细的分析，如在谈到对产量产生的影响时，分别从施氮量和氮肥运筹方式两个方面进行分析，与前面的实验设计相呼应，既提出了问题，又给予解释，简洁又清楚明了。而且实验报告在写作重点上就是要说明实验是用什么做，怎么做，结果是什么，让其他人看后也能模仿这个做法，得出相同的结果来，证明这个实验是有效的、成功的，结论是可信的。本文在这点上也是很明确的。

第二节　农业科技考察报告

一、农业科技考察报告概述

科技考察，是研究者在科技工作中运用观察、探测、采集、测试等方式到与本项目（课题）相关单位进行针对性很强的实地调查或细致深刻地观察。科技考察报告就是在科技工作进行过程中的某一阶段，针对某一具体对象进行科技考察后，对考察过程中取得的大量科学技术方面资料进行分析、综合、归纳、整理，反映出其中本质性和规律性的东西或其他有参考价值的信息，据此写成的报告称农业科技考察报告。它通常是由科技人员通过实地记录、采集后完成，是一种十分重要的科技文书。其内容或揭示某种尚未探明的自然现象，或反映某种自然科学事物或现象的探索经过及结果，或报道某一国家、某一地区在农业领域的科学技术问题，或报道某一国家、某一地区在农业方面科技进展情况。

1. 农业科技考察报告的作用

科技考察报告在科研活动和科技管理中具有重要的作用，它可以为人们提供最新的科技资料，从中了解某一学科的发展水平和最新动向；可以提供生动、翔实的第一手资料，为做出选择和进一步开发提供参考；可以揭示某种尚未探明的自然现象，记录和介绍最新的研究成果，传播最新的科技知识；也可以介绍某个国家某项科学技术的发展与规律，或者是某地科技工作的情况和经验，为领导的决策提供依据。

2. 科技考察报告的分类

科技考察报告按考察范围分为综合考察报告、典型考察报告、抽样考察报告等；按考察性质分为科技工作考察报告、学术考察报告、技术考察报告、学科考察报告等；按考察对象为实地考察报告、出国考察报告、学术会议考察报告等。

3. 农业科技考察报告的特点

农业科技考察报告具有科技报告的三个特点：即真实性、时效性、能动性；但科技考察报告的真实性有其自身的特点：它是一种客观存在的具有物质形态的真实，可以直观感觉到。科技考察报告的能动性相对其他类型的科技报告来说要好发挥一些，可在选取考察对象上获得主动性，是一种有准备的、有目的的行动。

科技考察报告在应用和开发项目立项中的作用非常显著，一些项目在国际上已经形成商品，但我国还刚开始探索，申请者提出了立项报告，寻求支持，但是管理部门由于现实市场情况不清往往拿不定主意，在这种情况下，能够提供一个基于现实市场的考察报告就特别重要了。

农业科技考察的主要方法包括普遍考察、典型考察、抽样考察。农业科技考察报告的研究结论建立在亲自考察和观测而获得的第一手材料的基础上，所以价值很高。表述方法上大量采用描述法，用事实说话，很少作抽象的理论推导，其结果也带有初步探索的性质。

常见的农业科技考察报告有：实地考察报告，学术考察报告，技术考察报告等。

二、农业科技考察报告的基本格式

1. 科技考察报告的结构

科技考察报告应根据写作目的、功能、特点来安排结构，其结构要素一般有标题、引言、正文、结论等几部分。

（1）标题　标题用以概括考察的对象、内容、范围或揭示主题，常见的形式有三种：①只用正标题，直接揭示考察报告的主题；②正副标题兼用，大多以正标题揭示主题，副标题概括考察的对象和范围；③介宾结构式标题，即关于××的考察报告。

（2）引言　引言又称前言，以考察的基本情况为要素，其内容主要是考察工作的背景，参与考察工作的人员组成，考察的时间、地点和考察的对象，主要介绍考察的目的、意义、内容、时间、范围以及人员组成和考察的结果等，这一部分应力求写的简明扼要、高度概括。也可不写引言，将有关基本情况分别放到正文部分说明。

（3）正文　正文是考察报告的主体，其内容包括：对哪些部门或哪些方面进行考察。详细说明考察所了解的现象和事实，并指出其意义。对这些现象和事实的分析；介绍考察所得到的专业内容和考察的收获等。这部分内容必须写的详细具体，一般是列出细目，逐条逐项的加以说明，但要注意做到主次分明，重点突出、详略得当。情况陈述型以反映客观事实为主，典型分析型以揭示规律为主，观点证明型以论证作者的认识或主张为主。组合方式通常有三种：①按空间顺序排列；②按时间顺序排列；③按事物的不同性质及内在联系排列。

（4）结论　结论部分是报告的精髓部分，应结合科技考察的具体情况，依据考察内容、考察所得到的材料分析和考察的体会，提出有价值的结论观点、意见和建议等，包括考察得出的全部结论以及对结论所进行的评价。

2. 几种主要考察报告的写作格式

农业考察报告的写作格式主要有以下3种。

（1）实地考察报告　实地考察报告是基于科学研究的目标，通过观察的方式，对实地测试和勘察的材料进行客观的叙述，经分析、归纳、综合，最终可以得出初步的科学结论。其主要功能是及时总结科学实践的经验和反映问题。实地考察报告的写作思路很灵活，探究空间较大，关键是要实事求是地叙述和说明，依据事实进行论证。其写作格式如下。

① 题目。
② 作者及其单位。
③ 摘要。
④ 前言。
⑤ 考察方法及过程。
⑥ 考察结果及讨论。
⑦ 小结。
⑧ 参考文献。

其中，"考察方法及过程"、"考察结果及讨论"是农业科技考察报告的主体部分。

（2）学术考察报告　农业科技工作者通过访问、参观、座谈、讨论等学术交流活动，将所收集的资料和体会、见解写成学术考察报告。多半以学术会议考察的形式写出报告，旨在汲取同行的研究成果，进行学术研讨，反映本学科领域的学术水平、研究重点及发展方向等。虽然其实质是学术动态报告而非学术论文，但仍然有很高的学术价值。学术考察报告的写作方法比较宽松自由，惯用写作格式如下。

① 题目。
② 作者（或代表团名称）。
③ 摘要（短文可以省略）。
④ 概述。
⑤ 学术收获。
⑥ 体会。

其中最重要的部分是"概述"、"学术收获"和"体会"。

概述。此部分是反映所参加的学术活动的简要历程。写明会议名称、主办单位、时间及地点，与会人员的自然情况及所代表的单位，会议方式，提供论文情况，会议主题，主要研究和解决的问题等。

学术收获。此部分是本报告人在这次学术考察活动中，从学科理论、实验技术和生产技术上获得的主要收益。重点介绍会议所体现的本学科新的研究动向，达到的水平，取得的新成就、新技术；综合介绍主要论文的内容；介绍本学科先进的科研管理、学科发展方向、实验设备、检测技术等方面的进展情况。为了使材料完整、齐全、集中、准确，进而使考察报告内容丰实，在参加会议期间做好记录，搜集会议简报和纪要，主动求教、切磋，积极参与座谈讨论等都是很重要的。

体会。此部分主要表述本报告人参加这次学术考察活动的主要感想及对本单位、本部门科技工作的建议。

（3）技术考察报告　技术考察的目的十分明确，就是为了解决实验或生产上的某种技术难题，通过参观、学习后撰写科技考察报告。这种考察报告专业化程度较高，内容详尽具体，针对性很强，有很大的使用价值。通常写作格式如下。

① 题目。
② 作者（或代表团名称）。
③ 前言。

④ 概述。

⑤ 考察细目。

⑥ 收获。

其中，考察细目与收获部分是报告的主体，应为写作的重点内容。

不论上述三种科技考察报告的哪一种，还是其他形式的科技考察报告，其基本表达手段是叙述和说明，辅之以讨论。只有通过客观地叙述和说明，才能为科学研究提供真实可靠的信息资料。

【范文 5-2】

秘鲁、智利农业考察报告

经国务院批准并应秘鲁和智利两国农业部的邀请，我部×××副部长于2000年9月14日至26日率农业代表团访问了秘鲁、智利两国。此次访问的主要目的是对秘鲁、智利的农业机械化进行专题考察。通过访问，我们加深了对秘鲁、智利两国农业尤其是农业机械化情况的了解，加强了我国与秘鲁、智利两国农业部门的沟通和联系，为促进我国与拉丁美洲发展中国家农业的进一步交流与合作，推动我国农业尤其是农业机械行业实施"走出去战略"起了积极的作用。

一、出访概况

近几年来，我部与秘鲁和智利两国农业部门很少互派部长级访问团组。此次出访秘鲁、智利，两国农业部都比较重视，接待热情，访问取得了成功。

在秘鲁访问期间，代表团参观了秘鲁国立农业大学和国家农业科学院，考察了位于首都利马的国际马铃薯中心，与秘鲁农业部副部长卢纳先生等秘方官员进行了工作会谈，同秘鲁农业部签署了《中秘农村经济发展合作谅解备忘录》。根据该备忘录双方将成立中秘农业合作联合委员会，并定期召开磋商会，以促进两国农业在种质资源、病虫害防治、农产品产后处理、农业机械化等方面的交流与合作。

在智利访问期间，代表团参观了智利大学、国家农业科学院，与智利全国农民协会和水果生产者协会就中智水果示范农场建设等事宜进行了座谈，考察了智利农机企业及第六区的农业生产及加工情况。代表团还与智利农业部部长甘博斯先生等智方官员进行了工作会谈，双方认为两国农业有许多可相互学习和借鉴的地方，合作与交流的潜力很大，并就加强中智农业交流与合作广泛交换了意见。

二、秘鲁和智利两国农业和农业机械化情况

农业是秘鲁和智利两国重要的经济部门，但由于两国自然条件和经济发展水平不同，农业发展水平差别较大且各有特点。

1. 农业生产和科研情况。秘鲁农业生产条件较差，发展水平不高。秘鲁西部是集约式绿洲农业区，气候十分干燥，年降雨量不足50毫米，靠源自安第斯山脉的河水灌溉，是秘鲁最重要的农业区；中部山岳地带粮食产量较低，属传统农业区；东部为林地农业区，农业开发水平更为落后。秘鲁渔业较为发达，鱼粉和鱼罐头产量分别位居世界第一位和第二位。针对本国干燥少雨的自然条件，秘鲁农业科研部门积极进行秸秆还田和免耕技术的研究和推广，并致力于消化和改造从以色列引进的节水灌溉技术和设备，大大降低了滴灌成本（相当于我国的1/4左右）。同时，秘鲁农业部门注意发挥其种质资源优势，积极培育和推广玉米、土豆和杂粮新品种，发展羊驼生产。但秘鲁农业研究总体水平不高，科研设备陈旧，手段落后，比如育种，仍采用常规方法，很少涉及生物技术等领域。

智利农业发展水平相对较高,但也明显呈现传统农业和现代农业并存的二元格局。智利北部是渔业和矿产基地,中部是粮食、水果和花卉的主产区,南部以畜牧林业为主。智利政府十分注重发挥自身的比较优势,大力发展出口创汇农业。在进口粮食的同时,大力扶植水果和渔业生产,积极引进和开发国际市场需要的新产品。如20世纪90年代前后,智利从国外引进了猕猴桃和鲑鱼,现在这两种产品已成为智利重要的出口农产品。目前,智利已成为世界第一大水果出口国、第二大鱼粉出口国。90年代以来,智利水果出口量每年为150万吨左右,销往70多个国家。1999年,智利水果出口创汇额达到15亿美元,其中40%是鲜食葡萄。

在农业发展中,智利特别重视农业科学技术的发展,千方百计引进先进技术和培养科技人才,并与欧美许多农业科研单位保持了长期的交流合作。同秘鲁一样,智利十分重视农业应用技术的研究和推广,尤其是水果和蔬菜新技术的推广和应用,在全国七个农业大区都设有国家级农业技术推广机构。此外,智利农产品加工业水平较高,尤其是水果加工和葡萄酒业较发达,技术主要来自欧美。

2. 农业机械化情况。随着农业和农村经济的发展,秘鲁、智利两国农业机械化也有较快的发展。但总体来讲,农业机械化水平较低。主要表现在三个方面:

一是农业机械化装备水平相对较低。秘鲁拥有的农机数量较少,全国仅有5000台拖拉机,收获机械很少。沿海地区机械化程度相对较高,中东部地区几乎全靠人工作业和部分畜力牵引的半机械化机具作业。智利农业机械化水平高于秘鲁,小麦、玉米、水果的机械化水平较高,水稻的机械化水平较低,种植主要靠人工作业,机械化收获水平为30%。全国约有4万台拖拉机、4000台联合收割机,拖拉机年销售量为2000台左右,联合收割机的年销售量为30~40台。

二是几乎没有农机研究和制造业,农业机械主要依赖进口。秘鲁、智利两国没有农业机械的专门研究机构,农业大学的农业工程系,仅负责农业机械化专业人才的培养。两国使用的拖拉机、联合收割机及农产品加工机械大部分从美国、欧洲、巴西、阿根廷等国进口。1993年,我国上海拖拉机内燃机集团公司曾向秘鲁出口过4000台大中型拖拉机,但由于山区适应性和零部件供应方面的问题,我国始终没有真正打开该国的农机市场。此外,秘鲁还从我国引进过脱粒机、水泵、轧花机等农业机械。秘鲁国内没有农机生产企业,智利国内仅生产喷雾机等小型机具及部分农机零部件,而且制造水平比较低。代表团参观的智利帕拉德(PARADA)喷雾机生产厂,有50多年的历史,约占智利国内喷雾机市场份额的80%,部分产品还可出口,但其加工设备比较落后,没有生产线,机器组装基本上是以手工作业为主,属于作坊式的企业。

三是没有促进农业机械化发展的政策和法规。秘鲁、智利两国农业机械化的管理体系都不健全,没有农业机械的实验鉴定和技术推广体系,也没有保障和促进农机化发展的政策和法规。

三、体会与建议

秘鲁和智利是拉美地区重要的国家,加强与秘鲁、智利等拉美国家的农业交流与合作,符合我国实施"走出去战略"的要求。秘鲁、智利两国经济和农业发展水平不同,各有特点,在拉美地区具有一定的代表性,农业合作与交流有较大潜力。主要体会和建议有以下几点:

(一)继续实施"走出去战略",加强与秘鲁、智利等拉美国家在农业尤其是农业机械化方面的合作与交流。秘鲁、智利两国在农业生产方面与我国有较大的相似性,我国生产的许多农业机械,如高性能大马力拖拉机、旱作节水机具、收获机械、田园管理机、山地小型机械等都能满足两国要求,且价格较低,与欧美的农机产品相比具有较大的竞争优势。而且,秘鲁、智利两国农业土地经营规模相对较大,易于机械化耕作。两国高层官员和专家已普遍认识到只有不断提高农业机械化水平,才能降低农业生产成本,提高本国农产品在国际市场上的竞争力。同时,两国农业部门对与我国在农业机械化方面合作也有较高的积极性。因此,为加强与秘鲁、智利两国的合作,扩大我国农机行业在拉美地区的影响,应当开展以下工作:

1. 在扩大政府间交流与合作的同时,结合秘鲁、智利等国的需求特点,有针对性地组织和引导农机企业的产品出口,尤其是大马力拖拉机、联合收割机、田园管理机、节水灌溉机具、山地小型机具的出口。

2. 加强出口农机产品的质量把关,树立我国农机产品在国际市场上的良好形象。引导企业加强售后服务工作,尤其要做好零部件供应和培训工作。

3. 鼓励有条件的企业在秘鲁、智利建立示范区,使我国的农业生产技术、农机化新技术、新机具相互配合,扩大我国产品和技术的影响力。

(二)加强我国与秘鲁、智利两国农业种质资源的交流。秘鲁是玉米、马铃薯和羊驼的原产地,种质资源丰富。近年来,秘鲁农业科研部门在开发旱地杂粮作物方面开展了卓有成效的工作。智利水果业发达,在品种选育方面有一定的优势。加强我国与秘鲁、智利两国农业种质资源的交流,不仅能丰富我国的农业种质资源,而且有利于促进我国旱地农业的开发和水果生产的进一步发展。

(三)扩大我国与秘鲁、智利两国在农业科技领域的合作与交流。在两国政府的努力下,秘鲁、智利两国尤其是智利的农业科技得到了较大发展。秘鲁的节水农业技术,智利的农业区划、水果生产产业化、新品种引进和开发等技术和经验值得我国借鉴。今后,可适当组织这些方面的考察和交流。另外,秘鲁、智利两国农业科学院都比较重视农业应用技术的研究,且与其他拉美国家和许多欧美国家的研究单位联系广泛。应当支持我国农业科研单位加强与秘鲁、智利两国农业科研部门在人员培训、技术和信息方面的交流与合作,鼓励建立合作计划。

(四)鼓励和支持乡镇企业到拉美国家投资开发。目前,我国乡镇企业许多产品具有较强的竞争力,而秘鲁、智利两国许多生活必需品都要靠进口。应当积极鼓励和支持乡镇企业尤其是民营企业到秘鲁、智利等拉美国家投资开发,也可吸引智利的葡萄酒企业到我国来投资建厂,参与中国的市场竞争。

赴秘鲁、智利农业考察团
团长:×××
团员:×× ××× ××

【评析】

这是一篇农业机械化考察报告。作者针对为我国农业机械行业实施"走出去战略"而进行秘鲁、智利农业生产和科研特别是农业机械化情况进行了考察,目的是在相关领域与两国交流与合作。

报告格式基本标准规范,内容完备充实,行文严谨有序,逻辑关系清楚。报告的第一部分扼要介绍了考察的时间、地点、对象、内容和主要收获。它概括了考察的情况,对读者阅读全文起到了引领的效果;考察的收获精练概括,抓住了关键和重点;考察的介绍安排合理，层次清楚，重点有序。

报告的第二部分介绍了两国农业生产和科研情况。着重从三方面说明了两国农业机械化情况，侧重分析了两国农业机械化进程中存在的问题，与主题相呼应。写法上具体、真实、客观，层层递进，行文紧凑。

报告的第三部分是关键，作者根据考察的情况，分三方面写了体会与建议，这是考察的主要目的。内容具体，提出的建议有针对性。从宏观而言，对我国农业机械行业实施"走出去战略"有重要指导意义；从微观而言，对我国农业机械行业实施"走出去战略"有可操作性。建议可供有关部门决策时参考。

由于该考察报告仅仅供有关部门使用，与考察报告标准不一定吻合，如没有写摘要和关键词，可以理解。有兴趣的同学可以补上摘要和关键词。

三、农业科技考察报告的写作要求

考察报告的写作，关键环节是做好考察准备、实施考察、整理分析考察资料等，其撰写要注意做到：①侧重于对考察对象的了解和认识；②侧重于探讨和揭示被考察现象与事实本质及其发展变化的规律，既要有切实的叙述和说明，又要有科学的议论和证明。

第三节　农业科技论文

一、农业科技论文概述

1. 农业科技论文的含义

科技论文，是一类论说文的总称。它是表述论证科学技术成果和阐述学术观点的论理性实用文体，一般运用概念、判断、推理、证明或反驳等逻辑思维手段，来分析、表达自然科学的理论和技术研究中所取得的创造性成果，是对科研成果进行总结、记录、存贮、交流和传播的有力手段。

农业科技论文是学术论文的一种，撰写农业科技论文是农业科学研究工作中不可缺少的组成部分，也是课题研究的最后一个程序。不论实验研究还是理论研究，不以文字的形式进行总结，就等于研究工作没有最后完成。同时，科技论文也是永久性的记录，在总结科研成果，进行学术交流中发挥重要作用。撰写农业科技论文，有助于锻炼逻辑思维能力，促进研究工作明朗化。因而，农业科技论文是用书面形式对创新性的科技研究成果所作的理论分析和总结。一篇好的农业科技论文必须达到三个方面的基本要求。

第一，内容的正确性。就是描述的农业科技内容，要有创见，要科学地反映人们对客观规律的正确认识。正确性是科技论文的生命。

第二，阐述的准确性。就是要思路清晰，论证严密，恰如其分，前后贯通，首尾一体。准确性是科技论文的精髓。

第三，表达的明确性。就是要用最简单、最浅显的语言，以最明了的方式表达深奥的内容，明确性恰如科技论文的仪容，让人一看就清晰可见。

2. 农业科技论文的作用

科技论文是随着现代科学技术的发展而逐步兴起的一种文体，同时它又对科学技术的繁荣、进步起着推动和促进作用。

第一，科技论文是科学研究的有机组成部分，是科学研究成果的总结和记录，是进行科学研究的基本手段。

第二，科技论文是科学技术信息生产、储存、交流、传播和普及的主要工具。它可以不受时间、地点的限制，运用起来最简便、最准确、最有效。

第三，科技论文是培养和造就专业人才的有效途径，是考察科技人员、大学生和研究生业务能力和学术水平的重要标尺。

第四，科技论文还是一个重要"窗口"，透过它可以看到一个国家的科学技术发展水平。

3. 农业科技论文的特点

(1) 科学性　农业科技论文的科学性包含两方面的含义：一是内容科学，二是表达科学。

① 内容科学的要求是真实、成熟、先进、可行。

a. 真实。要求科技论文的内容必须是客观存在的事实或实践检验的理论。论述和探讨的问题必须符合客观事物的发展规律，符合被实践证明的法则、公理。

b. 成熟。要求科技论文总结的成果或阐述的理论在相当长的时期能为生产的发展服务，在相同的条件下其成果能够推广使用，其理论能指导实践活动。

c. 先进。要求科技论文总结的成果具有当代科学技术的先进水平，是新的发现、新的技术、新的理论。

d. 可行。要求科技论文总结的成果在技术上行得通，办得到，不脱离实际，不是空想，有应用价值。

② 表达科学的要求是立论客观、论据充足、论证严密。

a. 立论要求作者不带有个人好恶偏见，不得主观臆造，必须从客观实际出发，引出符合实际的结论。

b. 论据要求作者周密观察、详细调查、认真实验。尽可能多地占有材料，以最充分、确实有力的事实作为立论的依据。

c. 论证要严密，从事实出发，以严格的逻辑推理导出结论，力戒不必要的议论。

(2) 创造性　创造是科学研究的生命，没有创造就没有科学。一篇论文如果是材料堆砌，现象罗列，复述别人已经取得的成果，提不出新见解，得不出新结论，哪怕文笔再优美，辞藻再华丽，也只能是人力、物力的浪费。英国《自然科学史》一书的作者斯蒂芬·梅森说："科学总要发展，并有新的发现……科学方法主要是发现新现象、制造新理论的一种手段……旧的科学理论就必然会不断地为新理论推翻。"美国科学史权威乔治·萨顿说："科学总是革命的和非正统的，这是它的本性，只有科学在睡大觉才不如此。"有才华的科技工作者，常常把精力用在独创上，他们在观察事物、思考问题、分析现象时，总是"求异存同"，以"求异"的眼光发现别人没有涉及过的问题，然后在综合别人认识的基础上进行创新。求异性是创造性的第一步，一切囿于别人的见解，不能发现问题，跳不出原来的的圈子，不善于思考分析，就不可能有突破，就谈不上创造。

(3) 综合性　现代科学，在学科划分越来越细的同时，又逐渐走向综合。不同学科之间的相互渗透、相互作用，边缘科学之间的有机结合，推动科学的发展，这是科学本身的发展规律。恩格斯早就指出："在分子科学和原子科学的接触点上，双方都宣称与自己无关，但是恰恰就在这一点上，可能取得最大的成果。"（《自然辩证法》）。现代生物学的研究活跃于分子、细胞、组织各层之间，而集中在分子水平上，在这个层次上，生物和化学相互渗透，成了两个基础学科相互联系的关节点。科学本身的综合性与科技论文的综合性有密切关系。现代科学高度分化又高度综合，学科之间相互依赖又相互渗透，科技工作者必须对同一领域或相近领域的各科知识有所涉猎，才能取得综合的条件，其论文才有突破的可能。控制论的创始人维纳说："到科学地图上的这些空白地区去作适当的勘察工作，只能由这样一群科学家来担任，他们每人都是自己领域的专家，但是每人对他的邻近领域有十分正确和熟悉的知识。"科技论文是科学本身发展的结晶，是科技工作者知识广度和综合能力的体现。

（4）通达性　科技论文有两种价值，一种是理论上的价值，一种是实用上的价值。一般而言，论文不论是偏重理论研究的，还是偏重实际应用的，都讲究通达性。若行文呆板、语句晦涩、结构松散，就会表达不清，失去许多本来应有的读者。因此，科技论文的写作，一定要通理达意，甚至考虑到读者的知识层次。在语言、结构、选题、立论中尽量照顾我国读者的思考习惯和阅读习惯。

4. 科技论文的种类

按写作目的和社会功能科技论文可分为学术论文和学位论文两类。

（1）学术论文　是科技人员从事科学研究工作取得成绩的体现，反映了各学科领域内最新的最前沿的科学技术水平和本学科发展的动向，对科技事业的发展和交流起积极作用。科学技术的新成果大部分都是以学术论文形式发表的。学术论文的篇幅一般较小，以5000～6000字为宜。

由于学术研究中采用的科研方法不同，用文字记载成果时的写作方法有别，学术论文又呈现三种类型。①实验型。以实验本身为研究对象，或者以实验作为主要研究手段而得出科研成果后所写出的学术论文。它实际上是一种有创造性的科研成果的实验报告。②观测型。通过对研究对象的反复细微的观察测量而有所发现的科技成果。其研究的主要方法是观测。此类论文要求描述精确、细致，善于抓住特点进行比较。一般没有复杂的论证和推理。③理论型。写作此类论文时，其研究对象是比较广泛的自然现象及这些现象之间的关系。研究的方法主要是数学推理、理论证明、综合考察等。它研究的成果主要是通过理论分析而获得。

（2）学位论文　学位论文是由各类高校毕业生或同等学力人员撰写的，作为提出申请授予相应学位时供评审用的论文。它是考核申请者能否授予学位的关键。

学位论文分为学士、硕士、博士三级。

① 学士论文。应能表明作者确已较好地掌握本门学科的基础理论、专门知识和基本技能；具有从事科学研究工作或担负专门技术工作的初步能力。

② 硕士论文。掌握坚实的基础理论和系统的专门知识；具有从事科学研究工作或独立担负专门技术工作的能力。

③ 博士论文。应能表明作者确已在本门学科上掌握坚实宽广的基础理论和系统深入的专门知识，具有独立从事科学研究工作的能力；在科学或专门技术上做出创造性的成果。

学年论文、毕业论文也可归入学位类论文。学士论文就是本科毕业生写得符合要求的毕业论文。学位论文历来受到科技人员的重视。国际图书情报工作中，都把学位论文作为重要文献之一加以收集。

学位论文篇幅不受过多限制。一般学士论文在8千字左右；硕士论文在5万字左右；博士论文在5万字以上，甚至有长达10万多字到20万字的。

二、农业科技论文的规范格式

随着科学技术的飞速发展，科技论文大量的出现，越来越要求论文的作者以最明确、最容易理解的形式来表达研究过程和研究成果。于是在实践中就逐步形成了科技论文写作较固定的一些格式。常见的有基本型、标准型、通用型三种。

1. 基本型

"绪论—本论—结论"三段式为论文格式的基本型。

（1）绪论　绪论又称"引论"、"导论"，是引出正文的"开场白"，是用以说明论文的主题、目的和总纲，起定向引导作用。绪论要紧紧围绕课题，用简洁的文字，开门见山地说明。不能自吹自擂或贬低别人，切忌空话、套话。绪论的内容主要包括：

①说明课题的由来、目的、目标、范围以及其研究的价值和意义。

②阐明与课题相关的历史背景、前人研究的成果及评价以及相关领域的知识空白。

③写明课题的研究方法和实验设计，理论基础和实验依据等。

④点明获得的研究结果和结论。

（2）本论　本论是论文的主体，是表达研究成果的核心部分。它反映了论文所建立的学术理论，采用的技术路线和研究方法所达到的水平，是作者学术水平和创造才能的集中表现，决定着论文的水平和价值。本论的内容一般包括理论分析、研究方法和手段、研究结果的分析比较、结果的讨论四部分。

①理论分析。这是对所做的假定及合理性进行理论论证，对研究的结果进行理论上的论证，以及对于分析方法所做的理论说明。

②研究方法和手段。具体阐述实验方法、实验过程和操作上应注意的事项。写作本部分时要突出重点，只写关键性步骤。要说明实验原材料及其制备方法，化学成分的物理性能，所用设备、装置、仪器等。

③研究结果的分析比较。这是论文的心脏部分。其内容主要是对实验结果作定量或定性分析，说明其必然性；从结果中引出必然的和必要的结论或推论，并说明其适用范围；与理论计算的结果加以比较，检验理论分析部分的正确性。

④结果的讨论。这是作者根据自己的实验结果发挥自己见解的部分。目的在于阐述研究和实验结果的意义。这一部分要对所进行的研究和观察所得的全部材料，包括文献材料，经过归纳、概括和探讨，阐述事物的内在联系和客观规律，进行理论上的论证。

（3）结论　结论是围绕本论所作的结语。它是以结果和讨论为前提，经过严密的逻辑推理所作出的总判断、总评价，是整个研究过程的结晶，在全篇论文中起画龙点睛的作用。其内容主要包括以下3个方面。

①本文研究结果说明了什么问题，得出了什么规律，解决了什么理论或实际问题。

②对前人有关本问题的看法做了哪些检验，哪些与本研究结果一致，哪些不一致，本人做了哪些修改、补充、发展、证明或否认。

③本文研究的不足之处，或遗留未解决的问题，以及对解决这些问题的可能的关键点和今后研究方向等。

结论的写作，要抓住本质，突出重点；讲究措词严谨，逻辑严密；文字要精练，不能模棱两可、含糊其辞、言过其实。结论的语句，要像法律条文一样，斩钉截铁，只能作一种解释，对一些尚不能完全肯定的内容，在措词上要留有余地。

2. 标准型

为了统一科技论文的撰写和编辑格式，我国 1987 年公布了国家标准 GB 7713—87《科学技术报告、学位论文和学术论文的书写格式》。按此格式写作，便于作者整理材料，比较完善的表达研究成果，也便于读者理解。根据规定，科技论文由前置部分、主体部分、附录部分、结尾部分及下属若干个项目组成。在科技论文撰写的过程中，无论上述各个项目如何取舍、合并、分开，以及各项目的具体写法如何，都超脱不了标准型的基本框架，其基本框架如下所示。

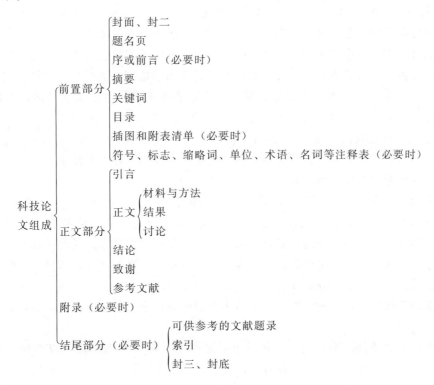

3. 通用型

农业科技论文格式的通用型，一般有 10 个项目，包括标题、作者及单位、摘要、关键词、前言、正文、结论、致谢、参考文献、附录。

（1）标题　题名又称题目、文题。它是论文的眼睛，是论文内容的高度概括。它用简洁的文字告诉读者论文所要阐述的是什么问题，使人一目了然。人们阅读论文，总是先看标题，然后决定是否阅读全文。题录、索引等二次文献大多只列举题名和出处。所以，论文题目既要概括全文，标明特点，又能引人注目，便于记忆。

① 标题的作用。

a. 吸引读者。标题相当于论文的标签，一般的读者通常是根据标题来考虑是否需要阅读摘要或全文。好的标题，能使读者透过标题窥视论文的全貌，从而判断文章是否有可读性。

b. 帮助文献追踪或检索。科技论文的标题，不仅是供读者窥见全文的窗口，而且是目录、索引等第二次文献的重要著录内容，是读者检索本论文的主要标示。科技论文的标题首先要能准确地反映论文的核心内容，为检索提供必要的信息量；其次文献检索系统多以标题中的主题词作为线索，因而这些词必须能准确地反映论文的核心内容，否则就有可能产生漏检。

②撰写标题的要求。

a. 要准确。标题要准确地反映论文的中心内容，作为论文的"标签"，标题既不能过于空泛和一般化，也不能过于繁琐，给人留不下鲜明的印象。标题要恰如其分的反映研究的内容，深度和范围。标题就是文章的名字，是作者表达特定的内容，反映研究范围、表明研究态度的最鲜明、最精练的概括，也是最恰当、最简明、最贴切的逻辑组合，因此标题要准确、符合全文的中心思想。科技论文一般是以研究对象、研究目的和研究结果为题。

b. 要简洁。标题应当言简意赅，以最少的文字概括尽可能多的内容，遣词造句符合写作要求。科技论文的标题，是最恰当、最简明的词语组合，含义要十分明确，语言要十分精练，要达到多一字显有余，少一字嫌不足的境界，起到画龙点睛、恰到好处的作用。标题不能用比喻、含蓄、夸张等修辞手法；标题中不轻易使用缩略词、缩写词、字符、代号等；中外文、标点符号也尽量少用，在能把意思表达清楚的前提下，力求文字简洁，题名越短越好。一般标题字数不宜过多，通常不超过20字，外文标题不超过10个实词。

c. 要清楚。标题要清晰地反映文章的具体内容和特色，明确表明研究工作的独到之处，也应力求简洁有效、重点突出。为表达直接、清楚，以便引起读者的注意，应尽可能地将表达核心内容的主题词发放在标题开头。

d. 标题要鲜明质朴，名副其实，具有新意，能引人入胜。

e. 标题要层次分明，体例规范。如果文章需要多个标题。则可以有一个正标题，然后再根据内容的需要，使用副标题。副标题的作用，一方面可以改造太长的正标题，把长标题中的一部分内容抽出来作为副标题；另一方面可以对正标题进行补充，解释和说明，副标题通常用破折号表示。如果是分篇发表的统一课题的系列性研究论文，一般用系统的研究总对象或结果作为正标题，用子系统的对象或结果为副标题，副标题前不用破折号，而用罗马数字为序号。

f. 标题中要慎重使用缩略语，尤其对于可能有多个解释的缩略语，应严加限制，必要时应在括号内注明全称。对那些全称较长，已得到科技界公认的缩写才可以使用，并且这种使用还受到相应期刊读者群的制约。

g. 为方便二次检索，标题中应避免使用化学式、上下角标、特殊符号（数字符号、希腊字母）、公式、不常用的专业术语和非英语词汇（包括拉丁语）等。有些文体指南和作者须知中还特别规定标题中不得使用专利名、化工产品、药品、材料或仪器公司名、特殊商业标记或商标等。

③拟定标题的注意事项。

a. 切忌文不对题，词不达意，因为标题往往就是主题，或者是提示关系，或者是导引关系，必须反映文章的中心思想。

b. 切忌大题小做，有些标题定的很大，其实内容只是其中的一个方面。

c. 切忌故意拔高，瞒天过海，有些论文标题为使用××××的突破，××××机理的研究，××××规律的探讨等，而原文只是做了一些常规的数据研究或指标检测等。

d. 切忌怪僻生疏，云里雾里，有些文章的标题让外行人看不懂，让内行人看不明白，故弄玄虚。

(2) 作者及单位　1990年我国颁布了《中华人民共和国著作权法》，2010年修订，从法律上保证作者享有发表权、署名权、修改权、保护产品完整权以及使用和获得报酬权五方面的人身和财产权。著作权包含两方面的内容:一方面为注重作者依法享有发表权、署名权、修改权、保护作品完整权、信息网络传播权、汇编权、转载权和摘编权、获得报酬权等多项权利,另一方面为注意维护期刊社依法享有的汇编作品著作权、首发权、修改权和版式设计权等权利。署名权是受法律保护的一项重要的著作人身权,具有不可转让性、永久性和不可剥夺等特点。署名包括作者姓名和作者单位等信息,作者是论文的责任者,一般写在标题的下方,单位是作者进行研究或工作的单位,写在作者下方。

① 署名的原则。

第一,坚持实事求是、杜绝弄虚作假。科技论文的署名作者必须参与了本课题的调研选题、方案制订、研究实验、论文撰写等全部或部分工作,是直接参加或主要负责人,或者是做出了主要贡献并了解论文报告的全部内容,能对全部内容负责解答的人,是著作的版权者,研究成果的占有者,文章责任的承担者。科技论文的署名,同整个科研工作,乃至论文写作一样,关系到作者的科学素养和科学道德水平,不能为了主任评职称,或者照顾领导的情面,在论文中挂很多人,甚至将他(她)们排在参与研究的人员的前面。在专业学术会议上就发现第一作者进行发言时,照本宣科,念都出错,甚至一问三不知,就属于这种不良情况。

第二,坚持按贡献大小排名。科学研究论文合作现象的增多是当今学术界的一大特征,体现了科学交流与合作范围不断扩大的趋势,署名的先后,直接表示科研工作者在科研成果上贡献大小,也关联到参与研究人员应得的荣誉与报酬的分配比例。所以,如果是一个团队合作的课题则集体署名,署名先后顺序按贡献大小排定;如果是个人完成则只署个人名字;如果只是在研究中给予了一些帮助,可以用备注的方法,或者在致谢部分——肯定他们所作的贡献和给予的帮助,但不能作为作者署名。

第三,坚持信息准确清楚。科技论文的作者,其所披露的信息包括真实姓名、工作单位、从事的专业、所在省、市(地区)、邮政编码等信息必须清楚准确,否则作者难以对文章负责,或者编辑很难找到作者,或者读者不便于联系作者。

② 署名的方式。凡是直接参加本论文的全部或主要研究工作、作出主要贡献、能对论文负责的人都应该署名。个人的研究成果,个人署名,一般要用真实姓名,不用笔名。集体研究的课题,应分贡献大小,先后列名;不应按职务高低、资历新老、分工不同来排列。只参加过计划讨论或某些具体工作,对全面工作缺乏了解者不应署名,可以列在附注或后记中明确其贡献和责任,或写入致谢中。

作者应写明所在单位的全称和地址、电话号码,邮政编码等,有些还需要提供作者的简历,如出生年月、专业职称、研究方向、主要著作等。每位作者的姓名都要对应其工作的单位,有时用数字表示。

多位作者在同一单位的,表述方法如下。

江苏抗水稻条纹叶枯病育种策略

潘学彪,梁国华,陈宗祥,张亚芳

(扬州大学/江苏省植物功能基因组重点实验室,江苏扬州 225009)

多位作者在不同单位的,表述如下。

小菜蛾抗杀螟丹生理机制的研究

于光[1],程罗根[2],陈之浩[3]

(1. 南京中医药大学基础医学院,江苏南京 210046

2. 南京师范大学，江苏南京　210097

3. 贵州省农业科学院，贵州贵阳　550006）

多位作者不在同一单位的，但排序出现交叉的，表述如下。

江苏省杂交中粳与常规中粳产量要素比较

黄胜东[1]，谷福林[1]，苏志强[1]，吉建安[2]，张美娟[1]

（1. 江苏省农业科学院粮食作物研究所，江苏南京，210014；2. 江苏省种子管理站，江苏南京，210009）

（3）摘要　摘要又称提要，是论文内容客观的描述，是论文内容不加注解和评论的概括，具有独立性，自明性，与正文有同等的信息量。

摘要的内容主要包括以下几个方面。①研究本课题的前提、背景、目的、任务、范围和重要性，研究对象的特征，与其他学者研究的不同点，研究背景指对起源，发展和现状的描述。②研究内容与所用原理、理论，手段和方法。研究的方法包括所用仪器设备，研究对象和方案，所用原理、定理、数理分析方法，条件、对象、材料、工艺、结构、手段、装备、程序，效果评价标准等。③主要结果与成果的意义，实用价值和应用范围。研究结果应包括观察及研究的结果、数据，被确定的关系，调查、检测、统计分析后得到的效果及性能，推理及论证结果，观察结果等。④一般的结论和今后研究方向与课题结论。应包括结果的分析、研究、比较、应用，提出的问题，有待进一步研究的内容。

虽然在实际写作中并不要求每篇论文的摘要都要具备以上4个方面，但是研究对象和研究结果是必不可少的。外文摘要的写作要求与中文摘要是一致的。外文摘要一般写在中文摘要后面，也可以附在正文后面。

① 摘要的作用。摘要是对论文内容的不加注解和评论的概括性陈述，它可以节约读者的时间，使其尽快了解文章的主要内容，同时还可满足二次文献工作的需要，供编制文摘时引用，这样可以有效地提高信息交流的效率，方便读者的选择，也为文献检索提供方便。

② 摘要的写作特点及要求。摘要在写作上有四大特点：短、精、完整、不加评论。体现在写作上就有以下具体要求。

首先，摘要要求篇幅短、字数少。摘要的长短与论文的长短，复杂程度有关。如果论文不长，内容单纯，可采用指标性文摘的写法。即只用一，两句话对研究对象和结果做简略的介绍。如果论文较长，内容比较复杂，则采用报道性文摘或资料性文摘的写法，即用一段话将论文的创新性内容做较详细的说明，提供较多的定量或定性的信息。因而写摘要时要字字推敲，做到"多一字则无必要，少一字则嫌不足"。中文摘要最短的10多个字，长的300～500字，一般摘要的字数应为正文的5％～10％，外文摘要不宜超过250个实词。

其次，摘要的内容要精练，应囊括论文的精华。由于摘要是全文的高度浓缩，代表着原文的中心思想，与原文核心信息量等同。因而在写作上既不能脱离原文写摘要，也不能按照摘要修改原文。

第三，文字要精练、完整，格式要规范。摘要是可以独立成篇，供文摘杂志和情报人员编写文字卡片直接采用的，因而要求正确，精练，具体。一方面要把关键的步骤、方法、数据和结论等交代清楚完整，使其语意连贯，独立成文；另一方面也要求摘要中尽量不采用图、表、化学式，一般只用标准科学术语和命令。如果必须采用非标准术语，缩写词，首字母缩写字、符号等，均应在第一次出现时给出定义和说明。

第四，不加评论，仅对论文内容作如实介绍。摘要应避免用第一人称主观语气，而应采用第三人称的客观语气进行阐述，不对论文观点进行评价，更不能自封"世界首创"、"达到了国际最高水平"等，切忌夸张和广告式宣传。避免含混不清的描述，而应尽量给出可比的数据。

英文摘要作为科技论文的重要组成部分，有其特殊的意义和作用，它是国际知识传播、学术交流与合作的桥梁与媒介，尤其是目前国际上各主要检索机构的数据库对英文摘要的依赖性很强。因此，好的英文摘要对于增加期刊和论文被检索和引用的机会，吸引读者，扩大影响起着不可忽视的作用。

科技论文一般需附英文摘要，通常是将中文标题（Topic），作者［Author（s）］，中文摘要（Abstract）及关键词（Keywords）译为英文。英文摘要的编写实质上是一个汉译英的问题，它涉及英文基本功、中文素养、专业英语以及对论述内容和术语的理解。

写作英文摘要时用词简练，准确；句子要完整，清晰，简洁；时态为过去时，不用第一人称，多用被动语态；方法和结果中强调统计方法及数据。同时英文摘要的写作，应按中华人民共和国国家标准（GB 6447—86）"文摘撰写规则"和各期刊提出的要求来编写。

（4）关键词 关键词又称说明词，索引术语，是把论文中起关键作用的、最能说明问题的、代表论文内容特征或最有意义的单词或术语选出来，用以表示某一个信息数目，以便存入情报信息检索系统的存储器，供检索之用。科技论文的关键词是从其标题，或副标题和正文中选出来的，能反映论文主题概念的词或词组。

关键词分叙词和自由词两种。叙词为主题词表上所选用的主题词，指收入《汉语主题词表》、《医学主题词表（MESH）》等词表中可用于标引文献主题概念的经过规范化的词或词组，自由词又称补充词，反映该论文主题中的新技术，新学科以及尚未被主题词表收录的新产生的名词术语或在叙词表中找不到的词。

关键词是为了适应计算机检索的需要而提出来的，作者发表的论文不标注关键词，文献数据库就不会收录此类文章，读者就检索不到，关键词选的是否恰当，关系到论文能否被检索到以及成果的利用率。

① 关键词的作用。关键词主要是用于编制索引或帮助读者检索文献或用于计算机检索或其他二次文献检索。

② 关键词写作要求。一篇科技论文可选用3～5个关键词，多的可到七八个，一般是将它们依次逐个排列在摘要之下，另起行书写。关键词应尽量选用《汉语主题词表》等有关材料中提供的规范词，并标注英文对照，以利于国际交流与检索。选择关键词的关键在于从论文中选出的词或词组，真正能代表论文中心内容，真正能反映论文的主旨。关键词要精而又精，一般而言，一些名词，动词及词组均可作为关键词，如自然科学及科学技术名词、科学技术性动词，科学技术的方法，技术性词组，专有名词，物品名称，产品型号，专业术语等均可作为关键词。

③ 关键词的选定方法。认真对论文主题进行分析，弄清主题概念和中心内容，尽可能从标题、摘要、层次标题和正文的重要段落中抽出有实质意义的能表达文章主题内容的词或词组。选词要准确精练，同义词、近义词不要并列为关键词。有机化合物一般以基本结构的名称做关键词。表示取代基位置和立体异构现象的词冠可省略。化学分子式不能做关键词。关键词用语要规范统一，要体现该学科的名称和专业术语。有英文摘要的论文，应在英文摘要的下方著录与中文关键词相对应的英文关键词（Keywords），且中英文关键词的数量和意义应一致。

（5）前言　前言也称绪论、引言、导论、序言等，是论文整体的组成部分，排在文章正文的前面。它与排在一部论著前面的序或序言不同，前言是论文的引子，主要说明为什么进行研究，简明介绍研究工作的目的，范围，相关领域中前人的工作和知识空白、理论基础、研究设想和方法、实验设计、到期结果和意义等。

① 前言的作用。

首先，起着开场白的作用。是全文的铺垫，过渡和引导，引出为什么要写这篇文章，与课题相关问题的争论，或者存在问题的总体情况，或者前人在本领域研究的历史与总结等，帮助读者产生阅读本篇论文的兴趣和下文自然的过渡。

其次，起着窗口的作用。使读者大致了解论文研究的背景、目的、内容、重点、范围、过程等，比如向作者介绍该论文属什么领域的课题，为何拟定这个课题，拟解决什么问题，解决后可在学术上、生产实践上起什么作用等。

第三，起承上启下作用。通过前言引出正文，使文章很自然从宏观、全面的角度过渡到本课题所研究的某一点上。

第四，起着说明和解释的作用。因为科技论文有很强的专业性，涉及许多专业术语、专有名词、专业概念、缩写语等，甚至有些词语可能是作者首次提出的，则需要在前言中进行解释和说明，而不必留到正文。

② 前言的内容。

a. 研究的缘由。说明研究本课题的理由，前人的探讨有哪些成果，存在什么问题和争论，是否具备进一步研究的条件等，这是前言最重要的内容。

b. 阐明研究的任务、研究的主题、理论依据和设备基础等，即作者打算怎样进一步研究所存在的问题，并说明研究的方法，研究的理论和实验根据是什么，采用什么方法和途径，可能存在的问题和解决的办法。必要时，还应对采用的方法和使用的概念、术语做出解释和说明。

c. 研究的预期目的。简要且概括的介绍预期或者已经获得的研究结果和结论。

③ 前言写作要求。

a. 要简明扼要，短小精悍。比较短的论文只要用一小段文字作简略的说明，不用"引言"或"前言"两字。前言中说明背景，介绍前人研究情况时，不要引用前人论文的篇名和原话，只需用自己的话概括说明，在说明文字的右上角用方括号注上序号，在文末注明出处。前言一般只写二、三百字。

b. 要重点突出，主次分明。前言只需要把文章的背景和相关内容交代清楚即可，不要把应该放在正文的内容提前到前言，也不要把在摘要中已经说的话再进行重复或解释，要分清主次，突出重点。

c. 要叙述清楚，文字严谨。

d. 注意前言的特点。首先注意前言不要与摘要的语句雷同或成为摘要的解释；不要过多的重复众所周知的基本理论；不要推导早已熟悉的基本公式；也不要写人所共知，显而易见的专业理论；更不要加入与研究主题无关的内容；不要使用一些套话；也不要故意拔高自己的研究水平，使用本研究"达到了国际水平""填补了国内空白""国内领先"等词句。

④ 前言的写作方法。前言的写作方法较多，有表明目的开头法，点明主题开头法，提示纲目开头法，开门见山开头法，交代背景开头法，明确范围开头法，强调重要性开头法，提问式开头法，定义式开头法等。

总之前言只是说明为什么研究,预期达到什么目的,为正文的论述奠定某些基础。

(6) 正文　正文又称主体、主干,是农业科技论文的主体部分,占有绝大部分篇幅。

① 正文的作用。

正文主要是说明怎样研究、研究取得了什么结果。在前言中提出问题,在正文中运用材料去分析问题和解决问题。正文是作者理论水平、学术水平、科研水平和创新才能的具体体现,它决定着论文的成败和论文水平的高低。

② 正文写作要求。

a. 主题清晰,重点突出。一定要紧扣主题,根据主题的需要将收集到的各种材料、实验的数据进行筛选、分析、比较,对实验材料进行严密的计算和准确的推理,论证突出重点。

b. 层次分明,论证严密。正文要站在一定的理论高度,把所有的材料和数据有机的组织在一起,运用已知的理论进行分析、综合、抽象、概括和严密的逻辑推理,从材料中凝结出结论,这不仅要求材料充分可靠,而且要求有扎实的文字组织功底,更要有较强的逻辑思维能力和开放的思想。

c. 真实可靠,科学合理。科技论文中的所有材料必须真实可靠,必须有科学依据和出处,实验要具有重复性,实验路线要优化,实验原理要适用,计算公式要相符,对那些特殊的现象或与观点不一致的材料(如离散太大的数据)要做适当的说明,不能解释的材料应该有交代,观点要中肯,重要问题不轻宜下结论,不同的观点不要武断的否定,要正视自己研究中存在的问题,并给予实事求是的说明。

d. 格式正确,数据准确,语言流畅,图表规范。全文都必须符合科技论文要求的格式规范,不能缺东少西。语言文字一定要简练,图表按照规范要求绘制,尤其要注意图表的标号与名称是否齐全,图表中应该有的实验条件是否备注。

e. 有研究成果,结论有创新,科技论文就是要解决一个实际问题,或者取得科研成果,或者形成一个新的专业观点等,因此,正文内容应突出一个新字,具有首创性。

③ 正文的内容。论文的重要内容和"创造性"主要在这一部分表达出来,通常将该部分内容分成二项或三项来写,主要包含以下内容。

a. 实验部分包括实验材料与装置,实验过程(研究方法、实验方法、操作步骤以及实验时间、地点等)。目的是说明实验结果的科学性,以便为同行进行同样的实验提供依据。

b. 实验结果(或观察结果)是论文的中心内容,也是论文的科学价值所在。要避免将所有实验数据都罗列在正文中,应主要对实验得到的数据进行分析、论证,可以用统计的方法加以说明。

c. 所得的结果和数据(或照片),应经过适当处理(如数据处理、误差分析)后,绘制成表格、插图或版图然后加以说明。

d. 结果的讨论也可与实验结果一起写,也可分开写。目的是阐述实验结果的意义,讨论与前人所得结果不同的原因,实事求是地加以评论,指出仍然存在的问题和今后努力的方向。

(7) 结论　结论是理论分析和实验结果的逻辑发展,是对全文的总体概括,是全篇论文的精髓所在,具有相对的独立性。结论是在概括、判断后,以观察或实验结果为依据,提出新发现、新见解或新理论;而且对于农业科技论文,还应提出应用与推广的建议。

① 结论的作用。

a. 具有画龙点睛的作用。结论是整个研究过程的结晶，是全篇的精髓，通过结论，读者能够十分清楚的得知论文的全部观点，创新之处和关键结果。

b. 具有前呼后应的作用。前言中提出了问题，正文进行了研究，结论应给予肯定的回答，解决了什么问题；前言中提出了论文的宗旨和目的，结论进行总结：研究出了什么成果，还存在哪些问题，后面还有哪些问题有待于进一步去解决，前言中总结了前人的研究和历史背景，结论应说明本人的研究做了哪些改进，有哪些进步，或者修改了哪些前人的观点、理论，推翻了哪些已经有的结论，有什么创新等。

c. 具有总结提高的作用。结论不是前面章节部分小结的简单重复，而是完整、准确、有所提高的理论升华，它经过了一个去粗取精、由表及里、由上至下、由具体到抽象、由实践到理论的提炼过程。它以正文为基础，但比正文更精练、更明确、更集中、更典型、更有价值。因此，它来源于正文但高于正文、来源于感性知识但上升到了理论知识，是一个认识的飞跃过程，完成了一次理论的升华。

d. 具有学术讨论的作用。因为受客观条件（资金、实验设备、研究团队人员力量、制造水平、稀有原材料等）和主观条件（个人水平、科研能力、研究时间等）的限制，有些研究只是进行了一部分，或者阶段性的取得了成果，很可能得不出应有的结论，在结论中可进行必要的讨论，或提出存在的问题、建议、设想或提出进一步研究的主要事项，或展望市场发展的前景。

② 结论的写作要求。结论一般包括结果和建议两部分，也有的论文只有结论（或结束语），是文章的结尾。在写作上的要求有以下几点。

a. 高度概括，十分准确。结论既不是观察和实验结果的罗列，也不是正文讨论部分的各种意见的简单合并和重复，而是经过充分论证、准确无误的观点，对于在研究中尚不足以导出结论的不能写入；虽然是符合正文宗旨的观点，但做了较少的研究工作而故意拔高得出的结论不能写入。

b. 条理清楚，语言简洁。有些论文除结论之外，还有建议和说明，建议是提出下一步研究设想，技术的改进方案或解决遗留问题的办法；说明是介绍推广的范围和可能性，提出结论局限性及不足之处。无论建议还是说明，均要条理清楚，不夸大、不缩小，符合逻辑。使文章的结尾简洁，结构紧凑，干净利落。

c. 文字要精练，结论要严谨。结论的语句要十分肯定或否定，用语要明确，不要用"大概"、"可能"、"或许"之类的模糊性词语。解决了什么问题，得出了什么规律，存在什么问题，应该明确的作出回答。写结论时，为了使其更加严谨化，可以用别人已有的结论、方法作进一步验证。结论中可以引用一些关键的数字，但不宜过多，不要在结论中重复讨论细节，不要评述有争议的各种观点。

（8）致谢　一项科研成果的取得，一篇科技论文的写成，必然会得到多方的帮助。对曾给予自己以指导和帮助的前辈、同事、朋友以及提供方便和支持的部门，都应充分肯定他们的劳动，并致以谢意，这并非完全出于礼貌和客套，而是讲究科学道德，自尊，自爱，尊重合作者劳动的表现。致谢一般至于正文之后，另起一行。对于工作量比较大、内容比较多的科技专著、学位论文、毕业设计说明书等必须要有致谢，而且致谢提供的信息对读者判断论文的写作过程和科学价值也有一定的参考，但较小的科技论文致谢可以省略。

致谢的写作要求有以下几点。

① 致谢对象要列清楚。致谢对象包括除作者以外所有对研究工作和论文写作有过帮助

的人，如导师，给予论文意见的专家（教授）；帮助搜集和整理过资料者；对研究工作和论文写作提出建议者；为研究工作提供了便利条件者（实验员）；同意转载和引用重要资料、图片、文献的所有者；协助绘制插图者；资助研究工作的基金会和合作单位等。

② 致谢原因要明了。致谢原因包括在什么阶段、什么问题上以及给予了什么帮助（学术上、工作上、经济上、物质上）。如对本文的修改提供过宝贵意见，对本文初稿进行了审阅并提出了宝贵意见，帮助解决了研究经费，帮助提供了研究设备仪器，在实验过程中帮助准备了条件和协助进行了实验等。

③ 致谢语言要恰当，尤其对专家权威，措辞要恰如其分；致谢文字要精练简洁，不要用大量篇幅罗列无关紧要的事情；致谢态度要端正诚恳，实事求是，不要为了抬高论文的身价而对事实上并未审阅或指导论文的名家表示感谢。

（9）参考文献　参考文献是科技论文的重要组成部分，要注明被引用的理论、观点、方法、数据的来源具有继承性、真实性、准确性、限制性等特点。一方面反映论文的真实科学依据，另一方面也表明学科的继承性和作者对他人劳动成果的尊重，为编辑部、审稿专家和读者提供了鉴别论文价值水平的重要信息。参考文献表中列出作者直接阅读过的、主要的、发表在正式刊物上文献。

① 参考文献的种类。论文的参考文献有两种，一种是论文中直接引用过的参考文献，一种是作者推荐的可供参考的文献，后者应放在"附录"部分。

论文中直接引用过的参考文献包括常规性参考文献资料和特殊性参考文献资料，前者主要有期刊、书籍、工具书、会议记录、资料汇编、技术报告、专利、档案资料和学位论文等；后者主要有新闻、报刊、电视节目解说词、私人通信、录音（像）带和 VCD 等。

② 参考文献的作用。其一，指出作者引用他人观点和研究成果的出处，反映了真实的科学依据；其二，便于读者据此进行追踪查阅原文，进行广泛讨论；其三，反映作者对本课题研究的深度和广度；其四，有助于提供科学论证依据和科学研究方法；其五，有助于扩展研究的范围和领域。

③ 参考文献的著录。

a. 科技论文中凡引用他人的实验结果、结论、原理、概念、公式、学说等均应注明出处，在所引述的内容中部或末尾用参考文献数码标注出来。

b. 引用的文献必须看过，没看过的原文不要列出，在正文中没有引用过的文献不要列入。

c. 如只看过摘要或从其他书刊中看到别人引述的，但自己未见原文的，则应注明见某书刊，即作者从他人著作中引用第三者文献而又未查阅原文时，则应著录直接引用的文献，并在著者前加"引自"二字。

d. 未正式发表的（包括油印的）个人著作、一般资料或内部资料不能引用；科普性的文章和书籍不能作为参考依据，不能引用。引列的文献必须是原始文章或重要的高水平的综合性评论或书籍。

e. 参考文献不宜过多，一般不要超过三四十篇。

f. 著录符号的使用。具体可参考国家标准 GB/T 7714—2005。

g. 主要责任者著录形式。个人著录采用姓在前，名在后，如钱学森。如果作者不超过 3 个时全部照录，超过 3 个则在第 3 个后面加"等"字，无作者或作者不明时，用"佚名"。

④ 参考文献的著录方法。参考文献著录格式应按国家标准 GB 7714—2005《文后参考

文献著录规则》规定的格式执行。参考文献列出的项目如为期刊时，需列出作者、发表年份、题目、期刊名称、卷（期）号、起讫页数等；如为图书，则应写出作者、出版年份、书名、编者姓名、书名版次（第一版不标版次）、页数、出版者和出版处（地点）等；如为网页，则注明网站名称，网页地址，文献资料作者，原始发表的刊物、时间等。

常见的著录方法有夹注，页下注，尾注三种。夹注就是直接在正文中引用的内容后用圆括号注明作者，题目和出版事项，这是目前学术专著中常用的方法。尾注就是将论文全文引用的文献统一编号，然后依次排列于篇尾，注明作者，题目和出版事项。这是我国科技期刊规定统一使用的方法。

参考文献著录如果不符合规范，将会影响科技期刊的质量，制约科技期刊的交流、传递和开发利用。通常，参考文献著录不符合规范的有：参考文献的重复著录，正文表述和著录的参考文献存在内容上的重复，"顺序编码制"和"著者出版年制"混合使用，文中标注形式与文后参考文献表中的著录不一致，故意隐匿和编造参考文献等几种。

⑤ 具体要求与示例。

a. 期刊（连续出版物）。著录格式：[序号] 主要责任人. 文献题名. 期刊名称，年，卷（期）：页码.

例如：

[1] 郑光华. 我国种子生理研究概况. 植物学通报，1983，（1）12-16.

[2] 胡锦. 种子引发及其效应. 种子，1988，（20）33-35.

b. 学术专著。著录格式：[序号] 主要责任者. 书名[文献类型标识]. 其他责任人. 版本. 出版地：出版者，出版年：引文页码.

例如：

[1] 郑光华，史忠礼，赵同芳，陶嘉龄. 实用种子生理学. 北京：中国农业出版社．，1990.

c. 学术专著中析出的文献。著录格式：[序号] 作者. 标题//原文献责任者. 书名. 版本. 出版地：出版者，出版年：在原文献中的页码.

例如：

孙秋金，周庆红. 非对称控制逆变器动态模型建立和控制器设计//姚穆. 中华学术论坛. 西安：西安出版社，2004：253-255.

d. 翻译著作。著录格式：[序号]原著主要责任人. 书名. 译者. 出版地；出版者，出版年：引文页码.

例如：

[1] 德赖弗 WE. 塑料化学与工艺学. 江璐霞，张菊华译. 北京：化学工业出版社，1993：623.

e. 专利。著录格式：[序号]专利申请者. 专利名：专利国别，专利号. 公告日期.

例如：

[1] 姜锡洲. 一种温热外敷药制备方法：中国，881056073. 1989-07-06.

f. 报纸。著录格式：[序号] 作者. 标题. 报纸名，年-月-日（版页）.

例如：

[1] 王森勋. 明晰办学理念. 突出办学特色. 中国教育报，2007-03-14（4）.

g. 技术标准。著录格式：[序号] 起草责任者. 标准代号 标准名称. 出版地：出者，出版年（也可略去起草责任者、出版地、出版者和出版年）.

例如：

［1］全国量和单位标准化技术委员会. GB 3100-3102—93　量和单位. 北京：中国标准出版社，1994.

h. 学术论文。著录格式：［序号］　作者. 标题：［学位论文］. 保存地：保存者，年份.

例如：

［1］谢建. 淀粉微波变性的研究：［学位论文］. 西安：西安工程大学纺织材料与工程学院，1989.

i. 论文集。著录格式：［序号］　作者. 标题//编者. 文集名. 出版地：出版者，出版年：在原文献中的页码.

例如：

［1］赵秀珍. 关于计算机学科中几个量和单位用法的建议//中国高等学校自然科学学报研究会编，科技编辑学论文集. 北京：北京师范大学出版社，1997：125-129.

j. 会议论文。著录格式：［序号］　作者. 标题. 会议名称. 会址，会议年份.

例如：

［1］萧汉滨. 高压上浆工艺量化的研讨. 全国浆料和浆纱技术 2000 年会. 苏州，2000.

k. 电子文献（网上文章）。［DB/OL］联机网上数据库、［DB/MT］磁带数据库、［CP/CD］磁盘软件、［EB/OL］网上电子公告

著录格式：［序号］　作者. 文章名［EB/OL］，网址，时间.

例如：

［1］SAMSTORM，GPS postion calculation［EB/OL］，http：//home-2. Worleonline.. nl. 1997-10.

（10）附录　附录是论文主题的补充项目，对于每一篇科技论文不是必须的。为了体现整篇论文材料上的完整性，若写入正文有可能有损于行文的条理性。逻辑性和精练性的材料可以写入附录段。这类凡因篇幅所限不便写入正文的，但有重要参考价值的某些研究资料、数据图表、修订说明、译名对照等作为正文的注释和补充，组成论文内容的一部分，以供读者参考和查阅。

① 附录的内容。

a. 与正文关系密切，但为了不影响论文的整体性或为了压缩正文篇幅而没有放入正文的重要材料。

b. 能为论文观点提供佐证，但与论文无密切关系的重要材料、不便编于正文的珍贵材料。

c. 一般读者不必阅读、不易理解或不感兴趣，但对同行有参考价值的材料。

d. 某些重要的原始数据、数学推导、计算程序、框图、结构图、注释、统计表、计算机打印输出件等。

② 附录的规范。附录置于参考文献表之后，依次用大写正体 Ａ Ｂ Ｃ……编号，如以"附录 A"，"附录 B"做标题前导词。

附录中的插图、表格、公式、参考文献等的序号与正文分开，另行编制。如编为"图 A1"，"图 B2"，"表 B1"，"式（A1）"，"式（C2）"，"文献【A1】"，"文献【B2】"等。

为了将论文迅速存入计算机，必要时可以在论文最后提供有关输入数据，可以编排分类

索引、著作索引、关键词索引等。

以上，简要说明了农业科技论文通用型的十大结构程序。实际上，就某一篇论文来说，也不要求 10 个项目完备不缺。以往常用的为：一绪论，二材料与方法，三观察与结果，四讨论，五总结，六图片与说明，七参考文献，八外文摘要等 8 项，现在也可以简化，有的取 7 项、6 项、5 项、4 项或 3 项，当然也可取多于 8 项。一切都是根据叙述课题及成果的要求而定，不必固于某一格式或非几个项目不可。

三、农业科技论文的写作步骤

农业科技论文写作过程可分为：选定课题、确定题目、选定材料、拟定提纲、草定初稿、修订完稿 6 个步骤。

1. 选定课题

选定课题的正确与否直接关系到科研的成败，确定主攻方向和选择课题要有正确的理论作指导，要有远见卓识。既要考虑客观条件，又要考虑主观作用，两者之间应该有机地统一起来。

选题的一般原则有以下几点。

（1）必要性原则　选题必须根据社会实践，尤其是生产的需要，或者根据农业科学发展的需要进行，这样的课题不仅可以得到社会的资助，有利于研究工作的深入开展，而且其成果可以直接用于生产，产生经济效益和社会效益。所以选择课题时应考虑其科学价值、实用价值和经济价值；考虑近期需要和长远需要的关系；正确处理基础理论和应用技术研究的关系。

（2）创新型原则　选题时，最好选取本学科中前人没有做过的工作，或是前人虽然做过，但尚不完善或有谬误的课题，也可以选择有发展前途的课题，如新领域、新学科和新理论的研究，或者在学科的交叉点上选题。

（3）科学性原则　选题时要持之有故，择之有理，以科学理论为依据，以客观真实存在为基础，从而保证所选课题的正确方向和研究成功的可能。忌将一些伪科学带入论题当中。

（4）可行性原则　是指从客观和主观两方面来看研究课题解决的可行性。因为科研工作受一定条件的限制。①主观条件包括个人知识结构、智能结构、兴趣爱好、研究能力、献身精神、技能、特长、爱好、身体状况等；②客观条件包括科学发展程度、人员、资金、设备、期限等，其中进行课题研究所需要的客观条件，即科研经费及课题的经济效益、实验场所、仪器设备、实验用的原材料以及文献资料等起重要作用。

（5）专一性原则　专一性指研究课题不宜太大太多，要选择其未发现、未涉猎的领域，在深入专一性研究中，可发现一些新现象、新问题，而成为进一步研究或选题的新起点。开展深入的专一性研究，有利于新的突破和培育专长，使自己始终站在领先的高度，甚至形成学派权威或学术思想体系。

（6）效益型原则　选择课题要考虑社会效益、经济效益、科技本身的效益和生态效益。例如，我国关于超级稻课题的研究，实现了我国水稻单产的第三次飞跃，缓解了人口增长对环境和自然资源的压力，确保粮食安全有效供给的重要途径，这就是一个很好的选题。

2. 确定题目

题目的选择和确定，是进行农业科学研究和论文写作的第一步。它包括课题、文题、主题的选择和确定。

（1）课题、文题和主题　①课题：是指科研所围绕进行并企图得到解答的某一具体问题。②文题：是指根据课题研究过程，通过具体材料提炼出观点和见解后，写成论文的题目。③主题：是指论文内容要表达的基本思想。在农业科技论文中，主题一般称"基本观点"或"中心论点。"简言之，课题是研究方向和范围，文题是论文的命名，主题是作者写作意图的体现。

从以上情况看来，农业科技论文所要考虑的问题，从选题就开始了。没有科研课题，没有研究成果，就无从叙述，无从反映，更无从确定主题，论文也就无从着手了。一个课题可以写成一篇或多篇论文，也可以写不出论文。文题并不一定是课题，因为一篇论文所反映的不一定是课题研究的全部成果，只是其中最精彩的部分，或是某个侧面，或是某个专题。但文题只能在课题的内涵与外延之中。

（2）确定题目的原则　①题目要具体，不琐碎，不孤立。②课题难度要适中，宜小不宜大，而且从各方面考虑都具有一定的可行性，应是经过努力自己能够做得出的题目。③课题要扬长避短，力求与自己所学专业对口。④课题最好是本学科中前人没有做过的工作，或是前人虽做过，但尚不完全或有谬误的。⑤课题方向是有前途的方向。⑥从本学科出发，着重选择那些对国民经济建设具有一定实用价值的课题。

（3）论文主题的确定　主题是论文的灵魂，任何一篇科技论文的价值取决于主题是否正确与深刻。

当课题经研究得出最终结论后，可供写论文的主题也就较清晰地展现出来。这有两方面的情况：一是所得结论证实原来选题时的设想，即主题在开始选题时实际就已确定；二是研究的结论全部或局部否定了选题时的设想，这便是新的主题。

3. 选定材料

材料是形成科技论文观点的基础，又是表现观点的支柱。论文的写作须先准备材料。包括材料的搜集、处理；材料的鉴别、选择；材料的占有、安排。

（1）材料的搜集、处理

① 材料的分类。

a. 直接材料，又称活材料，是指在科研中经过反复实验证明后获得的第一手材料。

b. 间接材料，又称死材料，是指从文献资料中搜集到并转录下来的他人实践和研究成果。

c. 发展材料，又称新材料，是指在搜集到的直接和间接材料的基础上，再经过认真的分析、综合、研究后获得的材料。

② 直接材料的搜集。直接材料来源于科学观察、实地调查和科学实验之中。

a. 科学观察：有计划、有选择地、能动地对自然条件下所发生的某种特定过程和现象作系统、细致的考察，以获取科技事实资料。

b. 实地调查：深入实际生活、工作中去获得最真实可靠、最丰富生动的第一手材料。

c. 科学实验：根据课题需要，人为地控制或模拟客观现象，排除各种干扰，在有利的条件下获得科技事实资料。

③ 间接材料的搜集。间接材料是指图书、期刊、报纸、音像资料、缩微材料等。通常是通过笔记、剪报、卡片、检索情报等途径搜集。

④ 材料的处理。对得到的大量原始材料进行必要的处理：对数据进行统计，使之形成

表格；对绘图资料要进行认真细致处理；摄影资料要保留原貌；对有些材料重新检查、反复核对，以确保其正确无误。

（2）材料的鉴别、选择　应紧密围绕课题和论文内容，对材料进行严格鉴别、选择。要认清材料的性质，判明材料的真伪，估计材料的价值，掂量材料的作用，将无关或关系不大的材料舍去，切勿贪多求全，使内容庞杂，以致冲淡或掩盖重心。对已选好的材料，则要认真思考，反复斟酌，尽量使其深化，在理论上加以提高。

（3）材料的占有、安排　经过鉴别、选择，将需要的材料，用复印、缩微、摄像等技术手段，复制下来"占为己有"，并按性质分别归类，加以排列，以备写作时选用。材料的安排，层次要鲜明，条理要清楚，体现出材料间的内在联系，切不可随意安放，杂乱无章。

4. 拟定提纲

为了使写出的论文中心突出、层次清晰、逻辑严密、内容主次详略得当，动笔之前要对论文作整体的规划，搭出一个骨架，即拟定提纲。

（1）拟定提纲的原则　提纲是论文构成的蓝图和基本逻辑框架，是理清思路的手段。拟定提纲应从全局出发，通盘规划，考虑的主要原则包括以下几点。

① 立论方面。明确要确立什么样的论点，采用哪种方式，从哪个角度提出问题，在中心论点下拟设几个分论点以至小论点。

② 选材方面。拟选哪些论据材料，要特别重视有新意、有典型的材料。

③ 布局方面。考虑设置哪些部分，每个部分所担负的任务，层次和段落如何安排。

④ 谋篇方面。明确怎么开头和结尾，何处提领，哪里分述，上下如何衔接，前后怎样呼应等。

⑤ 协调方面。确定全文各个部分的组成，如何做到匀称、和谐。文气如何贯通、流畅。文字怎样做到疏密得当等。

（2）提纲结构图　提纲是由序号和文字组成的一种逻辑顺序，是论文写作的设计图，其结构如下。

$$\text{全文标题} \atop (\text{成总论点}) \left\{ \begin{array}{l} 一 \\ 二 \\ 三 \text{（大项目）} \left\{ \begin{array}{l} （一） \\ （二） \\ （三）\text{（中项目）} \left\{ \begin{array}{l} 1\text{（小项目）} \\ 2 \\ 3 \left\{ \begin{array}{l} (1) \\ (2) \\ (3) \end{array} \right. \end{array} \right. \end{array} \right. \end{array} \right.$$

图中一、二、三表示分论点，即大项目；（一）、（二）、（三）表示从属论点，即中项目；1、2、3表示再从属的小论点或论据材料，即小项目，以下类推。而分论点和从属论点，都是证明总论点的论据。

（3）拟定担纲的方法

① 提纲的两种类型。

a. 详细提纲，也称细纲。要求对各级论点、主要论据、论证方法等项目较为进行详细的开列，显现出论文的主要骨架和梗概的基本面貌。

b. 简要提纲，也称粗纲。概括地提示论文项目要点。即粗线条地把论文总体轮廓描绘出来，有点像工程上的"草图"。

② 拟定提纲的三种方式。

a. 标题式。用词语概括内容，用标题的形式列出。简单、明了，写作便捷。

b. 句子式。用带标点的完整句子概括内容。这些句子具体、明确，为论文提供各段落层次的主题句，便于起章成文。

c. 段落式。用一段话概括内容，是句子式的扩充。要精细、周详，为起段成文提供了坚实的基础。

5. 草定初稿

撰写初稿，是作者运用语言文字，把研究成果和逐步形成的思想观点表达出来。论文的初草过程，是课题研究和论文写作中最艰辛的劳动之一，是研究和写作中最重要的一个环节。

（1）初稿执笔顺序

① 从绪论起笔。就是按论文提纲排列的自然顺序写作。先提出问题，明确全文的基本论点，再展开，作充分论述和论证，最后归纳总结，作出结论。这样写，既抓住了纲，也与研究课题的逻辑思维相一致，比较自然、顺畅，写起来较顺手、习惯，易于把握。

② 从本论入手。先从本论入手，写好本论、结论部分，回过头来再写绪论。这样写有两点好处：一是本论所涉及的内容，是作者研究中思考、耗神较多的问题，是作者研究成果的集中反映，从这里入手容易起笔易于成稿。二是从绪论动笔，往往难于开篇；从本论入手，是先易后难的有效措施。当写好了本论、结论，大局已在握；心里踏实了，就可悉心写绪论和完成全文。

（2）初稿撰写方法

① 一气呵成法。无论是从绪论起笔，还是从本论入手，均按拟定的提纲，一路写下去，不使思路中断，尽可能快地把头脑中涌现出来的句子用文字表达出来。初稿完成后，再细致推敲加工修改。

② 分段完成法。把全文分成若干部分，分段撰写，逐段推进，各个击破。每个部分以写一个分论点或几个小论点为单元，并注意保持各章节内容的相对完整性。每一部分写好后，稍事梳理，即可转入下一段。

（3）草定初稿应注意的事项

① 起草时写作提纲不要轻易改变，但进入写作过程，思考往往深化，甚至会产生新的认识，这就有必要给予补充，适时调整写作提纲。

② 初稿在文字上虽不强调修饰，但也应尽可能起笔就写得顺畅，尽可能避免语法、观点上的错误。

③ 起草时要宏观考虑各部分的分量，注意长短适宜，轻重得当，通体均衡，使文稿开始就有一个好的基础。

总之，撰写初稿是进行创造的复杂的思维过程，应该严肃认真，不可马虎从事。

6. 修订完稿

这是论文写作的最后一道工序。反复修改反映了人们认识事物的必然过程，认真修改体现了作者的学风和工作态度，是对社会负责的表现。论文修改不只是在这个阶段进行，它贯穿于写作的全过程。修改要从总体处着手，从细微处推敲，对论文初稿进行增、删、改、调，去掉毛病，提高质量，使其臻于完美。

论文修改一般采取热改法（趁热打铁，初稿草成，立即修改）；冷改法（放一段时间再修改）；求助法（请人帮助修改）；诵改法（诵读初稿，发现问题，然后再改）。修改的范围，重点放在以下几个方面。

（1）订正论点 综观全局，立足全篇，看论点是否正确、集中，鲜明，深刻，是否有新见解、新突破。对中心论点、分论点、小论点，都要全面检查。把论点中偏颇的改中肯；含混的改鲜明；片面的改全面；肤浅的改深刻；散漫的改集中，陈旧的改新颖；有失分寸的改恰当；立意太低的加以升华。

（2）调整结构 看结构是否完整、严密；层次是否清楚；思路是否通畅。调整结构时还要把杂乱的层次梳理顺畅；臃肿的段落紧缩合并；上下文不衔接的串通连贯；轻重倒置、详略不当的轻重相宜；开头、结尾不得当的斟酌周全；首尾不照应的调理圆合。

（3）更改材料 论文选用的材料必须达到3个基本要求。一是必要，即材料能够证明观点和表现主题；二是真实，即材料准确可靠而不歪曲原意，为我所用；三是合适，即材料恰到好处，不滥不缺。如不符合这些要求，就要增补、删节、调换。把空缺的补足；失实的改翔实；虚泛的换实在；平淡的调典型；陈旧的变新颖；分散的理集中；游离于主题的删除；脱节的串通连贯。

（4）锤炼语言 对语言锤炼，文字加工，应先求达意。看文章用词是否准确；句子是否通顺；诵读是否顺口；通篇有无漏笔；想写的话是否都表达出来了等。然后着力改去毛病，剪去闲文，使语言精练；修改病句，使文字通顺；删削冗笔，使文章严谨。对那些陈词滥调、空话、套话、大话，毫不留情地删掉，力求精美。在精确、简洁、生动诸方面下工夫。

（5）推敲标题 这项工作包括节标题和总标题的修改。节标题要检查层次、数量是否清楚，格式是否混乱；同一层次的标题，语法是否一致。总标题一般在写作前已拟好，这对论文写作有重要的指导作用。但初稿完成后，对标题应进行斟酌和推敲，看题是否配文，文是否切题。如题与文不贴切、不相符，或过长，或太笼统，都必须修改。

（6）规范文面 起草初稿，书写可以较随意，但修改定稿后，在誊清时应当符合科技论文的文面要求。文面是论文的外表面，由文字、标点符号和行款格式组成。

① 文字书写。讲究书法工整，字体匀称，大小得当，行列横平竖直，不写自造字、异体字和繁体字，也不写错别字。

② 标点符号。正确地书写标点符号，有助于论文内容的准确表达。标点符号的使用按国家有关规定执行，正确使用标点符号。

③ 行款格式。行款格式是文面上约定俗成的规定，凡为文者都要遵守。卷面留天地；标题居中、匀称；署名居中可偏右；正文应留空白；提行空两格；序码要统一；注释要规范等。论文定稿后，还要对全文通读核查一遍，没有任何差错，再装订成册。到此，农业科技论文写作的全部工作就最后完成了。

【范文5-3】

不同灌溉处理对旱稻根系生长及水分利用效率的影响

赵俊芳[1]，杨晓光[1]，陈斌[2]，王化琪[2]，王志敏[2]，B. A. M. Bouman[3]

（1. 中国农业大学资源与环境学院气象系，北京，100094；2. 中国农业大学农学与生物技术学院；3. 国际水稻研究所）

摘要：通过对不同灌溉处理下旱稻根系生长及水分利用效率的实验研究，结果表明：旱稻根系大部分根干重都集中在地表以下30cm内；不同灌水处理对根量及其分布有着显著不同的影响，灌水量越少，水分胁迫处理下的根系系统在30cm以下分布相对越多，中下层土壤中根系占的百分率越高；其中限量灌溉Ⅱ产量较充分灌溉处理减幅最小，穗粒数减幅也最小，农业水分利用效率最高，根冠比次高，增加了对土壤深层水的利用，减少了灌溉水的投入。在水资源缺乏的北京地区，是一种较为合理的灌溉方式。

关键词：根系；水分利用效率；旱稻

在水资源总量有限的情况下，提高水资源利用效率，发展节水型农业成为农业持续稳定发展的必然选择。根系作为作物吸收水分的主要器官，其生长、分布与土壤水分状况密切相关，对作物生长和产量形成影响很大[1]。国内外文献中，对小麦、大豆、水稻等根系的研究颇多[2,5]，对旱稻根系研究的报道很少且不够深入[6,7]。本实验着重探讨不同灌溉处理对旱稻根系生长发育的影响，旨在为旱稻农田水分的有效利用及节水高产栽培提供理论依据。

1 实验材料与方法

1.1 实验地区域背景

（具体内容略）

1.2 实验设计

（具体内容略）

1.3 观测项目及方法

1.3.1 土壤含水量测定

（具体内容略）

1.3.2 根量测定

（具体内容略）

1.3.3 地上部干物重的测定

（具体内容略）

1.3.4 产量及其构成要素

（具体内容略）

2 结果与分析

2.1 对根系分布的影响

（具体内容略）

2.2 对产量和产量结构的影响

（具体内容略）

2.3 对根冠及水分利用效率的影响

（具体内容略）

3 结论

3.1 旱稻根系大部分根干重都集中在地表以下30cm内，且灌溉量越多0～60cm土层根干重和根长密度越大。不同灌水处理对根量及其分布有显著影响，灌水少的处理中下层土壤中根系分布相对较多。

3.2 灌水量多的处理，其产量、千粒重大，限量灌溉Ⅱ产量较充分灌溉处理减幅最小，穗粒数较充分灌溉处理减幅也为最小，千粒重减幅较小。

3.3 限量灌溉Ⅱ农业水分利用效率最高，根冠比次高。这说明灌溉量最多或最少，都不能充分利用土壤中的水分，只有在适当的水分胁迫条件能提高农业水的利用效率。处于干旱胁迫下的几个处理，根冠比较高，说明胁迫有利于根系向深层下扎，提高了对土壤深层水的利用。

3.4 限量灌溉Ⅱ处理全生育期耗水687mm，灌溉300mm，产量、千粒重和穗粒数较充分灌溉处理减幅较小，根系在中下层的分布相对较多，根冠比较高，增加了对土壤深层水的利用，减少了灌溉水的投入，在水资源缺乏的北京地区，是一种较为合理的灌溉方式。

致谢：杨婕、张秋平同学参与了本实验，钟阳和副教授多次审阅了本文，在此表示衷心的感谢！

参考文献

[1] 冯广龙，刘昌明．土壤水分对作物根系生长及分布的调控作用 [J]．生态农业研究，1996，4（3）：5-9．

[2] 马瑞昆等．供水深度与冬小麦根系发育的关系 [J]．干旱地区农业研究，1991，(3)：1-7．

[3] 杨秀红，吴宗璞，张国栋．大豆根系的研究 [J]．东北农业大学学报，2002，33(2)：203-208．（其他参考文献略）

【评析】

本文在写作上有以下几个特点。

1. 围绕中心，突出中心

本文的中心是探讨不同灌溉处理对旱稻根系生长发育的影响，为旱稻农田水分利用及节水高产栽培提供理论依据。论文的各个部分都是紧紧围绕这个中心思想展开的。例如正文部分，作者分析了不同灌溉处理对根系分布的影响，对其产量和产量结构的影响等方面。

首先介绍了实验地区的区域背景、实验设计、观测项目及方法。

其次分析了不同灌溉处理条件下，对旱稻根系分布的影响、对产量和产量结构的影响。

最后结论分析有三个方面，回应了前言中所提出的目的——探讨不同灌溉处理对旱稻根系生长发育的影响，为旱稻农田水分利用及节水高产栽培提供理论依据。

2. 层次分明，逻辑严密

全文按照农业科学研究的先后次序和思维推理过程来表达，有条不紊，层次分明。例如正文的"结论"，作者写了四条：先写不同灌溉处理对旱稻根系分布的影响，其次写不同灌溉处理对产量与产量结构产生的影响，再次提出哪一种灌溉方式农田水分利用效率高，最后结合产量提出在水资源缺乏的地区，采用哪一种较为合理的灌溉方式。这四条从简到繁、由浅入深，层层递进，思路清晰。

3. 首尾照应，结构完整

本文前言交代了探讨不同灌溉处理对旱稻根系生长及水分利用效率的影响的目的、意义等，结论部分公布了不同灌溉处理对旱稻根系生长状况及水分利用效率情况的影响起到前后照应的效果。同时，结论部分的四条和研究过程相呼应，全文贯通一气，结构完整。

综合训练

一、基本概念练习

1. 填空题

（1）农业科研实验报告撰写原则是_____、_____、科研实验报告按性质可分为_____实验报告和_____实验报告。

（2）农业科研实验报告的基本格式为题目、作者_____、_____、_____、_____和参考文献。

（3）农业科技考察报告的特点_____、_____、_____；考察的主要方法包括_____、_____、_____、_____。

（4）农业科技论文的特点_____、_____、_____。科技论文按写作目的和社会功能分为_____和_____两类。

（5）农业科技论文写作的标准型格式包括_____、_____、_____、_____四个部分。

2. 选择题

（1）农业科研实验报告在撰写时，充分体现以下特点（   ）。
　　A. 正确性　　　B. 验证性　　　C. 纪实性　　　D. 可读性

（2）农业科技考察报告按照考察性质可分（   ）。
　　A. 科技工作考察报告　　B. 综合考察报告　　C. 技术考察报告
　　D. 学科考察报告　　　　E. 典型考察报告　　F. 学术考察报告

（3）农业科技论文的科学性充分体现在（   ）。
　　A. 内容要真实、成熟、先进、可行　　B. 研究内容创造性
　　C. 立论要客观、论据要充足、论证要严密　　D. 研究内容具有综合性

（4）学术论文可以分为（   ）。
　　A. 实验型　　　B. 学士论文　　　C. 观测型
　　D. 博士论文　　E. 硕士论文　　　F. 理论型

（5）农业科技论文在选定课题时应遵循的原则是（   ）。
　　A. 必要性原则　　B. 创新型原则　　C. 科学性原则
　　D. 可行性原则　　E. 专一性原则

3. 判断题（正确的打"√"，错误的打"×"）

（1）一项农业科研实验，既可以写成实验报告，也可以写成一篇农业科技论文。（   ）

（2）农业科技考察报告的内容必须包括标题、引言、正文、结论等几部分。（   ）。

（3）由于现代科学是高度分化又高度综合的，学科之间相互依赖又相互渗透，因而在写作科技论文时要善于从交叉学科、边缘学科入手，体现学科之间的综合性。（   ）

（4）在署名时凡是参加过计划讨论或某些具体工作的都可以在科技论文上署名。（   ）

（5）下列参考文献的著录格式是否正确？
郑光华等，PEG引发应用于大豆抗寒早播的效果．种子，1987，（   ）

二、简答题

（1）简要说明科技学术论文的特点。

（2）试述期刊学术论文的格式要点。

（3）论文篇名写作的原则与要求是什么？试列举符合拟题方法的论文篇名两篇。

（4）在写作科技论文时如何编写提纲？试列出本章例文的论文提纲。

（5）试述正文部分三项内容（即材料与方法、结果和讨论）及结论的写作内容、特点与要求，并结合本章论文例文评析所附论文及评析意见，改写论文的正文部分及结论。

三、模拟写作练习

下文是一篇农业科技论文，请讨论分析它写作上的优缺点。

信阳毛尖茶春季不同时期的化学成分初步研究

××师范学院　生命科学学院生物技术（茶学方向）××

指导老师：×××教授

摘要：对春季不同时期的龙井43和福鼎大白两个品种信阳毛尖茶化学成分：茶多酚、咖啡碱、氨基酸、儿茶素和叶绿素等以及感官品质的变化进行了初步研究。结果表明，茶多酚和叶绿素的含量逐渐增多，而氨基酸和咖啡碱的含量逐渐减少。

关键词：信阳毛尖　不同时期　化学成分

Study on Chemical Compounds in XinYangmaojian Tea in Different Times of Spring

Tea science, college of life science, XinYang Normal University

Huqiang No. 20024914016 Guide teacher: GuoGuiyi Professor

Abstract: study on change of different times about Longjing and Fudingdabai on the contents of main chemical compounds including tea polyphenols、amino acids、caffeine、chlorophyll、catechins etc in XinYangmaojian tea and sensory quality. The results showed that the contents of polyphenols and chlorophyll gradually increase, but amino acids and caffeine reduce.

Keywords: XinYangmaojian Different times chemical compounds

信阳毛尖茶是我国传统名茶之一，也是河南省著名的土特产之一。因其条索细秀、圆直有峰尖、白毫满披而得名"毛尖"，又因产地在信阳故名"信阳毛尖"。素来以"细、圆、紧、直、多白毫，香高、味浓、色绿"的独特风格而饮誉中外，早在1915年巴拿马万国博览会上就荣获金奖，1959年被誉为中国十大名茶之一，1982、1986、1990年连续三次被商业部评为全国名茶，1985年荣获国家质量奖银质奖，1990年荣获国家质量奖金质奖，1999年又在昆明世界园艺博览会上荣获金奖[1]。

信阳毛尖虽然历史悠久，但研究不同时期信阳毛尖品质差别的很少。本文就不同时期，不同品种的信阳毛尖，测定其水浸出物、茶多酚、咖啡碱、氨基酸、叶绿素、儿茶素等化学成分含量，并对其进行感官审评。以期为信阳毛尖的质量提高、品质控制以及综合效益的发挥提供参考。

1　材料与方法

1.1　材料

1) 信阳毛尖茶样：样品由光山县信阳蓝天生态旅游茶业股份有限公司提供，其茶样加工工艺为"鲜叶摊放—杀青—揉捻—理条—复烘—提香"。其公司茶园均为四年生幼龄茶树，2006年3月31号春茶开始生产。我们从4月6号开始对其所有成品茶进行随机取样。样品分两个品种：龙井43和福鼎大白。每个品种四个样品，分别记为：A.4月7日；B.4月11日；C.4月15日；D.4月19日；E.4月6日；F.4月10号；G.4月14日；H.4月18号。共八个样。另外，D和H原料为一芽一叶，其他为单芽。

2) 主要仪器：202型电热恒温干燥箱（上海）；HH数显恒温水浴锅（金坛市金城城国胜实验仪器厂）；SHB型循环水真空泵；UV755B型紫外可见分光光度计（上海精密科学仪器有限公司）；FA2104—上皿电子天平（感量0.00001g）等。

1.2　测定方法

1) 茶叶感官审评：采用3g茶叶冲泡5min的方法，水温100℃，茶水比为1∶50。

2) 氨基酸总量的测定：采用GB 8314—87《茶游离氨基酸总量测定》，茚三酮比色法。

3) 茶多酚的测定：采用GB 8313—87《茶多酚测定》，酒石酸亚铁比色法。

4) 咖啡碱的测定：采用GB 8312—87《茶咖啡碱测定》，紫外分光光度法。

5）水浸出物含量的测定：采用GB 8305—87《茶水浸出物测定》。

6）儿茶素测定：（香荚蓝素比色法）称取磨碎样1g，加95％乙醇20ml，在水浴上提取30min，使乙醇保持微沸，过滤后冷却，用95％乙醇定容至25ml。吸取试液20μl，注入盛有95％乙醇1ml的刻度试管中，摇均。加入1％香荚蓝素盐酸溶液5ml，加塞摇匀显红色。放置40min，以试剂空白作参比。用5mm比色皿测定吸光度。用公式：儿茶素（mg/g）=$0.14568L_1 \cdot E/L_2 \cdot M \cdot m$ 计算。

7）叶绿素测定：（混合液萃取法）称取磨碎样1.000g，移入100ml棕色容量瓶中，加入90ml萃取液（乙醇∶丙酮∶水=4.5∶4.5∶1），在室温避光条件下萃取24h，萃取结束后，用萃取液定容至100ml，过滤[2]。取少量滤液，以原液为空白，在755型分光光度计上测量663nm和645nm处吸光度。用：叶绿素a=$(12.7E_{663}-2.69E_{645})V/M$；叶绿素b=$(22.7E_{645}-4.68E_{663})V/M$ 计算[3]。

2 结果与分析

表1 茶叶中化学成分含量

	龙井				福鼎大白			
	4月7日	4月11日	4月15日	4月19日	4月6日	4月10日	4月14日	4月18日
水分/％	5.56	4.71	8.03	6.59	6.23	5.11	6.11	4.39
水浸出物/％	37.11	37.30	38.4	38.51	38.47	38.75	39.36	39.83
茶多酚/％	23.68	25.26	25.46	26.09	21.62	22.59	23.44	24.88
咖啡碱/％	4.56	4.15	4.01	3.89	4.81	4.47	4.35	4.13
氨基酸/％	4.11	4.15	3.56	2.87	4.52	4.3	4.18	3.66
儿茶素/(mg/g)	118.49	120.84	122.45	149.59	101.97	105.93	107.42	113.85
叶绿素/(mg/g)	2.292	2.346	1.853	3.667	2.39	2.26	1.923	3.196
酚氨比	5.76	6.09	7.15	9.09	4.78	5.25	5.6	6.79

2.1 不同时期茶叶化学成分变化

2.1.1 多酚和儿茶素含量的变化

茶多酚类是一类存在于茶叶中的重要化学成分，与茶叶品质有密切关系。对人体也具有重要生理活性：具有抗氧化作用，对心血管疾病，癌症都有良好抑制作用。儿茶素是多酚类物质主体成分，约占多酚类总量70％~80％，是茶树次生物质代谢的重要成分。实验表明：A、B、C、D及E、F、G、H的多酚类和儿茶素含量逐渐增多。D和H的含量明显高于A、B、C和E、F、G。因此春茶后期茶叶较前期茶叶茶多酚含量高，这与后期光照增强、温度升高，有一定相关性。有人研究表明，适当遮光，多酚类的含量有所下降。反之，多酚类含量升高。而且，高温条件下，物质代谢加速，茶叶多酚类含量增加。

2.1.2 咖啡碱含量的变化

茶叶生物碱中，含量最多的是咖啡碱，是茶叶重要滋味物质，是影响茶叶品质的一个重要因素。实验表明，A、B、C、D及E、F、G、H咖啡碱含量逐渐降低。有人研究表明，茶叶的老嫩度与咖啡碱的含量有很大关系，细嫩茶叶比粗老茶叶含量高，夏茶比春茶含量高。样品D和H茶叶原料分别为一芽一叶，较前几个样品嫩度差，咖啡碱碱含量相对较低。

2.1.3 氨基酸含量的变化

茶叶中发现并已确定的氨基酸26种，其中含量最高的为茶氨酸，占茶叶中氨基酸的80％左右。氨基酸具有鲜味，与茶叶的滋味和香气关系密切，是构成绿茶品质的极重要化学成分之一。实验表明，随时间变化，茶叶中的氨基酸含量整体上呈减少趋势。尤其是D和H（一芽一叶）含量较前几个样（单芽）低得多。另外，氨基酸的变化与光照的强度和温度同样也有很大的关系。后期光照增强,温度升高,氮的代谢受抑制,氨基酸的含量降低。

2.1.4 叶绿素含量的变化

叶绿素是构成茶叶色泽的主要成分,它可分为蓝绿色叶绿素 a 和黄绿色的叶绿素 b 两种。叶绿素 a 约为叶绿素 b 的 2~3 倍。实验表明,随着时间变化,叶绿素含量逐渐提高。D 和 H 的含量高于 A、B、C 和 E、F、G。这与茶叶嫩度、光照、温度及加工等因素有很大关系。程启坤研究表明:新梢中芽叶中叶绿素,胡萝卜素,叶黄素变化明显。其中叶绿素的含量通常是随新梢的伸育而逐渐增加,直到一芽三、四叶时达到高峰。另外,后期的温度升高,光照增强,光合作用增强,叶绿素含量提高[4]。

2.1.5 不同时期茶叶的感官品质比较

表 2 茶叶感官品质

	外形 (30%)	评分	汤色 (10%)	评分	香气 (25%)	评分	滋味 (25%)	评分	叶底 (10%)	评分	加权平均分数
龙井 4月7日	条索尚紧、细、圆、直、色泽隐绿、白毫显露	91	黄绿	90	平和	91	鲜爽	95	嫩绿、明亮	94	92.2
龙井 4月11日	条索细、紧、圆、直、色泽隐绿、白毫显露	94	黄绿、尚明亮	94	栗香	94	醇厚	92	泛黄	91	93.2
龙井 4月15日	条索尚紧、细、色泽绿、白毫显露	89	黄绿清澈明亮	95	栗香	95	鲜醇	94	嫩绿、尚亮	94	92.85
龙井 4月19日	条索尚紧、细、略扁、色泽深绿、尚润	84	绿	90	纯正	92	浓厚	90	绿、尚亮	90	88.7
福鼎大白 4月6日	条索细、紧、圆、尚直、色泽隐绿、白毫显露	95	黄绿、尚亮	92	纯正	92	鲜醇	94	嫩绿、明亮	95	93.7
福鼎大白 4月10日	条索细、紧、圆、色泽隐绿、白毫显露	92	黄绿、尚亮	94	稍有烟味	88	醇厚	92	嫩绿、明亮	94	91.4
福鼎大白 4月14日	条索细、紧、色泽隐绿、白毫显露	93	黄绿、尚亮	93	清香	94	浓醇	92	黄绿、尚亮	93	93
福鼎大白 4月18日	条索紧、细、稍曲、色泽深绿	85	黄绿、尚亮	90	略带闷味	89	浓厚	90	黄绿、尚亮	89	88.15

2.2.1 外形

茶叶外形也是评价茶叶品质一个重要因子,外形又包括条索、色泽等。由表 2 可以看出,茶叶白毫及干茶色泽有明显变化规律,前期茶叶白毫比后期茶叶多,后期茶叶的色泽比前期的色泽更绿。

2.2.2 内质

滋味是构成绿茶品质的主要因素。在各种能溶于茶汤的成分中,味感最强烈的是茶多酚,氨基酸和咖啡碱次之。实验结果表明:茶汤滋味变化规律较明显。C 样品可能由于加工因素使滋味较鲜醇,其他样品 A、B、D 及 E、F、G、H 滋味由鲜爽逐渐到浓厚,滋味逐渐变浓,而鲜爽度逐渐降低。另外汤色、香气和叶底与茶树品种,加工人为因素,贮藏等多种因素影响,无明显规律,在此不作深入探讨。

2.3 两个品种之间化学成分及感官品质比较

近年来,信阳地区大量引进福鼎大白和龙井 43 这两个品种。福鼎大白,无性系,小乔木型,中叶类,早生种、育芽力、持嫩性强,抗旱性较强,抗寒性强;适栽长江南北茶区[5]。20 世纪 80 年代以来,信阳各地大量采用福鼎大白茶的有性系后代茶籽建立茶园,也有较大面积引种了无性系茶苗,总体效果比较好,抗性强,适宜信阳茶区种植。茶叶上市早,所制信阳毛尖虽然滋味淡薄,但外形美观,色泽翠绿,白毫多,产量高,经济效益较好[4]。龙井 43,无性系,灌木型，中叶类，特早生种，芽叶纤细，茸毛少。芽叶生育力强，持嫩性较差。适栽长江南北绿茶茶区[5]。近年来，信阳地区大量引进这个品种，制信阳毛尖白毫少，香高，味浓，耐泡。由表1可以看出，龙井43叶绿素含量明显高于福鼎大白，但是咖啡碱和氨基酸低于福鼎大白。化学成分的不同，直接决定了茶叶感官品质的差异。由表2可以看出，福鼎大白的滋味较龙井的淡薄，不耐冲泡。

3 讨论

3.1 内含化学成分（茶多酚，咖啡碱和氨基酸）含量变化对滋味的影响

茶多酚、咖啡碱和氨基酸是茶叶中三大最重要滋味物质，其含量的变化，对茶叶的品质有重要影响。施兆鹏等研究表明，茶多酚含量在20%以内时，滋味与其含量表现显著的正相关，在22%时达到顶峰，在20%～24%以内仍维持茶汤的浓度、醇度和鲜爽度的和谐统一[6]。由表1可以看出，随时间的变化，茶多酚的含量逐渐增多，这也可能是夏茶苦涩味较重的原因之一。咖啡碱随时间变化减少不明显，而且，在加工过程中，咖啡碱因部分升华失去，含量稍有减少。因此，咖啡碱的含量基本上与茶叶感官品质成正相关。氨基酸构成茶叶的鲜味，不同时期的氨基酸含量变化较大：后期的含量较前期的低，从而使茶汤的滋味浓厚而不鲜。总之，绿茶的滋味决定于多种水溶性物质的含量及组成比例。茶多酚起着调节茶汤浓度和爽口及苦涩程度而氨基酸起着鲜和甜味调节作用。氨基酸的鲜味与适量的爽味配合，构成茶叶"鲜，醇，爽"的滋味。

3.2 叶绿素的变化对茶叶色泽的影响

实验结果表明，后期叶绿素含量较高，感官审评表明D和H的色泽深绿，叶底绿尚亮。这说明叶绿素的含量高低与色泽有着密切关系。从表1中可以看出D和H的叶绿素明显高于前几个样品。因此，适当控制叶绿素含量对形成良好的茶叶色泽有重要作用。潘根生研究表明，过强的光照和过高的温度使茶树叶绿素合成减少，分解加快，对茶色泽不利。反之，如果能适当的遮光，可以提高叶绿素含量形成翠绿色泽。另外，加工过程中叶绿素含量也是不断减少的，一般减少幅度为40%～60%。通常以湿热阶段的杀青和初干过程中减少的最多。如果这两个过程的时间持续过长，就会使叶绿素大量分解，叶色往往偏黄[7]。总之，叶绿素的含量，不仅随时间的变化而改变，也因加工工艺而变化。所以要依据不同时期的茶叶，采取不同的工艺参数，达到良好的茶叶色泽。

致谢：本文在×××教授指导下完成；在实验过程中，××老师给予很大帮助；另外，取样也得到××和××同学以及××公司的帮助。在此，向他们一并表示诚挚的谢意！

第六章 农业技术合同文书

【知识目标】
　　掌握农业技术合同文书的写作，包括农业技术开发合同文书、农业技术咨询合同文书、农业技术服务合同文书、农业技术转让合同文书和国际农业技术交流合作合同文书的写作方法。

【能力目标】
　　具有五种农业技术合同文书写作能力。

【素质目标】
　　树立法治意识，明确农业技术合同在农业技术工作中的地位和重要性，养成在农业技术工作签订规范合同的习惯，养成按农业技术合同开展开发、咨询、服务、转让和交流的工作素养。

第一节 农业技术合同概述

一、技术合同

　　《中华人民共和国合同法》规定：合同是平等主体的自然人、法人、其他组织之间设立、变更、终止民事权利义务关系的协议。合同按内容分有15大类，技术合同是其中之一，农业技术合同属于技术合同范畴。

　　技术合同是指公民之间、法人之间、公民和法人之间，就技术开发、技术转让、技术服务等技术商品交易活动诸方面而达成的明确民事权利和民事义务关系的协议。技术合同可以分为技术开发合同、技术转让合同、技术咨询合同和技术服务合同四类。

　　技术合同是平等主体之间就技术开发、转让、咨询或者服务订立的确立相互之间权利义务的合同。技术合同主体是广泛的，法人、自然人、其他组织都可以成为技术合同的主体，但对技术合同主体能力和资格上有特殊要求，即技术合同主体必须是特定科学技术成果的合法所有人或者占有者，或者有能力运用自己的技术力量从事技术成果的开发、转让、咨询、服务。

　　农业技术合同是当事人双方就农业技术开发、转让、咨询或者服务订立的确立相互之间权利和义务的合同。订立农业技术合同要以促进农业科学技术的进步，加速农业科学技术成果的转化、应用和推广为基本原则。

二、农业技术合同的条款

　　农业技术合同的内容由当事人约定，一般包括以下条款。
　　① 项目名称；
　　② 标的的内容、范围和要求；
　　③ 履行的计划、进度、期限、地点、地域和方式；

④ 技术情报和资料的保密；
⑤ 风险责任的承担；
⑥ 技术成果的归属和收益的分成办法；
⑦ 验收标准和方法；
⑧ 价款、报酬或者使用费及其支付方式；
⑨ 违约金或者损失赔偿的计算方法；
⑩ 解决争议的方法。

此外，与履行合同有关的技术背景资料、可行性论证和技术评价报告、项目任务书和计划书、技术标准、技术规范、原始设计和工艺文件以及其他技术文档，按照当事人的约定可以作为合同的组成部分。

三、农业技术合同的撰写要求

农业技术合同的撰写要求主要有以下 4 点。

① 农业技术合同是双方当事人就权利和义务的一种约定，合法是基本要求。合同内容应不违反国家的法律法规，凡违反法律法规的合同均属无效合同。

订立农业技术合同，当事人的法律地位是平等的，一方不得将自己的意志强加给另一方，任何单位和个人不得非法干预，当事人应当遵循公平原则确定各方的权利和义务。当事人订立、履行合同，应当遵守法律、行政法规，尊重社会公德，不得扰乱社会经济秩序，损害社会公共利益。依法成立的合同，对当事人具有法律约束力。当事人行使权利、履行义务应当遵循诚实信用原则。当事人应当按照约定履行自己的义务，不得擅自变更或者解除合同。依法成立的合同，受法律保护。

② 农业技术合同还要合理。合同内容应是双方当事人的真实意思的表达，双方应在友好协商基础上订立，任何一方不得以任何方式胁迫另一方，否则合同无效。

③ 农业技术合同内容通常比较复杂，通常采用条文式格式，可以章断条连。

④ 语言表述要准确完整。所谓准确是指要用准确的词语，恰当明白地表达双方当事人经协商达成一致的意思。首先用词要准确。用词时要明确每一个词所表示的确切含义，包括词的范围、程度深浅、分量轻重以及与其他近义词的区别等。涉及的地址、地名、名称也应详细准确。地址、地名要写明省、市、县、街道、路名、门牌号等。单位名称最好用全称，不能用简称。其次还要多用书面语，慎用口语词，书面语词应规范，意义较单一，歧义较少，为表述准确，一般不用口语词和方言词。

语言表述要完整就是表达要严密，要多使用限制性词语和符合语法规范的语句。所谓限制性词语包括副词、介词及其短语，也包括名词，形容词及其短语。限制性词语的运用能准确地规定事物的性质，从而实现语意准确。

本章重点学习农业技术合同的书面形式即合同书的写作。

第二节 农业技术开发合同

一、农业技术开发合同概述

1. 技术开发合同的概念、种类

农业技术开发合同是指当事人之间就新技术、新产品、新工艺或者新材料及其系统的研究开发所订立的合同。我国农业技术开发合同分为委托开发合同和合作开发合同两种。

农业技术委托开发合同是指当事人一方委托另一方进行的为研究开发所订立的确立权利义务关系的合同。农业技术委托开发合同中研究开发方要按委托人的要求完成研究工作并提交开发成果；委托人应按照合同约定支付研究经费和报酬。

农业技术合作开发合同是指当事人各方就共同进行的研究开发所订立的确立权利义务关系的合同。双方当事人共同参加新技术的研究开发工作是合作开发合同订立的前提。双方当事人可以共同完成全部研究开发工作，也可以约定分工，分担相应的开发研究工作。

2. 农业技术开发合同的特点

（1）标的是具有创造性的技术成果　农业技术开发合同的履行过程是个从无到有、从未知到相对已知的创新过程，农业技术开发合同的标的就是这一创新过程产生的技术成果。也就是说，农业技术开发合同的标的存在于开拓未知技术领域、解决新技术课题的过程之中，在当事人签订开发合同时尚不存在，只有经过合同当事人一方或双方的研究开发才能取得。

（2）双方当事人共担开发风险　农业技术开发合同标的的创造性决定了开发行为存在风险，在农业技术开发合同履行过程中，可能会出现因无法克服的技术困难，导致研究开发失败或部分失败，对此产生的损失双方如何承担，当事人应在风险条款中加以事先约定。《中华人民共和国合同法》第338条明确指出风险由当事人合理分担。

（3）农业技术开发合同是诺成、双务、有偿、要式合同　农业技术开发合同是诺成性合同，合同成立不必有物的交付行为，当事人的意思表示一致，合同即告成立。同时它又是双务、有偿合同，当事人双方均负担合同义务，一方从另一方取得利益必须付出一定的代价。《合同法》规定技术开发合同应当采用书面形式，因此是要式合同。

总之，农业技术开发合同是当事人双方就农业技术研究开发所订立的确立相互之间权利和义务的合同。订立农业技术开发合同要以促进农业科学技术的进步，加速农业科学技术成果的转化、应用和推广为主要目的。

二、农业技术开发合同的基本格式

农业技术开发合同的格式一般为标题、首部、主体和尾部四部分。

1. 标题

完整的标题可以是"……技术委托（或"合作"）开发合同（书）"，在"合同"两字前写出订立合同的事由，例如"盆栽苹果技术委托开发合同"，"盆栽苹果技术委托开发"就是订立此合同的事由，"委托开发"也表明合同的种类。如果是合作开发，事由可写成"盆栽苹果技术合作开发"。简化的合同标题可只写"委托开发合同"、"合作开发合同"，也可写成"技术开发合同"、"合同"。

2. 首部

主要包括当事人的基本情况，位于合同正文的最前面，一般要写明订立合同双方即甲方或乙方（或三方，即甲、乙、丙方）单位全称，法人或负责人姓名。此项与落款最好不重复，如首部可只写让与方与转让方和受让方单位名称或法人代表姓名，其他具体信息可在落款处详细写明，以避免繁杂的开头，如范文一。

3. 主体

主要包括引言、标的、义务、违约、成果、保密、风险等，一般采用条文式格式，篇幅长的合同可以章断条连。

(1) 引言 引言是用来交代订立合同的目的，一般一句话："为了……订立如下合同"或"根据……订立如下合同"，后以冒号引出下文。

(2) 标的 标的指合同当事人双方权利和义务所共同指向的对象。它是合同成立的必要条件，是一切合同的必备条款，没有标的的合同是无效合同。农业技术开发合同的标的是无形的智力成果即研究成果，可以通过描述标的物及其标准如项目名称、应达到的技术水平等来表述标的。如果范文一中的1、2、3项。此项内容要写得清楚具体，不产生歧义。

(3) 义务 义务包括甲乙双方义务，是对双方作出或禁止作出一定行为的一种约束。这一项内容是合同的主体，也是合同要表述的主要内容，如范文一的4、5项。此项内容表述要尽可能详细，甲方义务通常包括项目投资、支出方式（可以选择下列支付方式：①实报实销的方式；②一次总算，分期支付，包干使用的方式；③"研究开发经费"＋提成费的方式）、协助事项等；如果是合作开发，乙方的义务通常包括项目计划、研究路线、经费使用、成果提供、协助事项等。双方在对上述内容共同协商的基础上还要对文字进行推敲，语言表达要十分准确，避免日后纠纷的产生。

(4) 违约 违约责任是与应承担的义务相对应的。应承担的义务是从正面表述双方各应作出或禁止作出的行为，违约责任是从反面表述未承担上述义务时应承担的责任，也是合同中必不可少的一项内容，如范文一中的6、7项。此项内容要尽量周密全面，通常包括根据双方各自的义务逐项规定出未承担此项义务时所要承担的责任，与义务内容是一一相对的，不要遗漏，避免出现问题后由于责任不清，无人承担后果。同样，双方在共同协商好上述内容后，也要对语言进行仔细推敲，确保每一项内容都是双方真实意思的表达，避免产生歧义。

(5) 成果 农业技术开发合同是以智力成果为标的的，即使是委托开发，也要在合同中明确成果归属问题，这存在两种情况：如果双方当事人没有就该研究开发成果申请专利的意图，双方可以对该非专利技术成果的使用权和转让权作出约定；如果合同没有约定，视双方都有使用和转让的权利，但是研究开发方在将技术成果交付委托方之前，不得向第三方转让。如果双方当事人有申请专利的约定，可另立专利申请权或专利转让合同。如范文一 8。

(6) 保密 农业技术开发成果属商业秘密，所以双方通常要有保密约定。在协商的基础上，要明确双方保密的义务，对保密的时间和范围做出约定。

(7) 风险 农业技术开发存在一定的技术风险，双方还需明确风险承担问题，如范文一的10。当事人一方发现可能导致研究开发失败或部分失败的情形时，应当及时通知另一方并采取措施减少损失。没有及时通知并采取适当措施致使损失扩大的，应就扩大的损失承担责任。

(8) 成果验收和争议解决办法 成果的验收方法和标准、争议的解决办法也是合同的必要项目，这两项内容通常较明了，如本章范文一、范文二。

4. 尾部

合同的生效约定。通常是"本合同自双方当事人签字盖章之日起生效"。合同的落款，通常包括甲乙双方负责人签名、签字时间、签字地点、开户银行、账号等。如果有担保人，也要写出有关担保人的签名、签字时间、签字地点、开户银行、账号等。如范文一尾部。

三、农业技术开发合同的撰写要求

农业技术开发合同的撰写要求有以下5项。

① 农业技术开发合同是以新技术成果为标的，订立农业技术开发合同时，标的还不存在，可以通过描述标的物如项目名称、成果指标等对标的进行约定。项目名称要写得具体准确，体现出项目的技术特征和法律特征。如"羊胚胎移植技术委托开发"，"羊胚胎移植"是技术特征，"委托开发"体现的是法律特征。描述技术成果指标时要写明主要技术指标和经济指标。经济指标就是量化了的经济效益；技术指标指技术成果在本领域达到的技术标准和参数。此外，撰写此项内容时还需明确约定技术成果的形式，如：配方、图纸、论文、报告等技术文件；磁带、磁盘、计算机软件；动物、植物新品种、微生物菌种等。

② 农业技术开发合同乙方的义务项重点要撰写好开发计划，当事人双方应制订一个周密合理的工作计划，较大的开发项目应包括各种类计划如总体计划、年度计划、月度计划等。各类计划中要对研究路线、完成任务内容、解决的技术问题、达到的技术指标加以详细表述。

③ 研究经费是撰写义务项的重点，除要写明经费总额一项，还要对技术开发合同经费结算方式明确约定。方式主要有两种：一是经费包干。实行这种结算方式，在合同撰写时应明确研究开发方的报酬已包含在结余的研究开发经费中，委托方不另行支付报酬。二是实报实销。实行该结算方式，双方当事人应在合同中约定，当研究开发经费不足时，委托方应补充支付；当经费出现剩余时，研究开发方应如数返还。同时还应明确约定，研究开发的报酬数额，支付的形式和时限等。

④ 撰写技术成果的归属条款时，确认技术成果权属应当遵循两个原则：一是精神权利不可侵犯的原则，精神权利是指与技术成果完成者人身和创造性劳动不可分割的荣誉权和身份权。应按合同法第328条执行。二是经济权利合理分享的原则。经济权利是指通过使用、转让技术成果取得物质利益的财产权利。当事人应当根据平等互利的原则，依照合同法第339条、第340条、第341条的规定，在合同中约定技术成果合理的分享办法。

⑤ 争议的解决办法和名词术语的解释可以放在合同主体的最后两项，使合同内容更加周密。双方当事人可以约定采用协商解决、调解解决、仲裁解决或者诉讼解决四种解决方法中的一种或多种，但仲裁和诉讼不能同时选择。为了避免因关键名词和术语在理解、认识上发生误解而影响合同履行，当事人还要对合同中出现的一些特定名词和术语做必要的说明和注释。

【范文 6-1】

关于×××技术委托开发合同

委托方：_____，以下简称甲方；

法定代表人或负责人：_____；

研究开发方：_____，以下简称乙方；

法定代表人或负责人：_____。

依据《中华人民共和国合同法》的有关规定，经双方当事人协商一致，签订本合同。

1. 项目名称：_____。
2. 本技术开发项目在国内外的现状、水平及发展趋势：_____。
3. 本研究开发成果应达到的技术水平_____。
4. 甲方的主要义务

(1) 向乙方支付约定的项目投资。

(2) 按照如下方式分期支付上述项目投资：_____。

(3) 在合同生效后＿＿＿＿＿＿日内向乙方提供下列技术背景资料和原始数据：
(4) 甲方应向乙方提供如下的协助事项＿＿＿＿＿＿。
(5) 甲方应当及时进行如下事项接受研究开发成果＿＿＿＿＿＿。

5. 乙方的主要义务
(1) 认真制订和实施研究开发计划。
本研究开发项目的计划和进度（分阶段解决的主要技术问题、达到的目标和完成的时间）如下：＿＿＿＿＿＿。
本研究开发项目所采用的试验方法和技术路线（包括工艺流程）如下：＿＿＿＿＿＿。
(2) 合理使用研究开发经费。乙方对研究开发经费的使用，应专款专用，不得挪作他用。
(3) ＿＿＿年＿＿月＿＿日前在＿＿＿＿＿＿地向甲方交付约定的研究开发成果。
(4) 提供下列必要的技术指导和技术服务工作＿＿＿＿＿＿。

6. 甲方的违约责任
(1) 甲方迟延支付研究开发经费，造成研究开发工作停滞、延误的，乙方不承担责任。甲方应当支付数额为投资总额＿＿＿＿＿＿%的违约金。超过一定期限不支付研究开发经费或者报酬的，乙方有权解除合同，甲方应当返还技术资料或者有关技术成果，补交应付的报酬，支付数额为项目投资总额＿＿＿＿＿＿%的违约金。
(2) 甲方未按照合同约定提供技术资料、原始数据和协作事项或者所提供的技术资料、原始数据和协作事项有重大缺陷，导致研究开发工作停滞、延迟、失败的，甲方应当承担责任，但乙方发现甲方所提供的资料和数据有明显错误而没有通知甲方复核、更正和补充的，应当承担相应的责任。甲方逾期二个月不提供技术资料、原始数据和协作事项的，乙方有权解除合同，甲方应当支付数额为项目投资总额＿＿＿＿＿＿%的违约金。
(3) 甲方逾期二个月不接受工作成果的，乙方有权向合同外第三方转让或变卖工作成果。

7. 乙方的违约责任
(1) 乙方未按计划实施研究开发工作的，甲方有权要求其实施研究开发计划并采取补救措施。乙方逾期二个月不实施研究开发计划的，甲方有权解除合同。乙方应当支付数额为项目投资总额＿＿＿＿＿＿%的违约金。
(2) 乙方将研究开发经费用于履行合同以外的目的，甲方有权制止并要求其退还相应的经费用于研究开发工作。因此造成研究开发工作停滞、延误或者失败的，乙方应当支付数额为项目投资总额＿＿＿＿＿＿%的违约金并赔偿损失。经甲方催告后，逾期二个月未退还经费用于研究开发工作的，甲方有权解除合同。乙方应当支付违约金或者赔偿因此给委托方所造成的损失。
(3) 研究开发成果部分或者全部不符合合同约定条件的，乙方应当返还部分或者全部研究开发经费，支付数额为项目投资总额＿＿＿＿＿＿%的违约金。

8. 研究开发成果的归属和分享
履行本合同所完成的研究开发的成果归＿＿＿＿＿＿方所有。

9. 保密条款
本合同有效期内，双方当事人应对下列技术资料承担保密义务＿＿＿＿＿＿。本合同期满后＿＿＿＿＿＿年内，双方当事人应对下列技术资料承担保密义务＿＿＿＿＿＿。

10. 技术风险的承担

在履行本合同中,因出现无法克服的技术困难,导致研究开发失败或部分失败的,由此造成的风险损失由_____方负担。

11. 验收的标准和方法:_____。

12. 合同争议和解决办法如下:_____。

13. 有关名词和术语的解释:_____。

本合同自双方当事人签字盖章之日起生效。

甲方负责人(或授权代表)　　　　　乙方负责人(或授权代表)
签名:_____(盖章)　　　　　签名:_____(盖章)
签字时间:_____　　　　　　　签字时间:_____
签字地点:_____　　　　　　　签字地点:_____
开户银行:_____　　　　　　　开户银行:_____
账号:_____　　　　　　　　　账号:_____
甲方担保人(名称):_____　　　乙方担保人(名称):_____
地址:_____　　　　　　　　　地址:_____
负责人(或授权代表)　　　　　　　　负责人(或授权代表)
签字:_____(盖章)　　　　　签字:_____(盖章)
签字时间:_____　　　　　　　签字时间:_____
签字地点:_____　　　　　　　签字地点:_____
开户银行:_____　　　　　　　开户银行:_____

【评析】

这是农业技术开发合同的示范文本,甲方、乙方义务和违约责任构成主体部分,十分规范。

第三节　农业技术咨询合同

一、农业技术咨询合同概述

1. 农业技术咨询合同的概念

咨询业,是对第三产业中以咨询服务为特点的各种行业的总称。因其特点为智力型服务,也被人们称为"头脑产业",请咨询专家咨询被称为"借脑"。农业技术咨询属于科技咨询。从事农业技术咨询除应具有相关的专业知识外,还要求有比较强的逻辑思维能力、全局思维能力、职业性的思维和高度的职业责任心等。

广义的农业技术咨询包括诸多形式,本书中所讲的农业技术咨询主要指以提供农业技术咨询报告为结果的服务,如为咨询方提供农业技术产业等涉农产业及延伸产业的可行性研究报告,为咨询方编制项目申请报告、项目建议书,为咨询方提供管理咨询、投融资策划及技术中介等咨询服务等,电话咨询等口头咨询不包括在内。由于这类咨询常常责任大、时间长、投资多,所以在咨询前需签订合同来明确双方的权利和义务关系。

农业技术咨询合同是指当事人一方为另一方就特定技术项目提供可行性论证、技术预测、专题技术调查、分析评价报告所订立的合同。提出对合同标的要求并付款一方为委托方，提供特定技术项目成果一方为受托方。

2. 农业技术咨询合同的特点

（1）标的为特定的对象　农业技术咨询合同的标的是受托方为委托方提供可行性论证、技术预测、专题技术调查、分析评价报告等科学研究活动所指向的特定技术项目。

（2）特殊的履行方式　农业技术咨询合同主要是通过针对特定技术项目提出建议、意见和方案等方式来履行。

（3）特殊的风险责任承担原则　农业技术咨询合同委托方因实施受托方提供的咨询报告而造成了经济损失，除合同另有约定外，一般受托方不承担赔偿责任。

3. 与农业技术委托开发合同的联系与区别

技术咨询合同是咨询方委托被咨询方完成某一技术工作，所以农业技术咨询合同在这一点上与委托开发合同有相同之处；但技术咨询侧重于根据对方具体的要求提供解决方案，一般以咨询报告为成果形式，与研究开发某一项农业技术不完全相同，所以技术咨询合同也与技术开发合同有明显相同。农业技术开发合同重点是约定开发计划，而农业技术咨询合同侧重于对咨询报告的验收指标和方式的约定。

二、农业技术咨询合同的基本格式

农业技术咨询合同的格式一般为标题、首部、主体和尾部四部分，下面具体谈谈其格式与写法。

1. 标题

一般以"……咨询合同"为标题，"咨询合同"表明合同的类型，前面加上咨询的相关技术项目，如"农村小流域治理技术咨询合同"。简化的标题可只写"技术咨询合同"，如范文二；也可只写"合同"两字。

2. 首部

主要包括当事人的基本情况，位于合同正文的最前面，一般要写明订立合同双方即甲方或乙方（或三方，即甲、乙、丙方）单位全称，法人或负责人姓名。

3. 主体

主要包括引言、标的、内容、义务、验收、保密、违约、成果、风险等，一般采用条文式格式，篇幅长的合同可以章断条连。

（1）引言　为引出下文而作的一个必要交代，可以概括交代签订此合同的意义、目的或背景等。如范文二中："经上述双方当事人协商一致，签订本合同"就是一个必要交代，其主要目的是引起下文。

（2）标的　技术咨询合同的标的通常为技术项目，所以标的也可以以项目名称的形式出现，如范文二"第一条"。技术名称要具体，要使用简明、准确的语句来表述，要反映出合同的技术特征和法律特征，如"××产品研制技术"。此外，项目名称一定要与内容相符合。

（3）内容　应写明该合同是就此技术项目进行何种咨询，是可行性论证、技术预测、专题技术调查及分析评价或其他。同时应写明咨询活动的必要性、意义以及社会经济效益等内容。还应注明咨询形式即受托方是以什么样的方式来回答或完成委托方提出的技术问题。

(4) 义务　包括委托方义务和受托方义务，如范文二的第二、三条。委托方义务主要指要提供的资料和资金的名称、数量、时间和支付的方式等。受托方义务主要有完成咨询报告的时间及有关咨询报告的要求，如受托方完成技术咨询报告所应达到的技术指标及需提供的技术资料和有关附件。

(5) 验收　主要包括验收标准和验收方式两项，如范文二的第四条。当事人应本着科学、公正、实事求是的原则制定验收标准。验收可以约定采用鉴定会，专家评估等方式，也可以约定以委托方认可视为验收通过。

(6) 保密　主要包括保密内容、范围、期限及双方应承担的责任和义务，如范文二的第五条。对于技术咨询合同，此项内容一般不是必写，是否需要可根据技术项目具体情况来确定。

(7) 违约　包括委托方的违约责任和受托方的违约责任，如范文二的第六、第七条。违约责任与双方约定的义务相对应，委托方的违约主要围绕应提供的技术资料和资金，主要约定违约内容及应承担的赔偿责任、赔偿方式等。提供技术资料违约包括未提供、未如约提供或提供资料质量存在问题；资金支付违约包括未支付、未如约支付等。受托方的违约责任主要围绕咨询报告，主要包括未如约提交咨询报告应承担的赔偿责任和赔偿方式，提交的咨询报告质量不符合标准应承担的赔偿责任和赔偿方式。

(8) 成果　主要约定成果归属及双方对于成果享有的权利，如范文二第八条。技术咨询的成果归属问题比较复杂，可协商约定，通常在合同履行期间产生的成果属受托方，委托方利用受托方成果后产生的新成果属委托方。享有成果就享有相应的精神权利和经济权利。

(9) 风险　指咨询报告的实施风险责任，如范文二的第九条。虽然根据规定技术咨询报告实施由委托方承担，但为避免产生纠纷，最好在此进一步明确。

4. 尾部

包括合同的生效约定和落款，如范文二尾部。合同的生效约定，通常只是一句话："本合同自双方当事人签字盖章之日起生效"。合同的落款，通常包括甲乙双方负责人签名、签字时间、签字地点、开户银行、账号等。如果有担保人，也要写出有关担保人的签名、签字时间、签字地点、开户银行、账号等。

三、农业技术咨询合同的撰写要求

农业技术咨询合同的撰写要求有以下 5 项。

① 订立合同之前要审核对方的资质。咨询业是第三产业中的行业，其特点为智力型服务，因而也被人们称为"头脑产业"，请咨询专家咨询被称为"借脑"。从事技术咨询虽无需资金投入，但对从事咨询者专业水平及全面素质有很高要求，所以，在签订咨询合同以前要对受托方进行认真考查。

② 由于技术咨询涵盖范围相当广泛，所以相对于技术开发合同，技术咨询合同内容也比较复杂，在写作时要尽量做到具体周密。如可增加"咨询内容"一项，对咨询的项目展开来从各个方面加以约定，包括咨询项目的目的、意义、目前所处的研究阶段、咨询的具体问题等。

③ 验收也是技术咨询合同不可缺少的一项内容。技术咨询合同因其成果大都属于软科学范畴，具有无形、难以操作的特点，其验收标准一般不易以硬性指标衡量，所以在撰写验收指标一项时，不能过于苛刻或显失公平。此外不论采用何种方式验收，验收通过都应由验

收方出具验收证明文件。

④ 撰写保密项时要注意以下几点。a. 合同内容涉及国家安全和重大利益需要保密的，必须在合同中载明国家秘密事项的范围；b. 对合同中所涉及的仅为少数专家掌握并使拥有者在竞争中获得优势的技术情报、资料、数据、信息和其他技术秘密，当事人双方要约定承担保密义务；c. 当事人根据合同所涉及的进步技术、生命周期以及在竞争中的优势等因素，商定技术保密的范围、时间以及各方应承担的保密责任；d. 当事人双方可以约定，不管合同是否变更、解除或终止，合同保密条款继续有效，各方均应继续承担约定的保密义务；e. 保密条款不得与国家法律、法规及有关政策相抵触。

⑤ 关于违约责任的撰写。当事人应对违约金或者损失赔偿额的计算方法予以明确约定。如果合同中约定了违约金，违约金视同损失赔偿金额，损失赔偿额不重复计算。也可以特别约定损失超过违约金数额的，应补偿违约金不足部分。违约金不得超过合同报酬总额。损失赔偿额的计算不得显失公平，具体要求如下。

（1）委托方的违约责任。

① 委托方未按期支付报酬的，应当补交，并支付违约金或者赔偿损失。

② 委托方未按照合同约定提供必要的数据和资料，或者迟延提供合同约定的数据和资料，或者所提供的数据、资料有严重缺陷，影响工作进度和质量的，应当如数支付违约金或赔偿损失。

③ 委托方逾期 2 个月不提供或者不补充有关技术资料、数据和工作条件，导致受托方无法开展工作的，受托方有权解除合同，委托方应当支付违约金或者赔偿损失。

（2）受托方的违约责任

① 受托方迟延提交咨询报告和意见的，应当支付违约金，咨询报告和意见不符合合同约定条件的，应当减收或者免收报酬，支付违约金或者赔偿损失。

② 受托方不提交咨询报告和意见，或者所提交的报告和意见水平低劣、无参考价值的，应当免收报酬，支付违约金或者赔偿损失；

③ 受托方在接到委托方提交的技术资料和数据之日起 2 个月内不开展工作，委托方有权解除合同，受托方应当返还已收的报酬，支付违约金或者赔偿损失。

【范文 6-2】

关于×××技术技术咨询合同

甲方：_____

乙方：_____

经上述双方当事人协商一致，签订本合同。

第一条　项目名称：_____

第二条　委托方的主要义务

1. 自本合同生效后_____日内，向顾问方提供下列背景资料：_____。

2. 向顾问方支付报酬共_____元；分期支付。具体方式如下：_____。

第三条　顾问方的主要义务

1. 在_____年___月___日前完成咨询报告或解答委托方提出的问题。

2. 保证提出咨询报告符合下列要求：_____。

第四条　验收标准和方式条款

对顾问方提供的咨询报告，按以下标准验收：_____。

具体验收方式如下：_____。

第五条　保密条款

本合同有效期内，双方当事人应对下列技术资料承担保密义务：_____。

本合同期满后_____年内，双方当事人应对下列技术资料承担保密义务：_____。

第六条　委托方的违约责任

1. 委托方迟延提供合同约定的技术资料，或者所提供的数据、资料有严重缺陷，影响工作速度和质量的，应当如数支付报酬，并支付数额为_____的违约金。

2. 委托方逾期2个月不提供或者补充有关技术资料和数据，导致顾问方无法开展工作的，顾问方有权解除合同。委托方应当支付数额为_____的违约金。

3. 委托方迟延支付报酬，应支付数额为_____的违约金；委托方不支付报酬，应当退还咨询报告和意见，补交报酬，支付数额为_____的违约金。

第七条　顾问方的违约责任

1. 顾问方迟延提交咨询报告和意见的，应当支付数额为_____的违约金。

2. 顾问方提交的咨询报告不符合合同约定条件的，应当减收或免收报酬；不提交咨询报告和意见，或者所提交的咨询报告和意见水平低劣，无参考价值的，应当返还报酬，支付数额为_____的违约金。

3. 顾问方在接到委托方提交的技术资料和数据之日起超过2个月不进行调查论证的，委托方有权解除合同，顾问方应当支付数额为_____的违约金。

第八条　有关技术成果归属条款

在履行本合同过程中，受托方利用委托方提供的技术资料和工作条件所完成的新技术成果，除合同另有约定外，属于受托方；委托方利用受托方的工作成果所完成的新技术成果，除合同另有约定外，属于委托方。对新的技术成果享有所有权（或者持有权）的一方当事人，可依法享有就该技术成果取得的精神权利（如获得奖金、奖章、荣誉证书的权利）、经济权利（如专利权、非专利技术的转让权、使用权等）和其他利益。

第九条　咨询报告的实施风险责任条款

委托方在实施顾问方提供的经过验收合格的咨询报告和意见过程中出现的不良后果和经济损失，由委托方承担责任。

本合同自双方当事人签字、盖章后生效。

顾问方负责人（或授权代表）　　　　委托方负责人（或授权代表）

签名：_____（盖章）　　　签名：_____（盖章）

签字时间：_____　　　　　签字时间：_____

签字地点：_____　　　　　签字地点：_____

开户银行：_____　　　　　开户银行：_____

账号：_____　　　　　　　账号：_____

顾问方担保人（名称）：_____　委托方担保人（名称）：_____

地址：_____　　　　　　　地址：_____

负责人（或授权代表）　　　　　　负责人（或授权代表）

签字：_____（盖章）　　　签字：_____（盖章）
签字时间：_____　　　　　　签字时间：_____
签字地点：_____　　　　　　签字地点：_____
开户银行：_____　　　　　　开户银行：_____
账号：_____　　　　　　　账号：_____

【评析】

这是农业技术咨询合同的示范文本，首部简单，尾部详细，且由甲方、乙方义务和违约责任构成主体部分，十分规范。

第四节　农业技术服务合同

一、农业技术服务合同概述

1. 农业技术服务合同的概念、种类

农业技术服务合同是指当事人一方以知识或技术为另一方解决某一特定技术问题时所订立的合同。提出要求并付款委托对方解决技术问题的一方称为委托方，为委托方提供技术服务的一方称为服务方。这些特定技术问题包括：规划设计服务、产品加工工艺服务、测试分析服务、农业的产前、产中、产后技术服务等。

农业技术服务合同包括的种类非常多，凡是当事人之间订立的需要用科学技术知识解决特定技术问题的合同，大都属于技术服务合同，农业技术培训合同和农业技术中介合同是其中的两个特殊种类。技术培训合同是指当事人一方委托另一方对指定的专业技术人员进行特定项目的技术指导和专业训练所订立的合同。技术中介合同是指当事人一方以知识、技术、经验和信息为另一方与第三方订立技术合同进行联系，介绍、组织工业化开发并对履行合同提供服务所订立的合同。

2. 农业技术服务合同的特点

农业技术服务合同有以下特点。

（1）服务主体为专业科技人员　服务方一般都是掌握一定专门科学技术知识，具有一定学历和专业技术职称的科技人员，服务方可以运用自己掌握的科技知识，同时或先后为多家委托方重复提供本专业范围的技术服务。

（2）服务技术属非创新型技术　服务方向委托方提供的技术服务是日常专业工作中反复运用的现有知识和经验，不包括专利技术和专有技术。

（3）农业技术服务合同确立的是一种特殊的知识型劳务关系　服务方利用自己掌握的技术知识、经验或信息为委托方完成某项工作，如策划制订施工方案、农产品加工工艺设计、专家产品鉴定等，委托方按照约定检查验收并支付报酬。

3. 与其他种类的联系与区别

农业技术服务与农业技术咨询在一方委托，另一方以科学技术知识解决技术问题这一点上是相同的。但农业技术服务的直接结果是劳动成果，而农业技术咨询的直接结果是咨询报告，对实施咨询报告后产生的结果一般不负责任。与农业技术咨询合同重点约定验收指标不同，农业技术服务合同重点内容是除与验收相关的事宜，还要约定与保证期相关的内容。农

业技术服务与农业技术开发不同点是前者提供的是日常专业工作中现有的知识和经验，而不是创新型技术，所以农业技术服务合同的重点是服务的内容、形式和要求而不是开发计划。

二、农业技术服务合同的基本格式

农业技术报务合同的格式一般为标题、首部、主体和尾部四部分。具体谈谈其格式与写法。

1. 标题

如前所述，要采用规范标准的标题形式，常用的表达式为"关于×××技术的技术服务合同"，"关于"后加上委托服务的技术项目名称，如"犬类细小病毒防治"等。完整的标题既体现了合同的技术特征——犬类细小病毒防治技术，又体现了合同的法律特征——技术服务。

2. 首部

写法与要求与前者相同，此不赘述。

3. 主体

主要包括引言、标的、内容、义务、验收、报酬、违约等，一般采用条文式格式，篇幅长的合同可以章断条连。

（1）引言 与上述两种农业技术合同相同，农业技术服务合同的主体部分也是以引言开头引出下文，如范文三中"依据……签订本合同"一段。

（2）标的 技术服务合同同样是以技术成果为标的，同样要通过对标的物的描述来约定标的，如范文三中"项目名称"。

（3）内容 包括农业技术服务的特征、标的范围及效益情况；特定技术问题的难度、主要技术经济指标；具体的做法、手段、程序以及交付成果的形式。此项可表述为"服务内容、形式和要求"，如范文三中的第一项。

（4）义务 在农业技术服务合同中，此项内容表述为"工作条件和协作事项"、"履行期限、地点和方式"，这是技术服务合同特有的内容，如本章范文三中二、三项。技术服务多为服务方到委托方要求的实地进行工作，为服务方提供必备的工作条件、进行必要的协助是委托方的义务；在一定期限内、一定的地点为委托方提供其所要求的方式的服务，是服务方的义务。

（5）验收 主要约定验收的标准和方式，如本章范文三中的四项。但农业技术服务多为实地技术操作，其结果有些不能立即出现，但服务方在一定的时限内对其技术服务产生的直接结果应承担责任，这即包括产生的效果，也包括产生的不良结果；所以还要对保证期和保证内容、方式进行约定，如范文三中的四的第四项。

（6）报酬 农业技术服务属有偿劳务支出，所以双方应明确约定服务方提供技术服务所应获得的报酬，重点约定劳务总额及其支付方式，及未包括在劳务中但与技术服务相关的一些活动产生的费用的支付方式等，如范文三中的第五项。

（7）违约 同前面两种合同相同，此项重点约定违约责任的承担和赔偿方式，如范文三中的六。责任与义务相对应，谁未完成约定义务，谁承担违约责任，承担的方式主要是赔偿。双方要重点约定赔偿金额的数量。

（8）争议的解决办法和名词术语解释可视需要而定。

4. 尾部

同前。也可见范文 6-3 最后，此不赘述。

三、农业技术服务合同的撰写要求

农业技术服务合同的撰写要求有以下 6 项。

① 为加强农业技术服务合同的规范性，根据需要引言也可写得再严密些。如："鉴于甲方（委托方）需要就×××技术项目由乙方（服务方）提供技术服务；鉴于乙方愿意接受甲方的委托并提供技术服务；根据《中华人民共和国合同法》有关技术合同的规定及其他相关法律法规的规定，双方经友好协商，同意就以下条款订立本合同，共同信守执行"。

② 如果是技术培训合同，"服务的内容、形式和要求"一项应当填写培训内容和要求、培训计划、进度；如是技术中介合同应当填写中介内容和要求。此项内容是农业技术服务合同内容的重点，要详细说明。技术服务的方式主要是指完成技术服务工作的具体做法、采用的手段和方式。技术服务的要求是指完成特定技术服务项目的难度、具体的技术指标、经济指标以及实施效果。

③ "工作条件和协作事项"包括委托方为服务方提供的资料、文件及其他条件，还包含双方协作的具体事项等。委托方应提供的工作条件包括生活条件如场所、交通、食宿等。属技术培训合同，此条款填写培训所需的必要场地、设施和试验条件以及当事人各方应当约定提供和管理有关场地、设施和实验条件的责任等。协作事项应约定地明确具体，要尽量写明提供的资料及工作条件，具体时间、内容、数量、方式和要求等。

委托方应协作的事项主要有以下几个方面。①向服务方阐明所要解决的技术问题的要点，提供有关技术背景材料及有关技术、数据、原始设计文件及必要的样品材料等；②根据服务方的要求补充说明有关情况，追加有关资料、数据；③提供给服务方的技术资料、数据有明显错误和缺陷，应及时修改、完善；④为服务方开展服务工作提供场所和必要的工作条件。

④ 履行期限是指从开始履行到履行完毕的具体时日，以及分阶段履行的各阶段的起止时日。如委托方协作事项应在_____日内完成；服务方应在本合同生效后_____日内完成技术服务项目等。如双方未约定履行期限，服务方可以随时履行，委托方也可以随时要求对方履行但应给对方必要的准备时间。履行地点可以由双方约定在委托方所在地，也可以约定在服务方所在地，或者双方同意的其他地点。如果约定不明确，则推定在委托方所在地履行。

⑤ 对保证期进行约定是农业技术服务合同的特殊内容。农业技术大多生产周期较长，有些技术结果短期内不会发生，所以撰写保证期要根据具体项目内容约定科学的期限。另外，农业生产受自然条件影响较大，所以在约定保证事项、弥补措施时要充分考虑非人为因素的影响，做到科学而公正。

⑥ 由于农业技术服务工作运用的大多是日常工作中已有的科学知识和技术，除特殊情况外无需约定"保密"事项。农业技术服务合同一般也不撰写"成果"、"风险"两项内容。但因技术服务为有偿劳务之支出，所以要明确约定有关"劳务费"事项。

【范文 6-3】

关于×××技术技术服务合同（含技术培训、技术中介）

委托方：_____

服务方：_____

依据《中华人民共和国合同法》的规定，合同双方就_____项目的技术服务（该项目属_____计划），经协商一致，签订本合同。

项目名称：_____

一、服务内容、形式和要求

_____

_____

二、工作条件和协作事项

_____

_____

三、履行期限、地点和方式

_____

_____

四、验收标准和方式

技术服务或者技术培训按_____标准，采用_____方式验收，由_____人出具服务或者培训项目验收证明。

本合同服务项目的保证期为_____。在保证期内发现服务质量缺陷的，服务方应当负责返工或者采取补救措施。但因委托人使用、保管不当引起的问题除外。

五、报酬及其支付方式

（一）本项目报酬为（服务费或培训费）：_____元。

服务方完成专业技术工作，解决技术问题需要的经费，由_____人负担。

（二）支付方式（按以下第_____种方式）：

①一次总付：_____元，时间：_____。

②分期支付：_____元，时间：_____；

_____元，时间_____。

③其他方式：_____

_____

六、违约金或者损失赔偿额的计算方法

违反本合同约定，违约方应当按《合同法》第三百六十二条规定，承担违约责任。

技术培训、技术中介违反本合同约定，违约方应当按技术合同行政法规的有关规定，承担违约责任。

（一）违反本合同第_____条约定，_____人应当承担违约责任，承担方式和违约金额如下：_____

（二）违反本合同第_____条约定，_____人应当承担违约责任，承担方式和违约金额如下：_____

_____

（三）_____

_____

七、合同争议的解决方式

本合同在履行过程中发生的争议，由双方当事人协商解决；协商不成的，按下列第_____种方式解决：

（一）提交_____仲裁委员会仲裁；
（二）依法向人民法院起诉。

签订地点：_____省_____市（县）

签订日期：_____年_____月_____日

有效期限：_____年_____月_____日至_____年_____月_____日

【评析】

这是农业技术服务合同的示范文本，乙方义务集中体现在一、二、三、四项，甲方义务集中体现在第五项，乙方责任集中体现在第六项，体现了服务合同的特点。

第五节　农业技术转让合同

一、农业技术转让合同概述

1. 技术转让合同的概念、种类

农业技术转让包括专利权转让、专利申请权转让、专利实施许可和技术秘密转让。

（1）农业技术专利权转让　指专利权人将自己拥有或持有的专利授权移交给受让方，受让方支付约定价款而成为新的专利权人，享有原专利权人所享有的专利权；转让方按约定收取价款后，则失去专利人的资格。

（2）农业技术专利申请权转让　指享有专利申请权的当事人将该项专利移交给受让方，受让方因向转让方按约定支付价款而成为新的专利申请权人；转让方按约定收取受让方的价款后，则失去了专利申请权人的资格。

（3）专利实施许可　专利实施是指专利技术的推广和应用。专利技术是某产品时，实施则指生产、使用和销售；专利技术是方法时，实施则指使用该专利方法。专利实施许可合同包括以下几种。

① 独占实施许可。指受让方在规定的范围享有对合同的专利技术的使用权，转让方或任何第三方都不得同时在该范围内具有对该项专利技术的使用权。

② 排他实施许可。指受让方在规定的范围内享有对合同规定的专利技术的使用权，转让方仍然保留在该范围内的使用权，但排除任何第三方在该范围内对同一专利技术的使用权。

③ 普通实施许可。指受让方在规定范围内享有对专利技术的使用权，同时转让方不仅保留着在该范围内对该项专利技术的使用权，而且还保留着在该范围内将该项专利技术的使用权出让给任何第三方的权利。

（4）技术秘密转让　指为少数人所独占、处于保密状态、没有获得专利权的技术的转让。技术秘密转让的技术应当是已知的（让与方已经研究开发成功的技术）、秘密的（该项技术只在一定范围内被特定人或者少数人所掌握所知晓、不能从公共渠道直接获得）和有实用价值（能够使拥有者获得经济效益或竞争优势）的技术。

农业技术转让合同是指当事人就专利权转让、专利申请权转让、专利实施许可、技术秘密转让所订立的合同。转让一方称让与方，接受一方称受让方。

根据上述转让内容，农业技术转让合同可分为如下四种。

（1）农业技术专利权转让合同　指让与方将自己拥有或持有的专利授权移交给受让方，

受让方支付约定价款而订立的合同。

（2）农业技术专利申请权转让合同　指让与方即对发明创造享有专利申请权的当事人将该项专利移交给受让方，受让方支付约定价款所订立的合同。

上述两种合同最大的区别在于合同标的权利化程度的不同，专利权转让是对法律赋予了专利权的技术成果进行转让；专利申请权转让是法律上并未赋予专利权而有可能获得专利权的技术成果进行转让。

（3）农业技术专利实施许可合同　指专利权人或者其授权人作为让与方在约定的范围内实施专利转让，受让方支付约定价款所订立的合同。

（4）农业技术秘密转让合同　指让与方将拥有的技术秘密提供给受让方，明确相互之间对技术秘密的使用权、转让权，受让方支付约定使用费所订立的合同。

2. 农业技术转让合同的特点

农业技术转让合同也是双务、有偿、诺成合同，应当采用书面形式。根据《合同法》第343条之规定，技术转让合同可以约定让与人和受让人实施专利或者使用技术秘密的范围，但不得限制技术竞争和技术发展。具体说来，其特点有如下3点。

（1）标的是现有的、特定的和权利化的技术成果　技术成果应当同时具备下述3个条件：①是一项完整的技术方案；②订立合同时已经存在；③当事人之间受专利技术成果或技术秘密之权属的约束。尚未开发的技术成果，没有专利或技术秘密权属的知识、技术、经验和信息，均不属于技术转让范围。

（2）所转让的是技术成果使用权　受让方接受转让的目的是为了利用技术并取得高于现有技术的价值。一般情况下，让与方将技术成果交付受让方之后，并不丧失对该技术成果的所有权，而受让方只是取得对该项技术的使用权。

（3）有效期较长　技术商品是知识性、经验性很强的商品，合同期限长短直接关系到当事人双方的切身利益。如果合同期限过短，让与方会感到无利可图，不愿转让技术；受让方则怕影响其吸收、消化和掌握该技术，达不到受让技术的目的。所以，技术转让合同的有效期一般较长。

3. 与其他种类的联系与区别

（1）农业技术开发合同是双方就某项技术成果的研究订立的合同，订立合同时技术成果尚不存在，开发计划是合同的主要条款；农业技术转让是技术成果权属发生由此到彼的转移，订立合同时技术成果已经存在。

（2）农业技术咨询合同是一方借用另一方的知识技术就某项技术问题提供方案，合同完成时受托方转移的只是思维成果，咨询合同的主要条款是围绕咨询报告的验收；农业技术转让合同转让的现有技术成果的权属。

（3）农业技术服务合同是一方为另一方提供某项日常使用的技术，订立合同时此项技术不具有保密性，服务合同重点围绕服务内容、方式和要求而定；农业技术转让合同涉及的是具有保密性专利技术或权利。

二、农业技术转让合同的基本格式

农业技术转让合同的格式一般为标题、首部、主体和尾部四部分，下面以农业技术秘密转让合同为例具体谈谈其格式与写法。

1. 标题

为表达严密，应使用规范完整的标题，即"关于……技术的技术的转让合同"，如"关于生态养猪技术的技术转让合同"。其中，"生态养猪技术"是合同的技术特征，"技术转让"是合同的法律特征。

2. 首部

与前相同，此不赘述。

3. 主体

主要包括引言、标的、义务、验收、违约、转让期、保密、风险等，一般采用条文式格式，篇幅长的合同可以章断条连。

（1）引言　针对农业技术转让合同的特点，在引言部分作必要说明。写得比较好的引言，如范文四第三段。

（2）标的　技术是技术转让合同的标的，有关技术的技术指标和经济指标应当在合同中详细规定便于履行，如范文四一、二、三项。这包括技术项目的名称（包括生产产品名称）、技术的主要指标（参数）、使用注意事项、经济效益等。这些数据表明了技术的内在特征，同时也是当事人计算使用费或者转让费的依据。

（3）义务　包括甲乙双方的义务。甲方的义务主要包括让与的具体时间、其他服务；乙方的义务主要包括技术转让费及其支付办法，见范文四的四、五项。标的项如果对转让技术描述不够具体清楚，在甲方义务这项内容中就要对所转让技术做一个全方位描述。乙方义务项因涉及钱款及付款具体时间、方式，所以要严谨，马虎不得。

（4）验收　主要针对标的技术的技术指标约定验收的标准和方式，如范文四的第六项。

（5）违约　包括甲乙双方的违约责任。确定违约责任主要根据各自的义务；确定赔偿方法，主要根据应承担责任的大小和给对方造成的损失，见范文四的七、八项。

（6）转让期　指合同的有效期，与其他农业技术类合同比，转让技术合同的有效期通常较长。对于转让合同这是非常重要的一项内容，不仅要在主体体部分单独列项来写，还要把有效期的具体起止时间写出，还要写出有效期共多少天。如范文四的九。

4. 尾部

同其他，此不赘述。

三、农业技术转让合同的撰写要求

农业技术转让合同的撰写要求主要有以下 4 点。

① 订立专利权、专利申请权转让合同时，应符合专利法的有关规定：a. 全民所有制单位转让专利权或专利申请权时，必须经上级主管机关批准；b. 单位或个人向外国人转让专利权或专利申请权的，必须经国务院有关主管部门批准；c. 当事人转让专利权或专利申请权必须订立书面合同，经专利局登记或公告后生效；d. 受让方按照合同规定取得专利权或专利申请权而引起纠纷时，让与方应当负责。

受让方应当保证对技术的利用。转让方要保证受让方真正获得技术知识。专利权转让合同订立前，转让方已经实施发明创造的，在合同成立后，让与方应停止实施，合同另有约定的除外。专利申请权转让合同不影响让与方在合同成立前与他人订立的非专利技术转让合同的效力。

② 撰写技术指标时，要注意专利与技术秘密的有效性。专利的有效性主要体现转让的专利或者许可实施的专利应当在有效期限内；超过有限期限的专利技术，不受法律保护。技术秘密的有效性主要体现保密性上，即不为社会公众所知，是所有人的独家所有。如果是已为公众所知的技术，就谈不上是技术秘密，当然也就不存在转让问题。

③ 撰写乙方义务时要注意，转让费用包括转让费和使用费。在专利转让情况下，受让人应当支付转让费。转让费根据技术能够产生的实际价值计算，通常规定一个比例，便于操作。在实施许可的情况下，则根据使用的范围和生产能力以及是否是独家等因素考虑转让费或者使用费的数额。

④ 撰写乙方违约责任时要注意：受让人未按照约定支付使用费的，应当补交使用费并按照约定支付违约金；不补交使用费或者支付违约金的，应当停止实施专利或者使用技术秘密，交还技术资料，承担违约责任。实施专利或者使用技术秘密超越约定范围的，未经让与人同意擅自许可第三人实施该专利或者使用该技术秘密的，应当停止违约行为，承担违约责任；违反约定的保密义务的，应当承担违约责任。

【范文 6-4】

关于×××技术技术转让合同

让与单位＿＿＿＿＿＿，以下简称甲方；

受让单位＿＿＿＿＿＿，以下简称乙方。

为了保障技术商品合理转让，有偿付诸应用，促使新产品早日试制并投放市场，提高经济效益，甲乙双方根据自愿互利的原则协商一致，特订立本合同，以便双方共同遵守。

一、甲方将＿＿＿＿＿＿技术转让给乙方，乙方使用该项技术生产＿＿＿＿＿＿产品。

二、甲方转让技术应达到的主要技术经济指标和经济效益。

1. 该项技术的参数，所生产产品的数量、质量指标，最低或正常的生产能力，单项规格、公差等。

2. 经济效益

三、国内外运用该项技术的情况和经济效益

四、甲方的义务

1. 甲方应于＿＿＿＿年＿＿＿＿月＿＿＿＿日以前将＿＿＿＿技术的资料和设备、配件等（可用表格列出）交付乙方。

2. 甲方负责在＿＿＿＿年＿＿＿＿月＿＿＿＿日日派出技术人员＿＿＿名到乙方单位，指导乙方安装设备和产品试制工作，并派员参与产品的鉴定工作。

3. 甲方在合同执行期间对转让给乙方的技术如有后续改进，应及时转让给乙方（双方协商互不相告技术后续改进内容者除外）。

4. 甲方转让给乙方的技术，应对第三方保密，不得扩散或转让。

五、乙方的义务

1. 双方协商议定，技术转让费按下列第（　　）项办法支付：

(1) 乙方向甲方交付技术转让费共＿＿＿＿＿＿元，一次总算支付。

(2) 乙方向甲方支付技术转让费，按甲方转让技术实施后新增销售额或利润的＿＿＿＿＿＿％提成。

(3) 双方按商定的其他办法计算和支付技术转让费用。

（如双方商定有预交定金条款，应专条规定定金的金额和交付时间。）

2. 在设备安装和产品试制过程中，乙方应服从甲方技术人员的指导。乙方应为甲方派出的技术人员提供工作和生活方便。

3. 乙方对甲方转让的_____技术不得向第三方扩散和转让（双方商定同意乙方转让者除外）。乙方对甲方转让的技术如有后续改进，应告之甲方改进内容。

六、转让技术的验收标准与验收方式

1. 验收标准

2. 验收方式

七、甲方的违约责任

1. 甲方如不按合同规定的时间，数量及质量向乙方交付技术资料、设备和配件，应向乙方偿付相当于技术转让费_____%的违约金。如甲方迟延交付技术资料、设备及配件，致使乙方接受甲方转让的_____技术已成为不必要时，乙方可以提出解除合同。

2. 甲方如不按合同规定的时间、数量及规格派出技术员，应承担乙方因此所受的损失。

3. 甲方如擅自将向乙方转让的技术又扩散，转让给第三方，应按技术转让费的_____%向乙方偿付违约金。

4. 甲方转让给乙方的技术如有纰漏，应及时更正和完善；如仍达不到合同规定的经济技术指标，应按技术转让费的_____%向乙方偿付违约金，并应赔偿乙方因此所受的损失。

八、乙方的违约责任

1. 乙方如不按合同规定的时间、数量向甲方支付技术转让费，应按银行关于延期付款的规定向甲方偿付违约金。

2. 乙方如擅自将甲方转让的技术扩散或转让给第三方，应按技术转让费的_____%向甲方偿付违约金。

3. 乙方如果在合同规定的时间内未将甲方转让的技术付诸生产，除应向甲方支付转让费外，不得干预甲方另将技术转让给第三方。

九、转让期

本合同从_____年_____月_____日起生效，截止_____年_____月_____日，合同期为_____年零_____个月。甲乙双方在合同期内不得随意更改或废除合同。

十、其他

甲乙双方如因不可抗力的原因不能履行合同，经有关部门证实后，不以违约论，但必须及时告知对方有关情况。

合同执行中如发生纠纷，双方属于同一系统的，由上级主管部门解决，不属同一系统的，或经主管部门调解不成的，任一方当事人可以提请合同仲裁机关仲裁或法院审理。

本合同正本一式二份，甲乙双方各执一份；合同副本一式_____份，交××××等单位各留存一份。

甲方_____（盖章）

代表人_____（盖章）

技术负责人_____（盖章）

开户银行_____

账号_____

详细地址_____
乙方_____（盖章）
代表人_____（盖章）
技术负责人_____（盖章）
开户银行_____
账号_____
详细地址_____

【评析】

这是农业技术转让合同的示范文本。本合同主体开头内容详细严肃，主要条款齐全，既简洁明了，又全面具体。

第六节 国际农业科技交流合作合同

一、国际农业科技交流合作合同概述

1. 国际农业科技交流与合作合同的相关概念

国际农业科技交流与合作是个相当宽泛的概念，包括的内容十分繁复，国际农业科技交流与合作应属于国际技术贸易的范围，所谓国际技术贸易是指不同国家的企业、经济组织或个人之间，按照一般商业条件，向对方出售或从对方购买软件技术（与硬件技术如设备的使用等相对应）使用权的一种国际贸易行为。它由技术出口和技术引进两方面组成。国际技术贸易是一种国际间的以纯技术的使用权为主要交易标的的商业行为，如果交易标的的技术涉及农业方面，就可以理解为农业科技交流与合作。国际技术贸易与商品贸易是有区别的：①技术贸易交易的对象是无形技术知识，而商品贸易交易的对象是有形实物商品；②技术贸易转让的是技术使用权，技术接受方不能取得技术标准的所有权，而商品贸易则是商品的使用权和所有权同时转让。

国际技术贸易采用的方式主要有许可贸易、技术服务与咨询、特许专营、合作生产以及含有知识产权和专有技术许可的设备买卖等，其中技术服务与咨询是农业科技交流与服务的最主要的方式。

国际技术贸易合同是分属两国的当事双方就实现技术转让目的而缔结的规定双方权利义务关系的法律文件。与国际技术贸易方式相对应，国际技术贸易合同也包括许可合同、技术服务和咨询合同、合作生产合同、设备合同等。其中技术服务和咨询合同是农业科技交流与合作中最基本、最典型、最普遍的合同形式，因此，本节重点介绍这种合同形式。

2. 国际农业科技交流与合作合同的特点

（1）内容的复杂性、综合性 大多是混合协议或综合协议，不但包括技术内容、范围，有时还包括设备转让、产品返销、技术培训等，不但合同条款多，而且还有附件。

（2）期限的长期性 大多数情况下，不但要提供必要的技术服务与指导，还要保证受让人能生产出符合合同规定的产品。此外，一般采用从利用技术所产生的利润中提成的方式计价，合同的期限一般与受让人掌握技术的水平、生产进度和规模有关，因此期限一般在5～20年之间。

(3) 很强的法律性　国际技术贸易本身涉及的法律比较多，如技术转让法、海关法、税法等，再加上国际农业技术交流与合作的合同双方当事人分别处于不同国家，合同的标的要跨越国界，当事人不仅要遵守本国法律，还要遵守对方国家的法律。所以，国际农业科技交流与合作合同会具体很强的法律性。

3. 与其他种类的联系与区别

技术服务和咨询是指独立的专家、专家小组、咨询机构作为服务方应委托方的要求，就某一个具体的技术课题向委托方提供高知识性服务，并由委托方支付一定数额的技术服务费的活动。国际农业科技交流与合作合同与前面四种农业技术合同的主要区别集中在跨越国界上，合同涉及的法律问题较多，所以首部与尾部比前四种要复杂。另外，这类合同的主要类别是国际咨询与服务合同，这时咨询与服务的区别可忽略不计。

二、国际农业科技交流合作合同的基本格式

国际农业科技交流合作合同的格式一般为标题、首部、主体和尾部四部分，下面以农业技术秘密转让合同为例具体谈谈其格式与写法。

1. 标题

完整的标题表达式为："××国×××公司与××国×××公司关于××××技术咨询服务合同书"，如范文五标题。实际应用中，因为国际农业科技交流合作合同会涉及许多法律问题，标题更需严谨。

2. 首部

与前四种合同首部基本相同，只是在概述当事人基本情况时，要有国籍和签订合同时间、地点两项，如范文五的开头部分。

3. 主体

主要包括引言、标的、义务、费用、违约、成果、保密、风险等，具体写法如下。

(1) 前言　与前四种合同一样，是用叙述性语言表明双方签约的愿望、目的、原则等，也可以说明服务方提供的技术名称、合法性及实施情况，如范文五主体部分第一段。

(2) 标的　主要写明合同项目名称、服务内容和最终要解决的问题或要达到的技术要求。国际技术服务合同内容常常很多，篇幅很长而此项内容又不可简单表达，所以常以附件形式着重说明，如范文五的第一项。

(3) 义务　包括乙方义务和甲方义务。乙方义务应写明派遣技术人员的人次、等级、资历、工作进度、工作地点和待遇条件，提供资料或报告的时间、地点和方式，以及完成技术服务和咨询的时限。如范文五重点围绕咨询报告来写，写到咨询报告的提交时间、提交方式、内容要求及补交事宜，十分具体。甲方义务主要包括按规定支付技术服务咨询费、为服务方工作生活应提供的条件和应提供的技术资料等，如范文五的第三项。

(4) 费用　写明币种和支付方式。范文五的第四项具体写明币种为美元，总费用的75％和25％支付的时间、条件等。

(5) 其他　包括的内容比较多，有费用、仲裁、不可抗力、生效等。如范文五的第五项除包括上述内容，还谈到所用语言等，十分具体。

一般技术服务咨询合同还有对技术服务的验收标准的规定和对违约赔偿的规定。

4. 尾部

与前面内容相同，此不赘述

三、国际农业科技交流合作合同的撰写要求

国际农业科技交流合作合同的撰写要求有以下 3 点。

① 应当写明签约地点。签约地往往决定所适用的法律。一般大中型项目应在我国签字，在国外签字要注意排除只能适用外国法的问题。还应当写明签约日期。如果双方或多方在不同时间签字的，要写明最后一方的签字日期，此日期通常解释为此合同的签约日期。

② 对于咨询报告要写明验收和处理。若属咨询性服务，则在咨询报告期限完了以后一定时间内，服务方要提供出咨询报告，双方举行答辩会，由服务方解答委托方提出的问题或质疑。若发现报告中有数据差错或其他问题，应规定纠正的期限，并确定验收报告的最终期限。

③ 我国在对技术引进的管理中为维护我方利益，根据我国实践经验并参考一些国家的立法作出以下规定，引进合同中不得含有下列不合理的限制性条款。

a. 要求受方接受同技术引进无关的附带条件，包括购买不需要的技术、技术服务、原材料、设备或产品；

b. 限制受方自由选择从不同来源购买原材料、零部件或设备；

c. 限制受方发展和改进所引进的技术；

d. 限制受方从其他来源获得类似技术或与供方竞争的同类技术；

e. 双方交换改进技术的条件不对等；

f. 限制受方利用引进的技术生产产品的数量、品种或销售价格；

g. 不合理地限制受方的销售渠道或出口市场；

h. 禁止受方在合同期满后，继续使用引进的技术；

i. 要求受方为不使用的或失效的专利支付报酬或承担义务。

依照我国法律规定，合同的引进方应自合同签订之日起的 30 天内，向审批机关报批。审批机关应在收到报批申请书之日起的 60 天内决定批准或不批准。审批机关逾期未予答复的，视为合同获得批准。经批准的合同自批准之日起生效，并由审批机关发给《技术引进合同批准证书》。

【范文 6-5】

××国××公司与××国×××公司关于××技术咨询服务合同书

甲 方：_____

地 址：_____

电 话：_____

法定代表人：_____

国 籍：_____

乙 方：_____

地 址：_____

电 话：_____

法定代表人：_____

国 籍：_____

签约时间_____

地点_____

甲乙双方在平等、互利基础上，经协商一致达成关于×××技术服务合同如下：

一、乙方向甲方提供的技术咨询服务范围如下××××××××××××××××××。（详见附件）

二、乙方的义务

1. 乙方应于_____年_____月份内派遣_____名身体健康、能够胜任工程咨询工作的专家来××国进行为期_____天的技术咨询服务，派出技术咨询专家的名单应事先征得甲方同意。

2. 乙方的专家应到现场考察，并正确、全面地解答甲方人员提出的咨询问题，在离开××国前，向甲方提交咨询报告初稿，并在离开××国后一个月内提交正式咨询报告，一式五份，报告的内容应包括附件中所列内容，并用×文书写。

3. 乙方的专家在××国进行技术咨询服务的时间为_____个日（包括_____个旅途日和_____个周末日），每周工作×天，每天工作×小时。

4. 专家在××国工作期间应遵守××国的法律和所在工作地区的有关规定。

5. 乙方将正式的技术咨询报告给甲方寄出后，应电传通知甲方如下内容：报告寄出日期、邮单号。

6. 技术咨询报告如在邮寄途中丢失，乙方接到甲方通知后应立即免费补寄。

三、甲方的义务

1. 根据本合同第一、二条所规定的乙方所提供的咨询服务，甲方支付给乙方总费用金额为_____美元（大写_____美元整）。

2. 为乙方专家提供在××国境内的食宿及工作需要的交通。

3. 提供工作必需的技术资料、图纸和技术文件。

4. 提供在××国工作所需的翻译人员。

5. 协助办理专家出入××国的签证和在××国居留、旅行手续并提供方便。

四、费用的支付

1. 本合同的费用以美元支付。

2. 本合同所规定的总金额的75%，在乙方所派专家到达××国××后，甲方凭收到的下列单据，经审核无误后3天内通过××银行向乙方支付：

（1）商业发票正本一份；

（2）商业发票复印本五份。

3. 本合同总金额的25%，在乙方完成技术咨询服务并提交正式的技术咨询报告后，甲方凭收到的下列单据，经审核无误后不迟于_____天通过××国银行和向乙方支付：

（1）商业发票正本一式六份；

（2）即期汇票一式两份；

（3）邮寄正式技术咨询报告的邮单或空运单一式两份。

五、其他

1. 凡在××国以外所发生的一切银行费用由乙方承担。在××国发生的一切银行费用由甲方承担。

2. 双方应对互相提供的一切资料给予保密，未经过对方书面同意不得向第三者透露。

3. 税费

1) ××国政府根据现行税法对甲方课征有关执行本协议的一切税费由甲方支付。

2）××国政府根据现行税法对乙方课征有关执行本协议的一切税费由乙方支付。

3）在××国境外课征有关执行本协议所发生的一切税费由乙方支付。

4. 仲裁

1）执行本合同所发生的或与本合同有关的一切争议，双方应通过友好协商解决。如协商仍不能达成协议时，则应提交仲裁解决。

2）仲裁在被诉方所在国进行。在××国，由××仲裁程序规则进行仲裁；在××国，由××××根据其仲裁程序规则进行仲裁。

3）仲裁裁决是终局性的，对双方均有约束力。仲裁费用由败诉方负担。

4）除了在仲裁过程中进行仲裁的部分外，协议应继续执行。

5. 不可抗力

签约双方中的任何一方，由于战争、严重水灾、火灾、地震、内乱、封锁、政变等不可抗力事件而影响合同执行时，则经双方协商后本合同可以暂停履行。如乙方专家在这种情况下需要回国的，甲方应负担回国旅费。

6. 执行本合同的一切文件与资料应以中英文书写，并采用公制单位。

7. 本合同经双方签字后需经中国政府批准才能生效。本合同以中英文写成一式两份，双方各执一份，具有同等效力。

××国××公司　　　　　　　　×国××××公司
地址：　　　　　　　　　　　　地址：
电传：　　　　　　　　　　　　电传：
甲方代表签字：　　　　　　　　乙方代表签字：
×国××公司　　　　　　　　　×国××××公司
时间：　　　　　　　　　　　　时间：
附件：技术咨询具体范围

【评析】

这是国际农业科技咨询与服务合同，在国际交流与合作中咨询与服务可视为一类。由于这类合同会涉及较多法律问题，首部和尾部均要不厌其详，其他内容与一般咨询或服务合同无明显区别。

综 合 训 练

一、基本概念练习

1. 填空题

（1）农业技术合同主要包括_____、_____、_____和_____四种合同。

（2）农业技术合同是当事人确立相互之间_____和_____的合同，当事人双方应遵循_____原则确定，否则属无效合同。

（3）农业技术合同的基本结构包括标题、_____、_____和_____。

（4）农业技术开发合同的标的是_____性的技术成果。

（5）农业技术转让合同的标的是_____的、_____的和权利化的技术成果

2. 选择题

（1）农业技术开发合同书的语言的主要特点是（　　）。

A. 生动形象　　B. 富于逻辑　　C. 准确完整　　D. 坚定有力
（2）农业技术开发合同的风险由（　　）承担。
　　A. 委托方　　B. 开发方　　C. 合作方　　D. 双方
（3）农业技术专利申请权转让合同指让与方将自己拥有或持有的（　　）授权移交给受让方，受让方支付约定价款而订立的合同。
　　A. 专利　　B. 专利申请权　　C. 技术　　D. 技术秘密
（4）农业技术服务合同有以下特点：（　　）。
　　A. 服务对象为专业科技人员
　　B. 服务技术属创新型技术
　　C. 农业技术服务合同确立的是一种特殊的知识型劳务关系
　　D. 服务一般属于无偿
（5）农业技术咨询合同委托方利用受托方成果后产生的新成果属（　　）。
　　A. 受托方　　B. 委托方　　C. 双方

3. 判断题（正确的打"√"，错误的打"×"）
（1）农业技术咨询合同在实施过程中产生的风险，责任由委托方承担。（　　）
（2）农业技术服务合同一般无需约定"保密"事项。（　　）
（3）农业技术转让转让的是技术成果的所有权。（　　）
（4）农业技术转让合同的转让期就是合同的有效期。（　　）
（5）开发计划是农业技术开发合同义务项中的重点内容。（　　）

二、简答题

1. 合同的诺成式、双务式、有偿式、要式合同分别指什么？
2. 农业技术咨询合同与农业技术开发合同的联系与区别是什么？
3. 农业技术服务合同与农业技术开发、咨询合同的区别是什么？
4. 农业技术转让合同有哪四种？

三、模拟写作练习

1. 根据下面这则报道，请撰写一份苦瓜设施栽培品种育种技术转让合同，要求：
① 参照示范文本，主要条款齐全；
② 所给条件不足时可补充，也可省略具体内容；
③ 让与方：××农业大学，受让方：湖北省××市××农业技术推广站。

　　日前，湖北省武汉市科技局组织专家对××农业大学园艺林学学院×××教授主持的"苦瓜耐低温材料的筛选及应用"项目进行了鉴定。专家组参观了国家蔬菜改良中心××分中心基地，并对育成的苦瓜新组合进行了实地考察，认真听取了项目组的汇报、审阅了技术研究报告，一致认为课题组成功选育的耐低温苦瓜是新种质材料和优良新组合，达到国内同类研究领先水平。

　　××农大"苦瓜耐低温材料的筛选及应用"项目通过对大量苦瓜种质的比较、筛选和鉴定，获得了7份优质、早熟、耐低温性强的苦瓜自交系，配制了21个杂交组合，通过对组合的配合力等性状的分析，筛选出综合性状优良、早熟、优质的新组合4个。其中适合设施栽培的两个组合的成功选育填补了苦瓜设施栽培无专用品种的空白。项目组还编写了《苦瓜无公害栽培技术规程》和《苦瓜杂交制种技术规程》，对苦瓜的无公害栽培和杂交制种有重要的指导意义。

2. 根据下面材料，撰写一份果树微灌施肥技术服务合同。要求：
① 参照示范文本，主要条款齐全；

② 所给条件不足时可补充，也可省略具体内容；

③ 委托方：××县果品生产公司，服务方：××农业科学院。

全球通货膨胀背景下，肥料等生产资料及人力成本的飞速上涨必将极大地刺激农业生产走资源节约型的发展之路。低成本、高效益将是首先要考虑的目标。水肥资源利用效率低的生产方式将在市场竞争中遭到淘汰，尤其在农产品市场开放后面对国际农产品的竞争时。

果树微灌施肥技术试验结果：节水 50% 以上，大量节约灌溉成本；节肥 50%～70%，大量节约肥料成本；节工 50%～90%，大量节约人工成本；增产 20%～100%，收益大幅增加；品质提高；品相好，竞争力强；边缘土地的利用。

第七章　专利类文书

【知识目标】

熟悉专利请求书范本及填写方法；掌握专利说明书的写作格式和要求；理解权利要求书的写作内容和发明申报书的基本格式和内容；了解品种权申请请求书的填写要求。

【能力目标】

学会填写专利请求书；能够进行专利说明书、权利要求书和发明申报书的撰写；学会填写品种权申请请求书。

【素质目标】

培养创新意识，明确专利、权利、发明、品种权在农业工作中的重要性，培养保护知识产权习惯；通过专利文书学习，具备针对性地养成创新能力的基本素质。

《中华人民共和国专利法》（以下简称《专利法》）和《中华人民共和国专利法实施细则》中，对于专利发明类文书的撰写是有严格规定的。在本章之中，主要介绍专利发明类文书，扼要介绍品种权申请请求书。专利发明类文书是一个系列组合体，是发明创造者为取得自己对某项发明创造所独有的实施权，按照国家有关法律法规的规定程序而制作的一系列文书的统称。专利发明类文书包括专利请求书、专利说明书、权利要求书、发明申报书和授予专利权决定书等。专利发明类文书是科技实用写作中专业性、规范性很强的文书种类，是农业科技工作者应掌握的重要文体之一。专利文书一旦经过了专利局的批准就成为具有法律效力的文件。品种权申请请求书是申请新品种保护的重要文书，是培育人或单位落实自己权益的重要环节。

高职高专学生毕业后将从事一些专业技术工作，自然会涉及一些发明创造、专利请求和新品种保护方面的工作，学习专利发明类文书和品种权申请请求书的写作是建设创新型国家的需要，也是今后从事技术性工作的需要。

第一节　专利请求书

一、专利请求书概述

专利请求书是专利申请人为自己的发明创造而向国家专利局要求授予其发明创造专利权所提交的一系列文件的总称。它是专利申请的综合情况的汇总，是申请授予专利权时最主要的申报文件。按照《专利法》的规定，我国专利请求书有三类，即发明专利请求书、实用新型专利请求书和外观设计专利请求书。这三类专利请求书的格式和内容要素基本相似，均为表格式，由国家专利局统一制订，但它们也有各自不同的要素。

无论是哪类专利请求书，它们都有如下特点。

① 内容的专利性，即内容新颖、有创造性和实用价值，是融技术、法律和经济内容于

一体的文书。

②行文的规范性，即专利请求书有确定的填写内容，形式上按照《专利法》第 42 条规定，按照统一的表格由申请者填写。

专利请求书的主要功能是申请人用以确认并保护自身的发明特权。它的作用主要有三点。一是被专用申请人用来就某一发明创造向专利局要求专利确认和保护；二是专利申请人用专利请求书来启动审批该专利申请的法律程序；三是有利于加强科研部门产权的保护以及国际的技术合作和技术贸易等。

二、专利请求书的范本及填写

1. 专利请求书范本

【范文 7-1】

发 明 专 利 请 求 书

请按照本表背面"填表注意事项"正确填写本表各栏					此框内容由专利局填写	
⑥发明名称	天然抑芽剂的制备方法及其在烤烟腋芽抑制上的应用				① 申请号 9812243.0（发明） ② 分案提交日	
⑦发明人	××× ××				③ 申请日	
					④ 费减 审批	
					⑤ 挂号码	
⑧申请人	第一申请人	姓名或名称	××农业大学			
		单位代码或个人身份证号	×××××××-×			
		国籍或居所地国家或地区	中国		电话	0871-6074022
		地址	邮政编码 65020	省、自治区、直辖市名称 云南	市(县)名称	昆明
			城区(乡)、街道、门牌号	五华区西站茭菱路 36 号		
	第二申请人	姓名或名称	××			
		国籍或居所地国家或地区	中国		电话	0871-6074025
		邮政编码	650031	地址 五华区西站茭菱路 36 号		
	第三申请人	姓名或名称				
		国籍或居所地国家或地区			电话	
		邮政编码		地址		
⑨联系人	姓名	×××			电话	0871-6074022
	邮政编码	650031	地址	昆明五华区西站茭菱路 36 号		
⑩确定非第一申请人为代表人声明			特声明第 1 申请人为申请人的代表人			
⑪代理	代理机构	名称	昆明市专利事务所		代码 ×××××××-×	
		邮政编码	650020	电话	312222	
		地址	昆明市南太桥科技大楼 12 楼			
	代理人 1	姓名	××	代理人 2	姓名	
		工作证号	12		工作证号	
		电话			电话	
⑫分案申请	原案申请号			原案申请日	年 月 日	

续表

⑬发明名称	天然抑芽剂的制备方法及其在烤烟腋芽抑制上的应用				
⑭生物材料样品保藏	保藏单位	中国微生物菌种保藏管理委员会株存	地址	北京××××××××××××	
	保藏日期	1998年9月11日	保藏编号	CGMCC NO.0357—1	分类命名 菌株

⑮要求优先权声明	在先申请国别或地区	在先申请日	在先申请号	⑯宽限期声明不丧失新颖性	☐ 已在中国政府主办或承认的国际展览会上首次展出 ☐ 已在规定的学术会议或技术会议上首次发表 ☐ 他人未经申请人同意而泄露其内容
				⑰保密请求	☐ 本专利申请可能涉及国家重大利益,请求保密处理 ☐ 是否已提交保密证明材料

⑱申请文件清单						⑲附加文件清单
1. 请求书	2	份	每份	2	页	☐ 费用减缓请求书
2. 说明书摘要	2	份	每份	1	页	☐ 费用减缓请求证明
3. 摘要附图	2	份	每份	2	页	☐ 提前公开声明
4. 权利要求书	2	份	每份	2	页	☐ 实质审查请求书
5. 说明书	2	份	每份	2	页	☐ 实审参考资料
6. 说明书附图	2	份	每份	2	页	☐ 转让证明
						☐ 专利代理委托书
权利要求的项数	6			项		☐ 经证明的在先申请文件副本 份数
						☐ 原案申请文件副本
						☐ 核苷酸或氨基酸序列表 ☐ 光盘 ☐ 软盘
						☐ 其他证明文件(注明文件名称) ☐

⑳申请人或代理机构签章 昆明市专利事务所(签章) 2001年 8月 8日	㉑专利局对文件清单的审核 年 月 日

【评析】

这是一份发明专利请求书,各个项目填写规范、准确。该专利申请一项职务发明,所以发明人是个人,申请人是发明人所在单位,有第二申请人。有关申请人、专利代理机构和代理人的基本情况也填写得非常清楚。在"申请文件清单"中标示出了有关申请文件,而其他无需填写的栏目没有任何标记。此专利请求书只涉及一项专利发明,内容单一、主题集中,使人一目了然,书写形式也规范无误。

2. 专利请求书的填写原则

专利请求书必须按照所申请的专利种类,选择国家专利局统一印制的相同种类的专利请求书表格,严格按照有关规定填写。

(1) 一份专利请求文本只能申请一项发明专利 一件专利申请只包括一项发明创造。属于一项整体发明构思的两项以上的发明创造,也可以作为一项申请提出。如果是若干项发明构成的整体发明项目,各个项目之间不是重复的,也可以分成若干项目申请提出。如果专利申请时既包括一项产品,又包括生产这一产品的方法,可以将权利要求书各项分开,以分案申请的形式来处理。

(2) 专利请求书的填写者要有较高的专业水平 专利请求书的写作中涉及一些相关的专

利知识、技术知识和一些相关的法律知识，所以要求填写专利文书的人员是专业人员。专利请求书填写应规范，以避免一些不必要的纠纷。

（3）书写形式要规范　专利请求书一旦经专利局批准就成为具有法律效力的文件，因此，无论是文书的内容还是形式都要规范，而且文面要整齐，表格填写必须使用规范文字。

3. 填写细则

（1）申请发明专利应当提交发明专利请求书、权利要求书、说明书、说明书摘要，有附图的应同时提交附图及摘要附图。申请文件应当一式两份。

（2）本表应使用国家公布的中文简化汉字填写，表中文字应当打印，字迹为黑色。外国人姓名、名称、地名无统一译文时，应同时在请求书英文信息表中注明原文。

（3）本表中方格"□"供填表人选择使用，若有方格后所述内容的，应在方格内作标记。

（4）本表中所有地址栏，国内地址应写明省（直辖市、自治区或者特别行政区）、市（县）、区（乡）、街道、门牌号码及邮政编码。外国人地址应写明国别、州（市、县）。

（5）申请人请求减缓申请费，必须在提交申请文件的同时提交费用减缓请求书及有关证明文件。

（6）填表说明

a. 本表第①、②、③、④、⑤、㉑栏由专利局填写。

b. 本表第⑥、⑬栏发明名称应简单明确，一般不得超过 25 个字。

c. 本表第⑦栏发明人应当是自然人。发明人有两个以上的应先自左向右、再自上而下依次填写。

d. 本表第⑧栏申请人是单位的，应填写单位全称，并与公章中单位名称一致。申请人是个人的，应填写本人真实姓名，不得写笔名或其他非正式的姓名。申请人为多个，又未委托专利代理机构，除在请求书中另有声明以外，以请求书中指明的第一申请人为代表人。第一申请人是单位的，应填写单位代码；第一申请人是个人的，应填写个人身份证号码。

e. 本表第⑨栏，未委托专利代理机构的，指定的联系人是专利局送交各种通知书的收件人；请求书中未指明联系人的，第一申请人为收件人；申请人有两个以上（含两个）时，请求书中另有声明指定非第一申请人为代表人的，收件人为该代表人。

f. 申请人指定非第一申请人为代表人时，应在第⑩栏指明被确定的代表人。代表人的权利：除直接涉及共有权利的手续外，代表人有权办理在专利局的各种事务。

g. 本表第⑪栏，应填写已在国家知识产权局注册的专利代理机构名称并注明注册代码。专利代理机构指定的代理人不得超过两人，同时注明《专利代理人工作证》的证书号码。

h. 申请人提出分案申请时，还应填写本表第⑫栏。

i. 申请涉及生物材料的发明专利，还应当填写本表第⑭栏，并提交生物材料样品保藏证明和存活证明。

j. 申请人要求外国或者本国优先权的，还应填写本表第⑮栏。

k. 申请人要求不丧失新颖性宽限期的，还应填写本表第⑯栏，自申请日起两个月内提交证明文件。

l. 申请人要求保密处理的，应填写本表第⑰栏。

m. 申请人应当按实际提交的文件名称、份数、页数及权利要求项数正确填写本表第⑱、⑲栏。请求书按 A4 纸型计算页数。专利局将按实收的文件数量逐项核实。

n. 申请人委托专利代理机构的，本表第⑳栏应盖代理机构公章；申请人未委托专利代理机构的，本表第⑳栏应由全体申请人签字或盖章；申请人为单位的，应盖单位公章。二份请求书中的申请人或专利代理机构的签字或盖章不得为复印件。

o. 发明人、申请人、要求优先权声明的内容本表填写不下时，应使用专利局统一制订的附页续写。

三、专利请求书写作的补充说明

① 发明或实用新型专利的名称。这一名称是对发明或实用新型专利的具体内容的概括。外观设计专利的申请，其名称应该为使用该外观设计的产品的名称。

② 发明人或设计人。发明人或设计人必须是自然人，不能填写单位或团体的名称，应真实地填写发明人或是设计人的姓名和地址。如果是由多人发明或设计，在多个发明人姓名前填上序号。

③ 申请人。申请人可以是自然人或是法人。《专利法》规定，发明专利有职务发明和非职务发明。职务发明的发明人，是指利用了本单位的资金、设备、零部件、原材料或不向外公开的技术资料等物质条件，与该项发明创造构成了直接的因果关系。因此，职务发明的申请和获得专利的权利属于发明人所在的单位，专利请求书的"申请人"应该是具有法人资格的单位。非职务发明的专利权利的申请人是发明人本人。

④ 专利代理机构或代理人。如果申请人委托专利代理机构办理，应填写代理机构在专利局登记的全称、机构代码、邮政编码、联系电话和地址以及代理人的姓名、工作证号和联系电话。专利代理人是指在专利局进行了登记，具有《专利代理人资格证书》和《专利代理人工作证》，在合法的专利代理机构中从事专利代理工作的人员。

⑤ 分案申请。申请专利的发明创造项目不符合《专利法》有关一件发明或实用新型专利申请应当限于一种产品使用一项外观设计的规定的，应由申请人自动提出或根据专利局审查员的要求，将申请分成两件或两件以上的符合单一性规定的专利申请，这就需要对专利申请进行分案。如果进行这种分案申请，应当写明原案申请号和原案申请日。

⑥ 申请文件清单。需要列出所需提交的申请文件，均应一式两份，写明份数及每份的页数。申请文件包括专利请求书、专利申请说明书、权利要求书、说明书摘要和说明书附图等。

⑦ 附加文件清单。除了专利请求书附加文件清单规定的外，还要求优先权申请、优先权证明材料等。

⑧ 保密请求　涉及需要保密的发明专利申请，应填写该栏目的相关内容。

第二节　专利说明书

一、专利说明书概述

专利说明书是申请发明或实用新型专利时所必须提交的基本文件之一，是完整地阐明发明内容并向社会公布的技术文件。专利说明书要用文字说明请求专利保护的发明或实用新型专利的具体内容，详细地说明发明或实用新型专利实施的具体步骤和方法，并要列举充分的实例，使该技术领域普通技术人员能够充分理解和如何实施该项发明或实用新型专利。与专利说明书同时提交的还有专利说明书摘要和专利说明书附图。

专利说明书有如下特点。

① 内容的完整性。即专利说明书要把某项发明或实用新型专利的具体内容完整详尽地表达出来，以利于人们理解和实施。

② 表达的有序性。即将所申请的专利的各项技术有条理、有层次地表达出来，并结合对各种技术背景的分析，突出所申请专利的新颖性和创造性。

③ 行文的规范性。即专利说明书不像专利请求书那样用规定的表格去填写，但在制作专利说明书时，要按照规定的顺序撰写说明书的各项内容，而且文字的表达、数字的书写，都要严格执行《专利法》及其实施细则的相关规定。

专利说明书的主要作用是：①传递信息、公开发明，为理解和利用这项专利提供足够的资料；②用来支持权利要求；③确定权利要求保护范围的依据，可以在确定发明或实用新型专利权的保护范围时，用来解释权利要求。

二、专利说明书的写作格式和要求

① 发明专利或实用新型专利必须提交说明书，一式两份（原件及复印件各一份）。

② 说明书应当打印，字迹应该整齐清晰，黑色，符合制版要求，字高 3.5～4.5mm，行距 2.5～3.5mm。说明书采用标准格式，续页可用同样大小和质量相当的白纸续写。纸张纵向使用，只限使用正面，四周应当留有空白：左侧和顶部各 25mm，右侧和底部各 15mm。

③ 邮寄申请文件不得折叠。

④ 说明书第一页第一行应当写明发明名称，该名称应当与请求书中的名称一致，并居中排列。发明名称与说明书正文之间应当空一行。说明书格式上应包括下列五个部分，并且在每一部分前面写明标题、技术领域、背景技术、发明内容、附图说明、具体实施方式。说明书无附图的，说明书文字部分不包括附图说明及其相应的标题。

⑤ 说明书文字部分可以有化学式、数学式或者表格，但不得有插图。

⑥ 涉及核苷酸或氨基酸的申请，应当将该序列表作为说明书的一个单独部分，并与说明书连续编排页码。申请人应当在申请的同时提交与该序列表相一致的光盘或软盘，该光盘或软盘应符合专利局的有关规定。

⑦ 说明书应在每页下框线居中位置顺序编写页码。

三、专利说明书写作的补充说明

1. 发明或实用新型专利的名称

发明或实用新型专利的名称惯用表达方式是：一种……的装置或是一种……的方法或是一种……的装置和方法。

2. 发明或实用新型专利所属的技术领域

这是指发明或实用新型专利直接所属或直接应用的具体技术领域。这项内容的惯用表达方式是：本发明（或实用新型专利）涉及一种……装置（或方法），特别（尤其）是涉及一种……或本发明（或实用新型专利）是关于……装置（或方法），具体地说，是关于……。

3. 背景技术

这是与请求专利保护的发明或实用新型密切相关的技术背景，往往包括历史背景和现代背景。这项内容的惯用表达方法是：×××××（文献名称及出处等）公开了一种……装置（或方法），其构成的……不足之处（缺点）是……

4. 发明内容

这是专利说明书的主体部分，这一部分要清楚地说明三项内容，即发明项目的、技术方案和有益效果。

（1）发明目的　这是指发明或者实用新型专利所需要解决的技术中存在的技术问题，阐述发明或实用新型专利的用途。这项内容的惯用表达方法是：本发明（或实用新型）针对现有技术中的缺点（或不足），提供了一种……装置（或方法）。

（2）技术方案　技术方案是一件发明或实用新型专利专用申请的核心，是申请人对其要解决的技术问题所采取的技术措施的集合。这项内容的惯用表达方法是：为了解决上述技术问题，本发明（或实用新型专利）是通过以下技术方案实现的（写入独立权利项的要求）……本发明还可以（写入从属权利项的要求）……

（3）有益效果　清楚而有根据地表明该发明或实用新型专利与现有的技术（即背景技术）相比所具有的有益效果，即发明或者实用新型专利与背景技术的区别。这项内容的惯用表达方法是：与现有技术相比，本发明（或实用新型专利）的有益效果（或优点）是：……

5. 附图说明

专利说明书有附图的，应当依照有关制图的国家标准对所有附图的名称、图示的内容作简要的说明。

6. 具体实施方式

这项内容主要是说明实施发明或者实用新型专利的最好方式，实施方式的描述应当与解决技术问题时所采用的技术方案一致，并要对权利要求的技术特征给予详细地解释，以支持权利要求。实施例是实施发明或者实用新型专利的具体例子，当一个实施例足以支持权利要求所概括的技术方案时，专利说明书可以只给出一个实例；当权利要求覆盖的保护范围较宽，其概括的特征不能从一个实施例中找到依据时，应当给出一个以上不同的实施例，以支持要求保护的范围。

这项内容的惯用表达方法是：下面结合附图与具体实施方式对本发明（或实用新型专利）作进一步详细讲述……

7. 实施发明和实用新型专利的特点

这是专利说明书的结尾，是对全文的小结，再次简洁而有力地指出该发明或者实用新型专利的特点、优点、新颖性和先进性。

四、专利说明书的写作原则

1. 要明确地写出说明书的各项内容

专利说明书的各项内容要明确，并要按照上述所排列的顺序来逐项书写，且每一部分内容都要在前面写明标题。

2. 要恰当选择专利说明书所用到的实施例

这是所申请专利的实用价值的证明材料，也是使专利申请能得到批准的重要证据，所以在选择实例的时候不可草率，要恰当而准确。

3. 行文要符合规范

专利说明书的格式、用语要规范、清楚，文面要符合要求。专利说明书不能手写，而要打印。

【范文 7-2】

一种生物涂层剂及其制备方法和在烤烟腋芽控制上的应用

技术领域

本发明属于生物工程技术领域，涉及利用微生物发酵原理，从次生产物中筛选出活性成分并加以技术利用的技术。

背景技术

烤烟是世界上 100 多个国家广泛种植的经济作物之一，田间栽培管理中的封顶打杈劳累费时。为了提高烟叶的产量和质量，减轻劳动强度，从 20 世纪 50 年代开始，许多国家先后采用化学药剂抑制烤烟腋芽生长。我国从 20 世纪 80 年代开始，从国外引进 Flumetralin（抑芽敏）、Maleichydrazide（抑芽丹、芽敌）、Pendimethalin（除芽通）、Butrdlin（止芽素）等实验使用，这些药剂的抑芽效果各有不同，但都是有机合成制剂，有残留毒性，污染环境，对烤烟品质有影响，成本较高，而且内吸性 MH 类品种的药剂已经禁用。近几年来，为减少或消除化学农药大量推广应用带来的种种弊端，世界各国要求控制公害，保护环境，为此，国际环境与发展有关组织要求 21 世纪初，世界生物农药应用比例将提高到占总体农药的 60%，世界平均水平目前不到 10%，我国仅仅为 2%，因此，积极研造生物制剂已经是当务之急。

发明内容

本发明解决的问题是提供一种安全、无毒、无副作用，不污染环境，无残毒，高效价廉的生物涂层剂，同时本发明提供了该生物涂层剂的制备方法和在烤烟腋芽控制上的应用。

本发明提供了生物涂层剂，其活性成分为 β-苯乙醇，分子量 122。分子式 $C_6H_5CH_2—CH_2OH$。

上述生物涂层剂的制备方法，由以下列步骤组成。

1. 从植物中采集 *Botrtis Cinerea* 真菌 CGMCCNO NO0357-1 的病害标本，选择新鲜、症状典型的标本进行表面消毒，用灭菌水冲洗，再组织分离或直接用孢子振落方法进行单孢分离、纯化培养，然后按照室内菌株筛选及生产工艺流程方法，选拔生物活性强、固化发酵物产率为 25%～30%。小麦抑芽快速检测实验抽提物稀释至 1500 倍仍然有效的菌株，再诱变育种，放入 -60～-40℃ 冰箱保存备用。

2. 培养基每升使用去皮马铃薯 200g 水煮过滤，加葡萄糖 10～15g，磷酸二氢钾 2.5～3g，动物蛋白胨 1g，维生素 B_1 1mg，柠檬酸 0.1g，摇匀，室温振摇培养 8～10d，乙酸乙酯萃取抽提 2 次，浓缩，无水硫酸钠脱水得抽品 β-苯乙醇、对羟基苯乙醇等，放入 -80℃ 低温冰箱保存备用。

3. 将所得产物采用抑制小麦胚芽鞘生长法，进行室内快速生物测定筛选，将预先提取的待测抽品稀释为 100 倍、200 倍……1200 倍系列浓度各 5ml，移入放有处理过的小麦种子的烧杯中，以刚好浸没种子为宜，对照用清水，每一浓度重复 3 次，置 26℃ 温箱中培养 7d，筛选出活性强，产率高的菌株培养所得粗品 β-苯乙醇，并提供生测实验。

4. 经生测筛选到活性较高的组分，再用柱色谱和 TLC 法纯化，HPLC 分析，应用 IPV、UV、MS，结合 HNMR 仪器解析，确定活性成分、β-苯乙醇的分子量、分子式和结构式。

将生物涂层剂用于烤烟栽培过程的腋芽控制，采用滴涂或淋滴方式施用，达到了控制腋下芽疯长，收到了良好的抑芽效果。该涂层剂也可用于其他植物的封顶打杈，还可用于花卉、蔬菜保鲜，调控作物生育，改善品质、提高产量等。由于本发明的生物涂层剂是从植物中采集、分离、培养、萃取、过滤、干燥而得，整个加工过程安全无毒，不含有毒成分，因而不污染环境，无残毒，生产成本低，价格便宜，每亩成本仅需 8～9 元，又能增进烤烟品质，控芽效果平均可达 92%～98%。

具体实施方式

本发明提供的生物涂层剂，其活性成分为 β-苯乙醇，分子量为 122，分子式是 $C_6H_5CH_2—CH_2OH$。

制备上述生物涂层剂时，按下列工艺步骤进行：

1. 从植物中采集 *Botrytis Cinerea Persr* 真菌的病害标本（已于 1998 年送交中国微生物菌种保藏管理委员会普通微生物中心，保藏编号 CGMCCNO NO.0357-1），选择新鲜、症状典型的标本进行表面消毒，用灭菌水冲洗，再用组织分离或直接孢子振落法进行单孢分离、纯化培养，然后按照室内菌株筛选及生产工艺流程方法，选拔出生物活性强，固体发酵物产率为 25%～30%、小麦抑芽快速检测实验抽提稀释至 1500 倍仍然有效的菌株，再诱变育种，反复比较筛选出高产菌株，依序编号，将菌种接入煮至半熟灭菌大麦粒上，放入 -60～-40℃ 冰箱保存备用。

2. 培养基每升使用去皮马铃薯 200g 水煮过滤，加葡萄糖 10～15g，磷酸二氢钾 2.5～3g，动物蛋白胨 1g，维生素 B_1 5mg，柠檬酸 0.1g，摇匀，室温振摇培养 8～10d，乙酸乙酯萃取抽提 2 次，浓缩，无水硫酸钠脱水得粗抽品 β-苯乙醇、对羟基苯乙醇等，放入 -80℃ 低温冰箱内保存备用。

3. 将所得产物采用抑制小麦胚芽鞘生长法，进行室内快速生物测定筛选，将预先提取的待测粗抽品稀释为 100 倍、200 倍……1200 倍，系列浓度各 5ml，移入放有处理过的小麦种子的烧杯中，以刚好浸没种子为宜，对照用清水，每一浓度重复 3 次，置 26℃ 温箱中培养 7d，筛选出活性强，产率高的菌株培养所得粗品活性物，例如，我们从莴苣、葱、草莓、酸木瓜等植物的灰霉病中分离筛选到 7 个高产菌株，按照前述方法分离培养，萃取、浓缩，即可得到粗制品提供生测实验。

4. 经生测筛选到活性较高的组分，再用柱层析和 TLC 法纯化，HPLC 分析，应用 IRV（红外）、UV（紫外）、MS（质普），结合 HNMR 仪器角析，确定活性成分 β-苯乙醇的分子量、分子式和结构式。

β-苯乙醇向来认为是较好的食品添加剂，用途广泛，一直以来都是作为天然香料应用。本发明通过实验研究，发现其控制植物发芽如烤烟腋芽具有很好的效果，平均控芽率达 95%，超过目前进口使用的化学型抑芽剂。

生物发酵制取生产 β-苯乙醇，在微生物发酵制取 β-苯乙醇时一般采用啤酒酵母菌或克鲁维酵母菌，将苯丙氨酸、氟苯丙氨酸经发酵转化制取苯乙醇，所用原料苯丙氨酸、氟苯丙氨酸价格昂贵，生产成本高，不宜规模化工业生产；也有采用烟草废弃物（烟梗、烟末），适当添加培养基，将烟草中的木质素、果胶、多酚类化合物经微生物发酵降解并转化成苯乙醇的，但所用微生物依然是酵母菌类，且产率不够高。本发明利用微生物发酵生产 β-苯乙醇，所用葡萄孢真菌 *Botrytis Cinerea Persr* 于 1998 年保藏于中国微生物菌种保藏管理委员会普通微生物中心，保藏编号为 CGMCCNO NO. 0357-1。

采用微生物（*Botrytis Cinerea persr*）发酵制备出的 β-苯乙醇用于烤烟腋芽的控制研究，仍然遵循室内外结合的办法，首先在温室内盆栽烤烟幼苗若干株，然后将 β-苯乙醇配制成 0.5%、1%、2%……8% 系列浓度，分别用施药瓶将 1%～2% 浓度制剂喷洒或淋滴于幼苗上，24h 后即可观察到幼苗心叶枯死，而大叶不受伤害，重复实验 3 批，结果一致，证明该制剂对烤烟幼芽生长有强烈触杀功能。

烤烟幼苗实验证实 β-苯乙醇虽是食品添加剂，但对控制烤烟腋芽生长也有很好的功能，可进一步加工配制成含有效成分 10%～25% 的乳油（β-苯乙醇 10%～25%、溶剂 10%～25%、乳化剂 8%～10%、展散剂 5%），供烤烟大田期正规田间实验。具体方法是在大田烤烟生长到封顶打杈时，选择生长整齐，高矮基本一致，施肥管理基本相同的地块做实验。四周划保护行，小区随机区组排列，每小区面积 30～50 株烟，分别挂牌标志，采用国内普遍推广应用的化学型抑芽剂（如除芽通、灭芽灵、抑芽敏、芽净、止芽素等）作标准对照，将生物涂层剂和化学抑芽剂同田相间排列，重复四次，按各自使用书对水施用，间隔 40 天，组织有关实验人员联合调查其效果，随机 5 点取样，分别计算控芽面百分率，必要时采摘芽位的鲜芽称量。经多年、多点田间实验表明，新型生物涂层剂控制烤烟腋芽的效果达到 92%～98%，超过化学型抑芽剂。加之安全无毒副作用，对环境无污染，无残毒顾虑，又能促进烤烟产量、质量的提高，市场前景好。

说明书摘要

本发明提供了一种活性成分为 β-苯乙醇的生物涂层剂，是从植物中采集、分离、纯化培养，选拔生活活性强，产率高的株系，进行小麦抑芽快速检测，再反复比较筛选出高产菌株，再经培养、溶剂萃取、浓缩、干燥而得，将其用于烤烟腋芽的控制上，有效率达 92%～98%，整个加工过程安全无毒，不含有毒成分，因而不污染环境、无残毒，生产成本低，价格便宜，该生物涂层剂也可用于花卉、蔬菜保鲜，调控作物生育，改善品质、提高产量等。

【评析】

这篇例文撰写规范，严格地按照专利说明书的撰写方式和顺序中规定的几项内容撰写，对"一种生物涂层剂及其制备方法和在烤烟腋芽控制上的应用"作了清楚、完整的说明，使所属技术领域的技术人员根据公布的资料可从次生产物中筛选出活性成分并加以技术利用。

这篇例文的发明名称简明、准确地表明该专利请求保护的主题，名称与请求书中的名称完全一致。

"所属技术领域"指出了本专利原理和筛选物及应用。

"背景技术"项对最接近该发明的现有技术作了说明，这是该发明方案的基本，同时也客观地指出了背景技术中存在的问题和缺点。

"发明内容"部分用简明、准确的语言写明了该实用发明所要解决的技术问题和该发明的主要特点，详细地说明了解决技术问题所采用的技术方案及其有益效果。技术方案是由技术特征来体现的。技术方案清楚、完整地说明了发明的构造特征以及它是如何解决技术问题的。本例"一种生物涂层剂及其制备方法和在烤烟腋芽控制上的应用"包括生物涂层剂的活性成分、分子量、分子式，生物涂层剂的制备方法，又写明了应用的范围和作用的特点，接下来所述的有益效果写明了该发明和现有技术相比所具有的优点及效果。

"具体实施方式"部分以该发明优选的具体实施例，对生物涂层剂的活性成分、分子量、分子式，生物涂层剂的制备工艺步骤进行了说明，且对权利要求的技术特征给予了详细说明，以支持权利要求。对生物涂层剂活性成分的国内外情况说明后，不但使所属技术领域的技术人员能够理解，而且还说明了使用方法和应用效果。实施例与本发明所要解决的技术问题及其有益效果是一致的。不足之处是没有写明生物涂层剂活性成分的结构式。

第三节　权利要求书

一、权利要求书概述

权利要求书是专利申请者请求按照《专利法》规定，保护其发明、实用新型和外观设计专利，指明保护范围的文字材料，是关乎专利申请人权益的实质性文书，它具有严格的法律效力。权利要求书以说明为依据，说明发明或者实用新型的技术特征，清楚明了地表述请求保护的范围。专利保护的范围以被批准的权利要求书的内容为准，并以此作为他人是否侵权的依据。

权利要求书的特点是：①单一性。一份权利要求，只能对一件发明或者实用新型申请权利保护；②权利要求书要以专利申请说明书为依据，说明要求专利保护的范围；③权利要求书有严格的格式要求，各项内容的表述要有条例、有层次，每一项权利要求只允许在结尾处使用句号，但行文中间可以使用分号。

权利要求书的作用有以下两点。①它确定了专利权受法律保护的范围，能为判断侵权或被侵权提供依据。②是权利要求书能反映出发明或实用新型与现有技术之间的联系和区别，是判断发明或实用新型专利性的主要依据。

二、权利要求书的规范格式

① 申请发明专利或实用新型专利应当提交权利要求书，一式两份（原件及复印件各一份）。

② 权利要求书应当打印，字迹应当整齐清晰，黑色，符合制版要求，不得涂改，字高3.5～4.5mm，行距2.5～3.5mm，权利要求书首页采用标准格式，续页可用同样大小和质量相当的白纸续写。纸张应当纵向使用，只限使用正面，四周应当留有空白：左侧和顶部各25mm，右侧和底部各15mm。

③ 邮寄申请文件的不得折叠。

④ 权利要求书应当说明发明或者实用新型专利的技术特征，清楚、简要地表述请求保护的范围。权利要求书有几项权利要求时，应当用阿拉伯数字顺序编号，编号前不得冠以"权利要求"或者"权项"等词。权利要求书应当在每页下框线居中位置顺序编写页码。

⑤ 权利要求书中使用的科技术语应当与说明书中使用的一致，可以有化学式或数学式，必要时可以有表格，但不得有插图。不得使用"如说明书……部分所述"或者"如图……所示"等用语。

三、权利要求书的写作内容

1. 标题

以文种标题，即写明"权利要求书"。

2. 请求保护的范围

这是权利要求书的核心内容,由独立权利要求和从属权利要求两部分构成。

(1) 独立权利要求　应当从整体上反映专利申请的技术方案,记载达到发明目的的必要技术特征。独立权利要求的写作包括前序部分和特征部分。前序部分应当写明要求保护的主题名称以及主题与现有技术共有的必要技术特征。例如,一项涉及照相机的发明,该发明的要点在于照相机布帘式快门的改进,其权利要求的前序部分只要写出"一种照相机,包括布帘式快门……"就可以了,不需要将其他已知特征,如透镜和取景窗等照相机的零部件都写在前序部分里。特征部分要写明发明区别于已有技术的技术特征。在表述上,使用"其特征是……"或类似用语。专有技术的技术特征和与现有技术共有的必要技术特征一起构成限定发明要求和保护的范围。

(2) 从属权利要求　应当用附加的技术特征,对引用的权利要求作进一步限定。要求保护的附加技术特征,可以是对引用的权利要求的技术特征进一步限定的技术特征,也可以是增加的技术特征。如果一项专利要求包含了另一项权利要求,从属权利要求的保护范围在其所引用的权利要求保护范围之内。

从属权利要求的写作包括引用部分和限定部分。引用部分写明引用的权利要求的编号及主题名称。例如,从属权利要求的引用部分应当写成这样的形式:"根据权利要求1或2所述的……"或者"根据权利要求4至9中任一权利要求所述的……"

从属权利要求往往不止一项,一般用阿拉伯数字来顺序编号标明各项内容。

3. 其他事项

这是有关权利要求事项的其他事项。有则有,无则此项空缺。

四、权利要求书的写作原则

1. 权利要求书要以说明书为依据

《专利法》第二十六条第四款规定,权利要求书应当以说明书为依据,说明请求专利保护的范围。例如,对于"用高频电能影响物质的方法"这样一个概括较宽的权利要求,如果说明书中只给出一个"用高频电能从气体中除尘"这样一个实施例,而对高频电能影响其他物质的方法未作说明,其所属技术领域的技术人员将难以预先确定或评价高频电能影响其他物质的效果,则该权利要求被认为没有得到说明书的支持。所以权利要求书提出的要求范围要适中,即不能太宽,超过权限使申请不能通过,又不能太窄,蒙受一些不必要的权利损失。

2. 权利要求书的权利要求要清楚明确

权利要求要清楚。首先,独立权利要求项的类型应当清楚,应明确发明或实用新型的主题类型,即是属于产品类型还是属于方法类型还是属于产品和方法类型,例如"酒的陈化方法及装置",就很清楚地表达出这个权利要求的类型是属于产品和方法类型。其次,保护范围要清楚,也就是权利要求要清楚地记载发明或实用新型用来解决技术问题的必要技术特征。再次,引用关系要清楚,即专利要求之间的引用关系要清楚,就是从属权利要求引自独立权利要求或在前的从属权利要求,而且要避免权利要求之间相同内容的不必要重复。

3. 行文要规范,用语要简明

权利要求书不能超出专利说明书所叙述的内容和范围,一项权利要利用一句话来表达,中间不能停顿。名词术语的使用要与请求书和说明书一致,可以有化学式或者数学式,但不能有插图、表格，不得使用说明书和附图。权利要求书的各项权利要求，应用阿拉伯数字标明序号。权利要求书的语言必须准确、清楚，采用规范化词话，不得出现"例如"、"最好的"、"尤其是"、"必要时"、"等"和"类似物"之类的类似用词或是一些含义不确定的词语，因为这类词会在一项权利要求中限定出不同的保护范围，或者使保护范围不能确定。同时，权利要求书的语言还必须简明，除记载必要的技术特征之外，不能对原因或是理由作不必要的描述，也不能使用商业宣传语言。

【范文 7-3】

权 利 要 求 书

1. 一种生物涂层剂，其特征在于它的活性成分为 β-苯乙醇，分子量为 122，分子式是 $C_6H_5H_2-CH_2OH$。

2. 一种权利要求 1 所述生物涂层剂的制备方法，其特征包括下列步骤：

（1）从植物中采集 *Botrytis Cinerea Persr* 真菌 CGMCCNO NO.0357-1 的病害标本，选择新鲜、症状典型的标本进行表面消毒，用灭菌水冲洗，再用组织分离或直接孢子分离、纯化培养，然后按照室内菌株筛选及生产工艺流程方法，选拔出生物活性强、固体发酵物产率为 25%～30%、小麦抑芽快速检测实验抽提物稀释至 1500 倍仍然有效的菌株，再诱变育种，反复比较筛选出高产菌株，依序编号，将菌种接入煮至半熟灭菌大麦粒上，放入 -60～-40℃ 冰箱保存备用；

（2）培养基每升使用去皮马铃薯 200g 水煮过滤，加葡萄糖 10～15g，磷酸二氢钾 2.5～3g，动物蛋折胨 1g，维生素 B_1 5mg，柠檬酸 0.1g，摇匀，室温振摇培养 8～10d，乙酸乙酯萃取抽等，放入 -80℃ 低温水箱内保存备用；

（3）将所得产物采用抑制小麦胚芽鞘生长法，进行室内快速生物测定筛选，将预先提取的待测粗抽品释为 100 倍、200 倍……1200 倍系列，浓度 5ml，移入放有处理过的小麦种子的烧杯中，以刚好浸没种子为宜，对照用清水，每一浓度重复 3 次，置 26℃ 温箱中培养 7d，筛选出活性强，产率高的菌株培养所得粗品 β-苯乙醇，并提供生测实验；

（4）经生测筛选到活性较高的组分，再用柱色谱和 TLC 法纯化，HPLC 分析，应用 IRV、UV、MS 结合 HNMR 仪器解析，确定活性成分 β-苯乙醇的分子量、分子式和结构式。

3. 权利要求 1 所述生物涂层在烤烟腋芽控制上的应用，采用滴涂或淋滴方式，用来控制腋芽的生长。

【评析】

这篇实用新型权利要求书提出了一个独立权利要求，这一独立权利要求从整体上反映了发明的新技术方案，记载了解决技术问题的必要技术特征。独立权利要求包括前序部分、制备方法和应用领域。前序部分，写明了要求保护发明技术的主题名称，一种生物涂层剂的活性成分、分子式、分子量和结构式。制备方法使用"其特征是"用语，写明生物涂层剂制备的步骤。应用领域一种生物涂层剂在烤烟腋芽控制上的应用和采用的方法。

此例中权利要求 2 和权利要求 3 为从属权利要求。它用附加的技术特征，对所引用的权利要求作进一步的限定。引用部分写明所引用的权利要求编号即"权利要求 1"及主题名称"生物涂层剂"，该主题名称与独立权利要求主题名称一致；限定部分写明发明的附加技术特征，写明了要求保护的发明的分子结构、分子式特征，但没有写明发明和保护的结构式。

这篇例文每一项权利要求由一句话构成，权利要求表述清楚，技术特征表述也清晰，无其他事项的说明。这是一篇规范的专利权利要求书。

第四节 发明申报书

一、发明申报书概述

发明申报书是个人或单位在取得具有发明创造性的重大科学技术新成就时，按照国家申请发明权的规定，向国务院有关部门或省、自治区、直辖市科技局申请发明权时所撰写的书面报告。

发明申报书的类别可按科学领域来划分，分为设备发明申报书，包括机器、机组、器械、仪器仪表、电路、工具、零部件等设备的发明申报；方法发明申报书，包括设计方法、安装方法、采矿方法、采伐方法、栽培方法、测量方法、控制方法以及新工艺的发明申报；物质发明申报书，包括用化学方法获得的物质发明申报和用非化学法获得的物质发明申报；新用途发明申报书，包括对已知的设备、方法、物质发明找到了新用途的发明申报。发明申报书还可以以发明的权限来划分，分为单项制发明申报书，即一份发明申报书只申报一项权项；多项制发明申报书，即一份发明申报书报两项或两项以上的权项。

发明申报书有两个特点，一是程序性，二是规范性。程序性就是发明申报书由发明者个人或单位与若干部门按照职权范围和一定的组织程序申报填写。比如，"发明的详细内容及列为发明的理由"要由发明者个人或单位填写；"建议密级"要由国务院有关部门或省、自治区、直辖市科技局填写；"批准密级"则由国家科技部填写。规范性是指发明申报书有国家科技部统一制订的表格，有固定的填写栏目，每个栏目怎样填写，在国家科技部制订的《关于填写〈发明申报书〉的详细说明》中有明确的要求，任何发明者个人或单位都必须按照规定填写，否则所申报项目就不会被受理，也就更谈不上被审批了。

二、发明申报书的基本格式

1. 发明申报书的基本格式和内容

（1）发明名称　发明名称应简明准确，与发明内容一致。

（2）发明的详细内容及列为发明的理由　这是发明申报书的核心内容，应层次分明地写明以下内容。

① 在说明"当前国内外尚未解决（或国外保密）的技术问题"时，要写明发明所属的技术领域及主要用途，并运用已有文献说明当时在解决同一课题方面有哪些最先进的技术，指出已有同类先进技术存在的缺点或待解决的问题，继续说明本发明采用了什么新的技术手段，解决了前人未解决的哪几个问题。

② 在说明"发明的详细内容及发明权项"时，主要写明发明了什么，哪些内容需要对国外保密，哪些内容要求得到保护。要叙述发明的全部内容，包括技术诀窍。

③ 在说明"说明的作用意义"时，主要是从经济效益和社会效益两方面去写，即写明与已有同类最先进技术经济指标对比，本发明的先进性；每年能取得的直接节约价值；在改善劳动条件，减少环境污染及在其他方面的重要意义。这一项里，能定量描述的，要写出具体数据。

④ 在说明"发明可以应用的事实根据"时，要写明哪些单位已按本发明进行生产，哪些单位正式应用了本发明，或者是要写明本发明进行中或发明内容中须保密的部分。

⑤ 在说明"保密要点"时要概括标明发明内容中须保密的部分。

（3）附件目录　要求随《发明申报书》附四个附件：查阅国内外专利文献及非专利文献情况；签订证书；应用证明；发明人情况表。

（4）审查部门意见。

（5）国家科技部发明评选委员会审批意见。

2. 发明申报书的规范格式

【范文 7-4】

发明申报书

序　号：×××

国际专利分类：

发明名称：半自动制钵机

发明者：×××　×××　×××

申报部门：××省科学技术厅

起至日期：××××年××月××日至××××年××月××日

基层申报日期：××××年××月××日

部门申报日期：××××年××月××日

发明的详细内容及列为发明的理由

本发明涉及一种改进的半自动制钵机，用于农田营养钵的制造，属于农业结构领域。

农田营养钵的制作分人工制作和机械制作两大类，根据制钵数量大小的要求，可对两者进行选用。机械制作因其劳动强度低、生产效率高等特点，深受人们喜爱。但是，对较小规模的钵体制作，其优越性得不到很好的体现，随之出现了半自动制钵机。现有的半自动制钵机欠合理，整机协调性不好，运行可靠性差，成品率低，生产效率低，操作难度大，且没有播种功能。

本发明的目的在于提供一种结构合理的半自动制钵机，该制钵机操作方便，具有播种功能，生产效率高，成品率高，且整机协调性好，运行可靠性好。

本发明所述的半自动制钵机，包括机架、模板运送机构、覆土机构、打孔机构、播种机构和压实脱模机构，其模板运送机构包括推移件和滑轨，打孔机构和压实成型及脱模机构为一套机构，覆土机构、打孔机构、播种机构依次置于固定机架的模板滑轨上，打孔机构的打孔压头、播种机构的下种型孔的个数均与模板上的钵孔数相对应，模板下有可活动底板，模板和底板配合在滑轨上，底板上设有推移件。整机结构为卧式，结构科学合理，可较好地保证各工序间的协调一致性和良好的运行可靠性，操作方便。

覆土机构包括覆土框和支架，覆土框铰链在支加上，一并固定在覆土工位上。覆土时，将覆土框翻转到成型模上，人工将土放入框内且刮平。

机架的滑轨下设有接钵盘导轨，以方便移取钵体。

打孔机构为导柱移运结构，打孔压头固定于压板的底面上，压板与导柱上的导套相连接。压板带动压头可沿导柱上下移动，从而守成打孔动作。压板的压制动力为手轮螺旋传动，螺杆的下端固定压板，螺杆穿过机架横梁，上端连接手轮。

播种机构包括料斗、布种盒、活动布种板和固定排种板。活动布种板位于固定排种板的上面，固定排种板上的下种型孔与模板上的钵孔位置相对应，活动布种板上的布种型孔与固定排种板上的下种型孔相对应且错位布置。布种盒置于活动布种板上，布种盒可相对布种板移动。布种盒中设有两个相互平行的筒状布种刷，布种刷与布种盒的移动方向垂直布置，两把布种刷间留有盛种空间，两布种刷的同一侧轴端分别连有齿轮，两齿轮可与中间的滑移齿轮交替啮合，滑移齿轮的轴与布种盒固定连接，滑移齿轮与固定在机架上的齿条啮合，这样可使两个布种刷在布种盒的两个移运方向上轮流交替工作。

活动布种板上设有布种盒的移动限位装置，为了简化结构，将该限位装置设计为活动布种板的活动动力装置，活动布种板的移动复位由其设有的复位弹簧完成。

该播种机构能够实现整盘播种，播种效率高，对种子的适应性强，工作可靠性好，空穴率小于3％，重播率小于2％。

打孔机构和压实成型及脱模机构为一套机构，即打孔、压实成型、脱模动作可在一个工位上完成。为了使打孔机构能够完成压实成型、脱模的操作，在打孔机构上，压板上方增设限位压板，压套固定在与压板通过压套限位压柱悬接的固定板上，限位压板上对应有供压套限位压柱穿出的空隙。该结构既能使打孔压头打孔，又能保证压套完成压实和脱模。

为了较好地控制压钵高度，在压实时曾设有压实限位装置，可将压实限位压柱悬接在压板上，限位压板上有对应的被压实限位压柱穿出的空隙。打孔时，转动限位压板上的手把，使压套限位压柱和压实限位压柱均对应于限位压板上其相应的穿出空隙。使其不被压板压住，打孔压头可伸出压套进行打孔。压实成型和脱模时，压套限位压柱和压实限位压柱均偏离于限位压板上其相应的穿出空隙，使其均被限位压板压住，打孔压头缩在压套中，压板下压时，打孔压头和压套一起压制钵体，当压实限位压柱的下端接触模板时，压实成型完成。此时，将模板下的活动底板抽去，并使压实限位压柱对应于限位压板上其相应的穿出空隙，使压板继续下压，钵体便从模板中脱出，落在接钵盘上。整理模板至初始位置，完成一个工作循环。本发明制作的钵体结实，不易破碎，成品率高。

本发明中，其模板上可设计60～100个钵孔，梯形钵孔模板孔数较少，圆锥形钵孔数较多，生产效率可达3500～5000个钵/h。模板的钵孔决定着钵体的形状，可以根据具体情况制作，可以制作圆锥状、圆台状、棱状等各种形体。

由上看出，本发明半自动制钵机构合理，操作方便，还具有播种功能，生产效率高，成品率高，整机协调性好，运行可靠性好，且制作的钵体强度大，使得移栽操作方便。该制钵机可广泛用于农业制钵育苗工程中。

本发明已经在制钵育苗工程中应用，其实际应用效果达到了理想值。

具体应用情况（单位、应用规模、实际效果）（略）

保密要求（略）

附件目录

（一）查阅国内外专利文献及非专利文献的情况

（二）技术鉴定证书

（三）应用证书

（四）发明人情况表

申报部门审核意见（略）

国家科技部发明评选委员会审批意见（略）

××××年××月××日

【评析】

这篇发明的申报书格式规范，各项内容写作准确、规范。在论述发明申报书的核心内容

"发明的详细内容及列为发明的理由"时，具体地介绍了"半自动制钵机"这一发明的详细内容，所涉及的技术领域。具体分析了当前所用的"农田营养体"所存在的问题，并一一针对这些问题详尽介绍了新发明"半自动制钵机"所包括的每一部分的具体构成和技术特征，同时明确指出了这一新发明在农业生产中的作用和意义，表述了发明可以应用的事实依据。各项内容的表达详尽、具体、井然有序，是一份完备的发明申报书。

三、发明申报书的写作原则

1. 按发明申报书"详细说明"的规定逐项认真撰写

国家科技部负责制订的发明申报书的统一表格，格式规范，撰写时应认真、仔细、不得有遗漏，任何个人和单位不得进行任何修改。

2. 按规定的程序进行撰写

发明申报书的撰写有严格的程序性，整个填写、申报的过程会涉及多道程序的不同部门，各个栏目要求特定的人员或单位填写，在填写时要按规定行事，不能由一个人或是一个单位将所有内容填写完毕，这样会违反组织程序，使发明申报书成为一纸空文。

3. 文字表达要准确、严密、简洁、明了

填写发明申报书时用语要精确，简明，重点突出，所涉及的各项技术表述要准确而清晰，努力做到内容完整，表达确切。

第五节 品种权申请请求书

一、品种权申请请求书的表格

【范文 7-4】

品种权申请请求书

5 品种暂定名称(中英文) 楚恢 16 号 Chu hui 16	此框由农业部植物新品种保护办公室填写	
	1 申请日	
	2 申请号	
6 品种所属的属或种的中文和拉丁文 稻属(oryza) 普通栽培稻(oryza sativa L.)	3 优先权日	
	4 分案提交日	

7 培育人：××× ×× ×××			
8 申 请 人	① 代 表	姓名或名称 ××省楚雄彝族自治州农业科学研究推广所	国籍或所在国(地区)：中国
		组织机构代码或自然人身份证号：××××××××	
		地址：××省××市果园路 1 号	邮政编码：675000
		联系人：×××	电话：13508855118
		传真：0878-3013067	E-mail：wmengyu168@shou.com
	②	姓名或名称：××省××自治州农业科学研究推广所	国籍或所在国(地区)：中国
		组织机构代码或自然人身份证号：××××××××	
		地址：××省××市果园路 1 号	邮政编码：675000
		联系人：××× 电话：13508855118	传真：0878-3013067
	③	姓名或名称：	国籍或所在国(地区)：
		地址：	邮政编码：
		联系人： 电话：	传真：

续表

9 代理机构	代理机构名称：××植物新品种代理事务有限公司		组织机构代码：××××××××××
	地址：××市××区××路6号锦秋知春花园2座2402室		邮政编码：××××××
	代理人姓名：×××	证书号：2003042	联系电话：×××××××

10 品种暂定名称
楚恢16号

11 新颖性说明	☐ 未销售
	☐ 已销售
	☐ 中国境内：于_____年_____月_____日在_____（地点）开始销售。
	☐ 中国境外：于_____年_____月_____日在_____（地点）开始销售。

12 其他	品种的主要培育地　云南 省(市、区) 楚雄 地(市)　　县
	保密请求　☐本品种涉及国家安全或重大利益,请求保密处理
	是否属于转基因品种☐是　转基因生物安全审批书号：
	☐否

13 申请文件清单			14 附加文件清单
(1)请求书	1份	每份2页	☐ √代理委托书
(2)说明书	1份	每份4页	☐
说明书	1份	每份1页	
技术问卷	1份	每份6页	
(3)照片	1份	每份4页	☐
照片的简要说明	1份	每份1页	

15 申请人或者代理机构签章
××××植物新品种权代理事务有限公司（章）

16 农业部新品种保护办公室
17 收件人单位和地址：××××植物新品种代理事务有限公司
收件人：×××
邮政编码：××××××

【评析】

这是一份品种权申请请求书，各个项目填写规范、准确。该品种权申请是一项职务申请，所以品种权是个人，申请人是品种权所在单位，有第二申请人，有关申请人、专利代理机构和代理人的基本情况也填写得非常清楚。在"申请文件清单"中标示出了有关申请文件，而各个无需填写的栏目没有任何标记。此品种权申请请求书只涉及一项品种权利，内容单一、主题集中，使人一目了然，书写形式也规范无误。

二、品种权申请请求书的填写要求

品种权申请请求书的填写要求主要有以下10点。

① 本表应使用中文填写，表中文字应当打印或者印刷，字迹呈黑色，并整齐清晰。文字部分应当横向书写。外国人名、地名无统一中文译文时，应同时注明原文。

② 本表中所有地址栏，国内地址应写明省（直辖市或者自治区）、市、区、街道、门牌号码、邮政编码；外国人地址应写明国别、州（市、县），邮政编码。本表中方格"☐"供填表人选择使用，若有方格后所述内容，应在方格内标上"√"号。

③ 本表第1~4栏由农业部植物新品种保护办公室填写。第5栏品种暂定名称，应当按要求命名。品种名称的英文名称采用汉语拼音拼写；只有当用汉语拼音拼写的名称与其他品种有重复时方采用其他方式拼写。本表第7栏培育人应当是对本申请品种

的培育作出创造性贡献的自然人。培育人有两个以上的应自左向右依次填写。培育人排名不分先后。

④ 本表第 8 栏申请人可以是法人或自然人。申请人是法人的，应填写单位全称，并与公章中的名称一致；申请人为自然人的，应填写本人真实姓名，不得使用笔名等。有多个申请人又未委托代理机构的，应当指定其中一个为申请人代表，代表人为单位的还应当填写单位联系人姓名。申请人排名不分先后。

⑤ 培育人、申请人填写不下时，应使用农业部植物新品种保护办公室统一制订的附页续写。本表第 9 栏，应填写代理机构名称。代理机构指定代理人不得超过两人。

⑥ 本表第 11 栏，如果申请品种已销售，应当详细写明销售的具体时间和地点。表第 12 栏，应当填写申请品种的主要培育地点；注明是否需要请求保密；属于转基因品种的，应注明转基因生物安全审批书号。

⑦ 申请人应当按实际提交的文件名称、份数、页数正确填写本表第 13、14 栏，农业部植物新品种保护办公室将按实收的文件数量逐项核实。

⑧ 申请人委托代理机构的，在本表第 15 栏应盖代理机构公章。申请人未委托代理机构的，本表第 14 栏应由全体申请人签字或者盖章；申请人为单位的，只盖单位公章。请求书中申请人或者代理机构的签字或盖章应使用原件，不得使用复印件。

⑨ 本表第 16 栏用于农业部植物新品种保护办公室与申请人进行信函联系的通讯地址。委托代理机构的，收件人地址应填写代理机构地址和名称，收件人填写代理人姓名；未委托代理机构的，收件人地址应填写申请人指定联系人的通讯地址，指定联系人有单位的，还需要填写单位名称。

⑩ 本表纸张大小为 A4（210mm×297mm），只限单面使用，重量不低于 70g/m^2。提交时一式两份，不得折叠。

三、技术问卷

【范文 7-5】

水稻技术问卷

申请号：　　　　　　　　　　审批机关收到日期：
申请日：　　　　　　　　　　审批机关处理意见：

（一）品种暂定名称　　　　　楚恢 16 号
（二）属或种的中文名称和拉丁文名称　普通栽培稻（*oryza sativa* L.）
（三）申请人和联系人
姓名或名称：××省××××自治州农业科学研究推广所
地址：　　××省××市果园路 1 号
电话：13508855118　传真：0878-3013067　联系人：×××
（四）申请人或代理结构签章
　　　　××××植物新品种权代理事务有限公司（章）
（五）品种的类型、来源及适宜生长区域
1. 品种类型
1）黏√、糯　　　　　　2）籼、偏籼、偏粳、粳√

3) 水√、陆　　　　4) 早、中√、晚

5) 野败型、D 型、冈型、印尼水田型、矮败型、红莲型、BT 型

2. 品种来源

楚恢 16 号是选用云恢 11 号/合系 22-2，经过温室加带和田间系谱方法选育成的恢复系常规水稻新品系（种）。

3. 适宜生长区域

云南省海拔 1500～1900 米稻区种植。

（六）品种保存和繁殖特点（略）

（七）指出品种或组合的性状（略）

（八）申请品种与对照品种的差异

对照品种	与对照品种有差异的性状	对照品种描述	申请品种描述
合系 22-2	倒数第二片叶片宽度	中	宽
合系 22-2	茎秆粗细	中	粗
合系 22-2	剑叶叶片长度	中	长
合系 22-2	剑叶叶片宽度	中	宽
合系 22-2	二次枝梗	多	聚集
合系 22-2	穗长度	中	长
合系 22-2	每穗粒数	多	极多

（九）有助辨别申请品种的其他信息

1. 高抗叶瘟、白叶枯病。

2. 茎秆粗壮、抗倒性好、耐肥。

3. 穗大籽多，籽粒聚集，叶色较深，叶片挺立、有一定的弹性与强度，叶色浓绿，不早衰，颖壳色泽好，颖尖无色，糙米亮。

（十）指出品种或组合的性状（申请、对照品种特性值请填入代码，下栏为标准品种名称，*为重要性状）（略）

四、品种（系）说明书的写作内容

申请新品种（系）权除了提交品种权申请请求书和技术问卷外，还要提交品种（系）说明书，品种（系）说明书的写作内容包括以下内容。

① 品种所属的属或种的中文名称和拉丁文名称。

② 品种与国内外同类品种的背景材料说明。

③ 育种过程和育种方法。

④ 销售情况。

⑤ 申请品种的一致性和稳定性。

⑥ 适宜种植区域及栽培技术要点。

此外，还要写一份说明书摘要。

五、代理委托书

1. 代理委托书的格式

由于育种工作者长期从事的是育种和技术推广工作，不熟悉申请新品种（系）权的有关

要求和程序，为了及时有效地对新育成的品种进行保护，使育种单位和个人享有新育成的品种的权利，防止其他部门或个人的侵权行为，有必要委托专业的代理结构进行申请新品种（系）权的代理业务。从而达到及时有效地对品种进行保护和维权，提高育种者和育种单位应取得的绩效。

下面提供委托书的范例，供参考。

【范文 7-6】

代理委托书

兹

委托××××代理事务有限公司

地址××××

　□ 1. 代为办理品种暂定名称为<u>楚恢 16 号</u>的品种权申请（申请号为：　　）以及品种权有效期内的全部有关事务。

　□ 2. 代为办理请求宣告品种名称为<u>楚恢 16 号</u>

　　　　品种权号为_____品种权无效事务。

　□ 3. 代为办理<u>楚恢 16 号</u>其他有关事务。

（上述 1、2 项只能任选一项，同时选择一项以上的代理委托书无效；在中国没有经常居所的外国申请人委托时应当选第 1 项）

代理机构接受上述委托并指定_____办理此项委托

委托人（单位或个人）×××农业科学研究推广所（盖章或签字）

被委托人（代理机构）×××代理事务有限公司（盖章）

2015 年 10 月 23 日

---

2. 代理委托书的写作要求

① 本表应使用中文填写，文字应打印或印刷，字迹为黑色。

② 委托人是自然人的应当由本人签字或者盖章；委托人是法人的，应由单位盖章；委托人为多人时，应由全体委托人签章。

③ 品种权申请有多个申请人，若需委托代理机构办理品种权申请等事务时，应当共同委托一家代理机构。多个申请人可以用一份代理委托书，也可以分别填写代理委托书，但委托权项及委托的代理机构应当相同。

④ 代理机构对一件品种权申请或一项品种权最多可以指定两名代理人。

⑤ 申请人解除委托的，应当通知被委托的代理机构，并向农业部植物新品种保护办公室提交解除委托声明，办理相应的著录项目变更手续；代理机构辞去委托的，应当通知申请人，并向农业部植物新品种保护办公室提交辞去委托声明，办理相应的著录项目变更手续。

⑥ 本表中所填的代理机构名称、邮政编码、地址、品种名称等应与该品种权申请请求书中内容一致，如果该申请办理过著录项目变更手续的，应按照农业部植物新品种保护办公室批准变更后的内容填写。

⑦ 本表方格"□"供填表人选择使用，在选中的方格内标出"√"号。

⑧ 本表纸张大小为 A4（210mm×297mm），重量不低于 $70g/m^2$。提交时一式两份，不得折叠。

综 合 训 练

一、基本概念练习

1. 填空题

（1）专利请求书分为_____、_____、_____三类。

（2）专利请求书是_____的总称。

（3）专利说明书具有_____、_____、_____三个特点。

（4）权利要求书具有_____、_____、_____三个特点。

（5）发明申报书的类别按照科学的领域来划分，可以分为_____、_____、_____、_____四类；按照发明的权限分为_____和_____两部分。

（6）一项专利文件通常包括_____、_____、_____、_____、_____。

2. 判断题（正确的打"√"，错误的打"×"）

（1）专利请求书的"申请人"可以是自然人或法人。（   ）

（2）专利说明书中的发明或实用新型的名称要能反映要求保护的技术主题的名称和类型，也可以使用商业性的宣传用语。（   ）

（3）一份权利要求书可以对一件或一件以上的发明或实用新型申请保护。（   ）

（4）发明申报书的发明人或发明单位应按照对发明权项的贡献大小排序。（   ）

（5）新品种保护权利应向国家知识产权局或国家专利局申请保护。（   ）

3. 多选题

（1）专利代理人是指在专利局进行登记，具有（   ）的，在合法的专利代理机构中执行任务的工作人员。

  A．专利申请人　　　B．专利发明单位　　　C．专利代理人资格证书

  D．专利代理人工作证　　E．专利权利

（2）专利说明书的作用是（   ）。

  A．宣传和推销产品　　B．包装产品　　　C．传递信息，公开发明

  D．支持权利要求　　　E．确定权利要求保护范围

（3）申请一次植物新品种保护，受保护的年限是（   ）。

  A．一年　　B．二年　　C．三年　　D．五年　　E．十年至十五年

（4）发明申报书的特点是（   ）。

  A．机密性　　B．权利性　　C．公开性　　D．程序性　　E．规范性

（5）权利要求书是专利申请者按照《专利法》规定，保护（   ），指明保护范围的文字材料，是关专利申请人权益的实质性文件。

  A．发明　　B．外观设计专利　　C．实用新型　　D．专利申请单位　　E．专利说明书

二、简答题

1. 专利说明书的写作格式和要求。

2. 权利要求书的写作格式和要求。

3. 发明申报书的写作原则。

4. 专利请求书的填写原则。

5. 品种权申请请求书的填写要求。

三、模拟写作练习题

云南农业职业技术学院申请一项专利，名称是新型天然生物抑芽剂，申请日期是2015年8

月31日，申请人是王宇，身份证号码是5301021963l0240981，为职务发明，单位代码是153000000881，邮编650000，地址昆明市五华区交林路500号，电话0871-6074000。现委托云南省专利事务所代理，单位代码是，145000000222地址昆明市五华区东方路350号，代理人是王新林，工作证号是23，联系电话0871-6074999。请根据上述材料，填写一份完整的发明专利请求书。

第八章　计算机与农业科技写作

【知识目标】
　　掌握农业科技多媒体作品和 PPT 作品的制作方法。

【能力目标】
　　学会用 PowerPoint 制作农业科技幻灯片；会制作农业科技 Flash 课件。

【素质目标】
　　具备农业信息技术的意识，培养运用计算机从事农业科技写作的良好习惯，提升对农业科技多媒体、PPT 等电子文本创作的兴趣。

第一节　计算机在农业科技写作中的应用

一、计算机的现状

1. 计算机的定义、特点及发展简史

（1）计算机的定义　电子计算机也称之为电脑或现代计算机，是指一种能够存储数据程序和数据，能自动执行程序、快速而高效地完成对各种数字化信息处理的设备。

（2）计算机的特点

① 运算速度快。目前计算机的运算速度已超过一万次/s，一般的微型计算机的速度也在几百次/s 以上。这使得过去需要几年甚至几十年才能完成的工作，现在只要几天、几小时，甚至更短的时间就可以完成，极大地提高了工作效率。

② 计算精度高。计算机内部数据采用二进制，数据位数为 64 位，可精确到 15 位有效数字。经过处理，计算机的数据可达到更高的水平。

③ 具有记忆功能。电子计算机区别于其他机器最本质的特点就是具有记忆功能。随着科学技术的发展，人类所积聚的信息量在急剧增长，每日每时都有大量新的信息生成。目前常用来存储信息的硬盘容量达到了 160GB，相当于 85899345920 个汉字的中文信息。而据科学分析，人的大脑平均可以存储的信息约为 14GB。

④ 具有逻辑判断能力。在相应程序的控制下，计算机具有判断"是"与"否"，并根据判断做出相应的反应。1997 年 5 月，举世闻名的"人机大战"在美国举行，国际象棋大师卡斯帕罗夫最终输给了 IBM 的"深蓝"，深蓝每秒能够进行 2 亿步的判断，而卡斯帕罗夫每秒只能分析 3 步棋。当然，计算机的判断能力是靠人编制的程序来赋予的。

⑤ 工作自动化。计算机内部的操作运算都是在程序控制下自动完成的，人们只要按要求编写正确的程序，存入计算机，汲取运行的程序就可以自动完成任务，而不需要人的外部干涉。

（3）计算机的发展简史　根据计算机中使用的不同电子计算器件的逻辑部件和计算机系统结构及计算机软件的发展进程分类，将计算机的发展阶段划分为 4 个阶段，也称为"四代计算机"。计算机发展的 4 个阶段如表 8-1 所示。

表 8-1　计算机发展的 4 个阶段

代次	起止年份	所用元件	处理方式	运算速度	应用领域
第一代	1946～1957 年	电子管	机器语言、汇编语言	几千次/s～几万次/s	国防及高科技
第二代	1958～1964 年	晶体管	高级语言、作业批量连续处理	几万次/s～几十万次/s	工程设计、数据处理
第三代	1965～1970 年	中、小规模集成电路	多道程序、实时处理	几十万次/s～几百万次/s	工业控制、数据处理
第四代	1970 年至今	大规模、超大规模集成电路	可扩充语言、实时、分时处理、网络系统	几百万次/s～上亿条指令/s 或更高	工业、生活等各方面

2. 计算机的应用

计算机主要应用在如下九个领域。

（1）科学计算　也称数值运算。指解决科学研究和工程技术中所提出的复杂的数学问题。这是计算机最早最重要的应用领域，其比重虽然不足 10%，但其重要性依然存在。

（2）事务数据处理　也称信息处理。指对获取的信息进行记录、整理、加工、存储和传输等。这是计算机应用最广泛的领域，包括 MIS（管理信息系统）和 OA（办公自动化）等。计算机机时的 80% 主要用于非数值数据处理。

（3）计算机控制　也称实时控制或过程控制。指对动态过程（如控制配料、温度、阀门的开闭，乃至人造卫星、航天飞机、巡航导弹等）进行控制、指挥和协调。

（4）PA（生产自动化）　指利用计算机辅助设计、辅助制造产品，如集成制造系统等内容。

（5）数据库应用　从国民经济信息系统、跨国科技情报网到个人的亲友通信、银行储蓄账户，甚至办公自动化与生产自动化，均需要数据库的支持。

（6）人工智能　也称智能模拟。它可模仿人类的智力活动，主要应用在机器人、专家系统、模拟识别、智能检索、自然语言处理、机器翻译、定理证明等方面。

（7）计算机模拟　它用计算机程序代替实物模型来做模拟实验，可广泛应用于工业部门和社会科学领域。在 20 世纪 80 年代末还出现了虚拟的新技术，这是 21 世纪初期最有前景的新技术之一。

（8）CBE（计算机辅助教育）　包括 CAI（计算机辅助教学）和 CMI（计算机管理教学）两部分。

（9）网络应用　利用计算机网络，使一个地区、一个国家，甚至世界范围内的计算机与计算机之间实现信息、软硬件资源和数据共享，可以大大促进地区间、各国间的通信与各种数据的传输与处理，改变了人的时空概念。现在计算机的应用也离不开网络。

3. 计算机的分类

在时间轴上，"分代"可以表示计算机的纵向发展，而"分类"则可用来表示横向的发展。国内计算机界曾把计算机分为巨、大、中、小和微型 5 类。目前国内外多数书刊多采用了国际上沿用的分类方法，即将电子计算机划分为：巨型机、小巨型机、大型主机、小型机、工作站和个人计算机 6 类。这是根据美国电气和电子工程师协会的一个委员会于 1989 年 11 月提出的标准来划分的。

二、计算机写作的发展趋势

计算机技术的大力普及和推广应用为社会带来了划时代的影响。信息化社会的到来使得信息成为重要的战略资源,信息产业上升为最重要的产业,信息网络成为社会的基础设施。伴随着这一变化,计算机写作逐渐发展成为一种潮流,成为当前最重要的一种写作方式。而随着信息社会的进一步发展,计算机技术的进一步成熟,电脑写作将开启一种计算机文化的时代序曲。

可以说,一个社会的文化模式是以它的记忆为基础的。数据库的诞生使知识和信息的存储在数量上与质量上都发生了本质的变化,人们获得知识的方式也因此而发生了根本性的变化。文字的出现曾经改变了人类历史的进程和文明的面貌,而数据库的出现,似乎宣布了类似的变化。视窗的界面、图标的含义,都给人们带来了新的文字和丰富内涵。

计算机技术使语言和知识,以及语言和知识的相互交流发生了根本性变化,一种新鲜的、生动的、形象的写作方式的产生与发展,也引起了思维概念和推理的改变。人类文化的创造是在人类自觉意识控制下的一种创造性实践活动,它起源于人的创造型思维。计算机写作技术引起了语言的重构和人类机译系统的更新。也就是说在人类谋求生存和发展的过程中,创造方式、方法、过程和结果都发生了根本变化,不仅精神文明发生了变化,物质文明也发生了变化,而且产生了更有益于人类的成果。这也就意味着,计算机写作技术冲击着人类传统的写作模式,以及建立在这一基础上的传统的思维和信息交流,从而影响着人类社会的各个领域,改变着人类的观念和社会结构,这就导致了一种全新的文化模式——计算机文化素养信息时代的出现。

如今,计算机已不再是单纯的一门科学技术,它是跨国界进行国际交流,推动全球经济与社会发展的重要手段。虽然计算机也是人创造的,但是计算机具有语言、逻辑思维和判断功能,即有着部分人脑的功能,能完成某些只有人脑才能完成甚至完成不了的任务,这也是计算机文化有别于汽车文化、茶文化、酒文化或别的什么文化的地方。它是信息时代的特征文化,并非属于某一国家、某一民族的一种地域文化,而是一种时域文化,是人类社会发展到一定阶段的时代文化。

计算机写作已经成为现代办公的一种必备素质,而伴随着计算机写作发展而来的计算机文化也已经广泛地存在于人们的生活之中。未来,它将更加普及,必将成为一种时代要求的生存必备素质。

第二节　计算机写作软件

一、系统软件

系统软件是生成、准备和执行其他软件所需要的一组程序,它通常负责管理、监督和维护计算机各种软硬件资源。系统软件的作用是缩短用户准备程序的时间,给用户提供一个友好的操作界面,扩大计算机处理程序的能力,提高其使用效果,充分发挥计算机各种设备的作用等。常见的系统软件主要有以下6种。

1. 操作系统

操作系统是高级管理程序,它是系统软件的核心。如存储管理程序、设备管理程序、信息管理程序、处理器管理程序等。没有操作系统,其他软件很难在计算机上运行。

2. 程序设计语言

程序设计语言可分为下列5种。

（1）机器语言　直接为 CPU 识别的一组由二进制（0 和 1）数据构成的指令码就称为机器语言，也称二进制代码语言。例如，机器指令就是机器语言，一条机器指令就是机器语言的一个语句。用机器语言编写的程序执行效率高，但存在着编程费时和费力，也不便于记忆和阅读、无通用性等缺点。这是第一代语言。计算机也只能接受以二进制形式表示的机器语言。这也是唯一让 CPU"一看就懂"，不需要任何翻译的语言。机器语言从属于硬件设备。

（2）汇编语言　汇编语言是第二代语言。它是一种符号化了的机器语言（用助记符来表示每一条机器指令），也称为符号语言，20 世纪 50 年代初开始使用。它更接近机器语言而不是人的自然语言，所以仍然是一种面向机器的语言。

（3）高级语言和算法语言　这是第三代语言，也称过程语言。于 20 世纪 50 年代中期开始使用。它与自然语言和数学语言更为接近，可读性强，编程方便，从根本上摆脱了语言对机器的依附，使之独立于机器，由面向机器改为面向过程，所以也称为面向过程语言。目前世界上有几百种计算机高级语言，常用的和流传较广的有几十种。在我国常用的计算机语言有：BASIC，PASCAL，LISP，COBOL，FORTRAN，C 等。C 语言特别适用于编写应用软件和系统软件，是当前最流行的程序设计语言之一。

（4）非过程化语言　这是第四代语言。使用这种语言，不需要关心问题的解法和处理过程的描述，只要说明所要完成的加工条件，指明输入数据以及输出形式，就能得到所要的结果，而其他工作都由系统来完成。因此它比第三代语言具有更多的优越性。

（5）智能型语言　这是第五代语言。它具有第四代语言的基本特征，还具有一定的智能和许多新功能。如 PROLOG 语言，广泛应用于抽象问题求解、数据逻辑、公式处理、自然语言理解、专家系统和人工智能的许多领域。

计算机语言的日益人性化，其结果是使计算机的功能更强，使用更加便捷。

3. 语言处理程序

（1）源程序　用汇编语言或各种高级语言各自规定的符号和语法规则，并按规定的规则编写的程序称为源程序。

（2）目标程序　将计算机本身不能直接读懂的源程序翻译成相应的机器语言程序，成为目标程序。

4. 数据库管理系统

主要由数据库（DB）和数据库管理系统（DBS）组成。

5. 网络软件

主要指网络操作系统。

6. 系统服务程序

也称软件研制开发工具、支持软件、支撑软件、工具软件，主要有编辑程序、调试程序、装配和连接程序及测试程序等。

二、应用软件

应用软件是用户为了解决某些特定的具体问题而开发研制或外购的各种程序，这些程序可以用机器语言、汇编语言、C 语言或 Java 语言等编写，它往往涉及应用领域的知识，并在系统软件的支持下运行，如字处理、电子表格、绘图、课件制作、网络通信等软件（如 Word、WPS、Excel、PowerPoint 等），以及用户程序（如工资管理程序、库房管理程序、财务管理程序等)。

第三节 多媒体与农业科技写作成品

一、农业科技多媒体作品的制作方法

多媒体就是文本、声音、图形、图像、图画和视频两种或者两种以上媒体成分的组合。如在影视动画中，可以同时听到优美动听的音乐，看到精致如真的图片，欣赏引人入胜的活动画面。

计算机能处理的多媒体信息从时效性上又可分为两大类：静态媒体——包括文字、图形、图像；时变媒体——包括声音、动画、活动影像。

本文主要介绍 Flash 基础动画制作。

1. 位置移动动画的制作

（1）动画效果　让对象在屏幕上向不同方向移动。

（2）制作步骤

① 新建一个文件，以像素为单位，设置影片的长为 500，宽为 300，其他默认。

② 选择"插入"—"新元件"—"图形"，取名"移动"，如图 8-1 所示。

③ 输入事先准备好的内容，如"减数分裂"，如图 8-2 所示。

④ 转到场景，在时间轴的第 1 帧设置元件"移动"上场，并把它放到场景的左边。

⑤ 在时间轴的第 30 帧设置一个关键帧，且把元件拖到场景的右边。

图 8-1　创建新元件

图 8-2　插入文本

⑥ 在时间轴的第 60 帧设置一个关键帧，且把元件拖到场景的中间。

⑦ 在时间轴的第 1 帧和第 30 帧之间、第 30 帧和第 60 帧之间设置动画效果，如图 8-3 所示。

完成后按 Ctrl+Enter 预览。

2. 翻转动画的制作

（1）动画效果　让对象在屏幕上向不同方向翻转。

图 8-3 创建补间动画

（2）制作步骤

① 新建一个文件，以像素为单位，设置影片的长为 500，宽为 300，其他默认。
② 选择"插入"—"新元件"—"图形"，取名"翻转"。
③ 取椭圆工具绘制事先准备好的内容，如简易染色体。
④ 转到场景，在时间轴的第 1 帧设置元件"翻转"上场，并把它放到场景的适当位置。
⑤ 在时间轴的第 20 帧设置一个关键帧，且把元件顺时针旋转 90°，如图 8-4 所示。
⑥ 在时间轴的第 40 帧设置一个关键帧，且把元件顺时针旋转 90°。
⑦ 在时间轴的第 60 帧设置一个关键帧，且把元件顺时针旋转 90°。
⑧ 在时间轴的第 80 帧设置一个关键帧，且把元件顺时针旋转 90°。
⑨ 在时间轴的第 95 帧设置一个关键帧，且把元件垂直翻转一次，如图 8-5 所示。

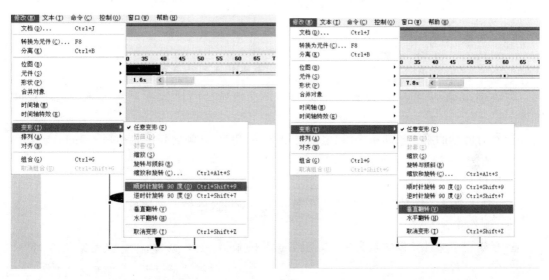

图 8-4 顺时针旋转　　　　　　图 8-5 垂直旋转

⑩ 在时间轴的第 105 帧设置一个关键帧，且把元件垂直翻转一次。
⑪ 在时间轴的第 115 帧设置一个关键帧，且把元件水平翻转一次。
⑫ 在时间轴的第 125 帧设置一个关键帧，且把元件水平翻转一次。
⑬ 在各关键帧之间创建动画。

完成后按 Ctrl+Enter 预览。

3. 大小变化动画的制作

（1）动画效果　让对象在屏幕中由大（小）变小（大）。
（2）制作步骤
① 新建一个文件，以像素为单位，设置影片的长为 500，宽为 300，其他默认。

② 选择"插入"—"新元件"—"图形",取名"大小变化"。
③ 取椭圆工具绘制事先准备好的内容,如简易染色体。
④ 转到场景,在时间轴的第 1 帧设置元件"大小变化"上场,并把它放到场景的适当位置。
⑤ 在时间轴的第 30 帧设置一个关键帧,且把元件的比例缩小到实现考虑的程度,如 10%,见图 8-6、图 8-7。

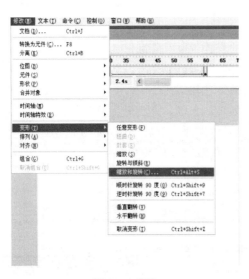

图 8-6　缩放

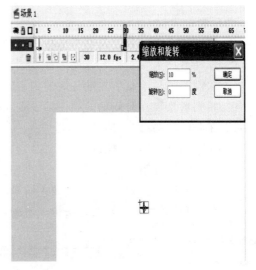

图 8-7　缩放设置

⑥ 在时间轴的第 60 帧设置一个关键帧,且把元件的比例放大到实现考虑的程度,如 200%。

⑦ 在时间轴的第 1 帧和第 30 帧之间、第 30 帧和第 60 帧之间设置动画效果。
完成后按 Ctrl+Enter 预览。

4. 颜色渐变动画的制作

(1) 动画效果　让对象在屏幕中由一种颜色逐渐过渡到另一种颜色。

(2) 制作步骤

① 新建一个文件,以像素为单位,设置影片的长为 500,宽为 300,其他默认。

② 选择"插入"—"新元件"—"图形",取名"颜色渐变"。

③ 取椭圆或矩形工具绘制一个图形,如圆。

④ 转到场景,在时间轴的第 1 帧设置元件"颜色渐变"上场,并把它放到场景的适当位置。

⑤ 在时间轴的第 40 帧设置一个关键帧,在 40 帧处点击右键快捷菜单—面板—帧,用 R、G、B 对红、绿、蓝对元件进行调色,如图 8-8 所示。

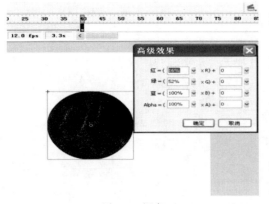

图 8-8　调色

⑥ 选择一个颜色作为第 40 帧图形的颜色。

⑦ 在时间轴的第 1 帧和第 40 帧之间设置动画效果。

完成后按 Ctrl+Enter 预览。

5. 形状渐变动画的制作

（1）动画效果　让对象在屏幕中由一种形状逐渐过渡到另一种形状。

（2）制作步骤

① 新建一个文件，以像素为单位，设置影片的长为 500，宽为 400，其他默认。

② 在图层 1 的第一帧输入文字"形状渐变"，并将其打散（分离组件），如图 8-9 所示。效果见图 8-10。

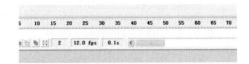

图 8-9　分离　　　　　　　　　　　图 8-10　分离效果

③ 在时间轴的第 40 帧设置一个空白关键帧，利用图形工具在第 40 帧位置画一个圆或矩形，同样将其打散。

④ 在第 1 帧处点击右键快捷菜单—面板—帧，在"变化"中选"图形"，此时若发现时间轴上生成了中间动画就说明操作无误。

完成后按 Ctrl+Enter 预览。

二、农业科技 PPT 作品的制作方法

演示文稿是借助于文字、图形、动画、声音和视频等多种多媒体手段，将需要表达的内容制作成的一个独立的可以放映的文件。利用 PowerPoint 制作的演示文稿，通常保存在一个扩展名为 PPT 的文件里，因此也称之为 PPT 作品。

1. 制作一个演示文稿

（1）幻灯片的版式设计　版式的设计是幻灯片制作中最重要的环节，一个好的布局自然会有良好的演示效果。对于一个 PPT 作品来说，第一张幻灯片一般是一张标题幻灯片，这就如同一本书的封皮，用以说明演示的主题与目的。图 8-11 中的第一张幻灯片就是一张标题幻灯片。在"新幻灯片"对话框中，选择"标题幻灯片"自动版式，单击"确定"按钮，屏幕出现如图 8-12 所示的标题幻灯片画面。在占位符内输入文本内容完成文稿的标题制作。然后单击"插入"按钮，选择"新幻灯片"开始下一张幻灯片的制作。

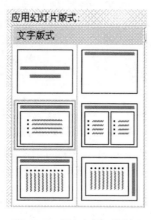
图 8-11　新幻灯片对话框

图 8-12　标题幻灯片

（2）文字的输入和编辑　以图 8-13 为例介绍幻灯片中文字的输入方法。"项目清单"自动版式由标题区和项目列表区两部分组成。标题区输入题目，在文本区完成项目列表内容的输入。

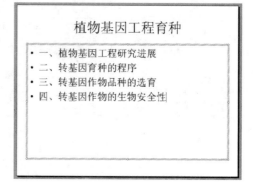

图 8-13　输入项目清单的文字内容

可根据需要设置文本的格式，如字体、字形、字符颜色、下划线、阴影、浮凸、上标和下标等。设置文本格式的方法大致有两种：一种是使用命令打开"字体"对话框，在对话框中进行选择；另一种是使用格式工具栏中的按钮。文本编辑工作与 Word 文字处理方法相似。

2. 制作一个多媒体演示文稿

（1）插入图像、图表和艺术字

① 插入剪贴画。单击"绘图"工具栏上的"插入剪切画"按钮，或者选择"插入"—"图片"—"剪贴画"命令，打开"剪贴画"对话框。在图片列表窗口中选择合适的图片，单击左键即可将所选图片嵌入到当前编辑的幻灯片中，根据需要也可调整图片大小。

② 插入图表。常规操作是单击常用工具栏中"插入图表"按钮，或者选择"插入"—"图表"命令来插入图表。也可以使用有图表的幻灯片版式进行操作，在"应用幻灯片版式"中选择带有"图表"对象的版式，双击幻灯片中的图表按钮，在弹出的数据表中进行相应的修改，图表也会有相应的变化，关闭数据表，即可完成图表的

插入。如图 8-14 所示。

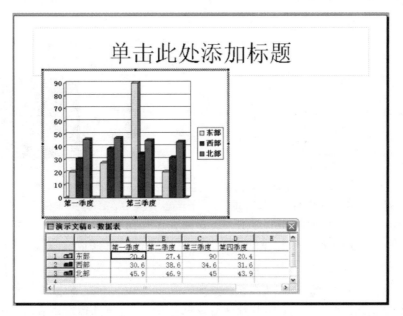

图 8-14　插入图表

③ 艺术字设计。单击"绘图"工具栏上的"插入艺术字"按钮，或者选择"插入"—"图片"—"艺术字"命令，打开"艺术字库"对话框（图 8-15）。然后从中选择一种艺术字式样，例如左上角第一个式样，单击"确定"按钮，屏幕上出现"编辑'艺术字'文字"对话框，如图 8-16 所示。在对话框中输入文字内容，设置文字字体、字号和字形，最后单击"确定"按钮。

图 8-15　"艺术字库"对话框

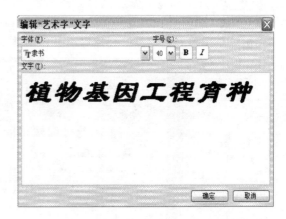

图 8-16　"编辑'艺术字'文字"对话框

(2) 插入声音和影片

① 插入声音。首先在幻灯片视图中选择要添加音乐或声音的幻灯片。然后选择"插入"菜单中的"影片和声音"命令，打开相应的级联菜单（图 8-17），按提示完成相应操作。此时幻灯片上会出现一个声音图标。默认情况下，在幻灯片放映时，只要单击声音图标就会播放声音。

图 8-17 "影片和声音"命令

图 8-18 在幻灯片中插入声音和影片

② 插入影片。首先在幻灯片的视图中,切换到要添加影片的幻灯片,选择"插入"—"影片和声音"—"剪辑库中的影片"命令,打开"剪辑库对话框",从中选中"影片"标签,双击所需影片。如果要从其他位置插入影片,可选择"插入"—"影片和声音"—"文件中的影片"命令,找到包含影片的文件夹,双击所需要的影片。此时幻灯片上会出现一个剪辑的片头图像。默认的情况下,在幻灯片放映时,单击剪辑的片头图像就会播放影片(图 8-18)。

3. 修改演示文稿

(1) 使用幻灯片母板 使用"视图"—"母板"—"幻灯片母板"命令进入幻灯片母板视图。幻灯片母板有标题区、对象区、日期区、页脚区和数字区,制作幻灯片时可以根据需要改变背景颜色浓淡效果,插入图片,使用绘图工具在幻灯片母板上绘制图形目标,添加学校或是课题组徽标图案,修饰文本的格式等,以得到一个与众不同的幻灯片外观。

(2) 修改幻灯片母板

① 在幻灯片中插入对象。选择"视图"—"母板"—"幻灯片母板"命令,进入幻灯片母板,然后选择"插入"—"图片"—"剪贴画"命令,打开"剪贴画"对话框,选取一幅剪贴画,单击使其出现在幻灯片母板上,调整图片的大小和位置。如图 8-19 所示。

图 8-19 修改幻灯片母板

② 修改文本格式与层次文本的项目符号。根据需要，还可以修改文本格式、层次文本的项目符号。修改幻灯片标题时，选择"单击此处编辑母板标题样式"文本框，使用"格式"—"字体"命令或者工具栏上相应的按钮进行修饰。修改正文区某一层次的项目符号时，先指定到某一层次项目符号，然后选择"格式"—"项目符号和编号"命令，在弹出的对话框中选择项目符号的类型、颜色等，最后单击"确定"按钮（图8-20）。

③ 设置幻灯片背景。选择"格式"菜单中的"背景"命令，打开"背景"对话框。单击背景颜色列表下拉按钮，从中选择幻灯片母板的背景颜色。如图8-21所示。或单击"全部应用"按钮，将新的背景应用到演示文稿所有幻灯片中，或单击"应用"按钮，将新背景应用到当前幻灯片中。

完成母板编辑后，单击"幻灯片浏览视图"按钮，观察修改母板后的幻灯片，如图8-22所示。

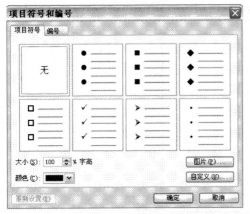
图 8-20 "项目符号和编号"对话框

图 8-21 幻灯片"背景"对话框

1

2

3

4

图 8-22 修改幻灯片母板后的演示文稿

(3) 模板的选择与编辑　打开要应用设计模板的演示文稿,选择"格式"菜单中的"幻灯片设计"命令,或单击工具栏中的"常用任务"列表按钮,从中选择"幻灯片设计"命令,在弹出的"应用设计模板"对话框中选择要应用的模板,单击确定。

另外也可以改变配色方案,选择"格式"—"幻灯片设计"—"配色方案"命令,在"应用配色方案"对话框中选择应用的方案,单击确定。

4. 设置演示文稿的播放效果

(1) 动画效果的制作　首先在幻灯片的视图中,选择要设置动画效果的某张幻灯片,然后使用"幻灯片放映"—"自定义动画"命令,打开"自定义动画"任务窗口,单击"添加效果"右侧下三角按钮,在弹出的对话框中选择命令,设计动画效果,如图 8-23 所示。

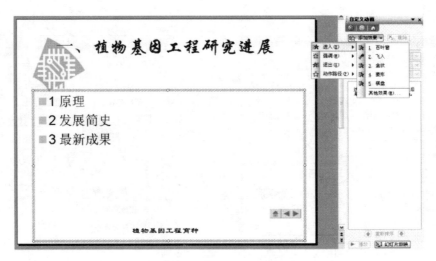

图 8-23　添加自定义动画

(2) 播放效果的设置

① 设置幻灯片的切换效果。在演示文稿的播放过程中,幻灯片的切换方式是指演示文稿播放过程中幻灯片进入和离开屏幕时产生的视觉效果,也就是让幻灯片以动画方式放映的特殊效果。在演示文稿制作过程中,可以为指定的一张幻灯片设计切换效果,也可以为一组幻灯片设计相同的切换效果。

在幻灯片浏览视图中,首先选中一张幻灯片,然后单击"幻灯片放映"—"幻灯片切换"命令,调出"幻灯片切换"对话框,如图 8-24 所示,在"应用于所选幻灯片"列表框中选择合适的切换效果,在"修改切换效果"选项中选择切换速度和声音效果,点击"播放"进行预览,关闭对话框完成幻灯片切换效果的设置。设置完毕后,如果需要将演示文稿的所有幻灯片都设置为同样的效果,可以在"幻灯片切换"任务窗口中单击"应用于所有幻灯片"按钮。

② 控制播放过程。单击"幻灯片放映"—"观看幻灯片放映"按钮或选择"视图"菜单中的"幻灯片放映"命令,开始播放演示文稿。单击鼠标或回车可播放下一张幻灯片,按 Esc 可退出演示状态,使用 Page Up 和 Page Down 键可向前或向后翻一张幻灯片。播放过程中还可以点击鼠标右键进行播放过程的更改。

(3) 制作具有交互功能的演示文稿

图 8-24 设置幻灯片的切换效果

① 创建超链接。首先切换到幻灯片视图，选择要设置超链接功能的对象，本文选中"获得目的基因的途径"文本，点击右键，在弹出的快捷菜单中选择"超链接"命令，或者选择"插入"—"超链接"命令，打开"插入超链接"对话框。如图 8-25 所示。在对话框的"链接到"列表框中单击"本文档中的位置"按钮，在"请选择文档中的位置"列表框中选择要链接的目标幻灯片。单击"确定"按钮即可插入超链接。

图 8-25 "插入超链接"对话框

② 编辑与删除超链接。选择有超链接的文本或对象，点击右键，选择"编辑超链接"或"删除超链接"即可完成超链接的修改或删除。

5. 打印演示文稿

通过打印设备可以输出幻灯片、大纲、备注等多种形式的演示文稿。打印前应先进行页面、打印等有关设置。具体操作方法如下。

① 打开准备打印的演示文稿。

② 选择"文件"菜单中的"打印"命令，打开"打印"对话框。如图 8-26 所示。

③在"打印机"区域中选择所使用的打印机类型。

④在"打印范围"区域内通过单选按钮选择要打印的范围。

⑤在"打印份数"区域中,利用微调按钮调整打印份数。

⑥单击"打印内容"下拉列表,设置具体打印内容。选择"幻灯片"选项,则每页打印一张幻灯片;选择"讲义"选项,可以在每页中打印2、3、4、6或9张幻灯片;选择"大纲视图"选项,可以打印演示文稿的大纲;选择"备注页"选项,可以打印指定范围中的幻灯片备注。

⑦完成各项选择后,单击"确定"按钮开始打印。

图8-26 "打印"对话框

6. 制作演示文稿"水稻有性杂交技术.ppt"

如图8-27所示,本实例是一个含有6张幻灯片的演示文稿。其中第1张为封面,第二张为目录,第3~5张为内容,其中第2张目录幻灯片通过超链接可以任意访问第3~5张幻灯片,第3~5张幻灯片中有动作按钮可以返回目录幻灯片。第6张幻灯片为思考题。

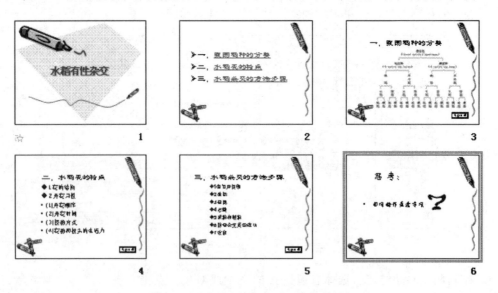

图8-27 "水稻有性杂交.ppt"效果图

制作步骤如下。

①选择"文件"—"新建"命令,打开"新建演示文稿"任务窗口,单击"根据设计模板",在设计模板列表中选择模板。

②在首张幻灯片主标题占位符处输入"水稻有性杂交",设置字体及字体大小。

③设置首页文本的动画效果为"飞入",方向为"自顶部",速度为"快速"。

④ 选择"插入"—"新幻灯片"命令，插入第 2 张幻灯片，依次文本的内容，并且设置文本的格式及项目符号。如图 8-28 所示。

⑤ 新建 4 张幻灯片，输入相应的内容。

⑥ 返回第 2 张目录幻灯片，建立第 3～5 张幻灯片的超链接。

⑦ 选中第 3 张幻灯片，在幻灯片的右下角添加一个动作按钮，并且为动作按钮添加文本"返回目录"，设置文本的字体和按钮的填充色后，将动作按钮的动作设置为单击时链接到第 2 张目录幻灯片，如图 8-29 所示。

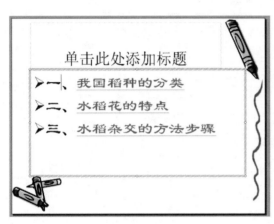

图 8-28 目录幻灯片

图 8-29 设置动作按钮

⑧ 在第 3 张幻灯片中复制动作按钮，同时在第 4 张、第 5 张幻灯片中制作相同的效果。

⑨ 设置第 1 张幻灯片的切换效果为"盒式展开"再单击"应用到所有幻灯片"按钮，将全部幻灯片的切换效果均设置为"盒式展开"即可完成本实例。

综 合 训 练

一、基本概念练习

1. 填空题

（1）幻灯片的放映有_____种方法。

（2）PowerPoint 的主要功能是_____。

（3）图像处理软件主要是_____，动画制作软件主要有_____、_____。

（4）在幻灯片视图中，幻灯片通常分为两个区域，分别为_____和_____。

（5）使用设计模板创建演示文稿，使用的是模板的_____。

2. 选择题

（1）PowerPoint 演示文稿的扩展名是（　　）。

　　A．.ppt　　　B．.ppz　　　C．.pot　　　D．.pps

（2）在幻灯片放映过程中，不能切换到下一张幻灯片的操作是（　　）。

　　A．按 Enter 键　B．按 End 键　C．按 Page Down 键　D．按 Space 键

（3）静态媒体不包括以下（　　）项。

　　A．文字　　　B．声音　　　C．图像　　　D．图形

(4) 幻灯片间的动画效果,通过"幻灯片放映"菜单中的(   )命令来设置?
   A. 动画设置   B. 自定义动画   C. 动画预览   D. 幻灯片切换
(5) 幻灯片内的动画效果,通过"幻灯片放映"菜单中的(   )命令来设置?
   A. 动画设置   B. 自定义动画   C. 动画预览   D. 幻灯片切换

3. 判断题(正确的打"√",错误的打"×")
(1) 所有幻灯片的背景只能完全一样。(   )
(2) 只能给文字超链接。(   )
(3) 播放演示文稿时,按 Esc 键可以停止播放。(   )
(4) 多媒体就是动画。(   )
(5) PowerPoint 中插入的影片和声音都是自动播放的。(   )

二、简答题

1. 什么是多媒体?
2. 一般演示文稿创建的操作步骤是什么?
3. 如何设置演示文稿的播放效果?
4. 多媒体课件的优点有哪些?

三、模拟写作练习

1. 利用 Flash 软件制作一份农业科技宣传作品。
2. 制作一篇农业科技学术报告的演示文稿。

附　　录

附录 A　科技文献资料的搜集整理

科技文献资料是人类的科学文化知识、各种思想和各种实践活动赖以记录、保存、交流和传播的一切印刷品和视听材料的统称，它通常包括图书、期刊、专利文献、政府科技出版物和特刊，技术标准、科技会议文献、大专院校科技出版物、学位论文、翻译文献、文摘、索引等。具体有以下几种分类方式。

① 零次文献。是指尚未系统整理的原始记录（手稿），如科学试验原始记录等。

② 一次文献。是指叙述性质上基本属原始情报的文献。

③ 二次文献。是指对一次文献进行加工整理而成的具有报道性与检索性的文献。按照著录格式可以将二次文献分为目录、题录、文摘、索引四类。

④ 三次文献。指综述、书评、数据手册、百科全书、年鉴等。

科技文献资料的搜集又称科技文献检索，就是引用检索工具，按标识在大量文献中找出所需要的文献。对于广大师生和科学技术人员来讲，掌握文献检索知识，是获得科技研究情报的重要手段，是从事科技写作工作的必要基础。

一、文献检索方法

查找文献的方法分为如下 3 种。

1. 直接法

直接利用检索工具（系统）检索文献信息的方法，这是文献检索中最常用的一种方法。它又分为顺查法、倒查法和抽查法。

（1）顺查法　按照时间的顺序，由远及近地利用检索系统进行文献信息检索的方法。这种方法能收集到某一课题的系统文献，它适用于较大课题的文献检索。例如，已知某课题的起始年代，要了解其发展的全过程，就可以用顺查法从最初的年代开始，逐渐向近期查找。

（2）倒查法　倒查法是由近及远，从新到旧，逆着时间的顺序利用检索工具进行文献检索的方法。此法的重点是放在近期文献上。使用这种方法可以最快地获得最新资料。

（3）抽查法　抽查法是指针对项目的特点，选择有关该项目的文献信息最可能出现或最多出现的时间段，利用检索工具进行重点检索的方法。

2. 追溯法

不利用一般的检索工具，而是利用已经掌握的文献末尾所列的参考文献，进行逐一地追溯查找"引文"的一种最简便的扩大信息来源的方法。它还可以从查到的"引文"中再追溯查找"引文"，像滚雪球一样，依据文献间的引用关系，获得越来越多的相关文献。

3. 综合法

综合法又称为循环法，它是把上述两种方法加以综合运用的方法。综合法既要利用检索工具进行常规检索，又要利用文献后所附参考文献进行追溯检索，分期分段地交替使用这两种方法。即先利用检索工具（系统）检索到一批文献，再以这些文献末尾的参考目录为线索进行查找，如此循环进行，直到满足要求时为止。综合法兼有直接法和追溯法的优点，可以查得较为全面而准确的文献，是实际中采用较多的方法。对于查新工作中的文献检索，可以根据查新项目的性质和检索要求将上述检索方法融汇在一起，灵活处理。

二、文献检索工具

检索文献有着不同的检索方式，检索工具可分为书本式、卡片式、缩微胶片（卷）和机读书目数据库四种。按出版著录形式的不同，书本式检索工具可分为目录（题目）、索引、文摘、书目四种。而文献检索中常用的索引类型有下列几种。

1. 主题索引

主题索引是将指通过文献资料的主题内容进行检索的类型，它依据的是各种主题索引或关键词索引。检索者只要根据项目确定检索词（主题词或关键词），便可以实施检索。主题途径检索文献关键在于分析项目、提炼主题概念，运用词语来表达主题概念，是一种主要的检索途径。

2. 分类索引

分类索引是指按照文献资料所属学科（专业）类别进行检索的类型，它所依据的是检索工具中的分类索引。分类途径检索文献关键在于正确理解检索工具的分类表，将待查项目划分到相应的类目中去。一些检索工具如《中文科技资料目录》是按分类编排的，可以按照分类进行查找。

3. 著者索引

著者索引是指根据已知文献著者来查找文献的类型，它依据的是著者索引，包括个人著者索引和机关团体索引。

4. 引文索引

引文索引是从被引论文（按著者排列）去检索引证该论文的文献。这种索引从文献之间相互引用这一关系的角度提供了一种新的检索途径。

5. 其他索引

其他索引包括利用检索工具的各种专用索引来检索。专用索引的种类很多，常见的有各种序号索引（如专利号、入藏号、报告号等）、专用符号代码索引（如元素符号、分子式、结构式等）、专用名词术语索引（如地名、机构名、商品名、生物属名、地理位置索引）等。这些索引的排列，有其独特的次序，检索时需要掌握相应学科知识。

三、文献检索的方法和程序

文献检索经历了长期的手工检索，半机械化检索（如穿孔卡片）和电子计算机检索的发展过程。随着科学技术的发展，计算机检索逐渐普及，但目前手工检索仍占有一定的位置。文献检索工作是一项实践性和经验性很强的工作，对于不同的项目，可能采取不同的检索方法和程序。检索程序与检索的具体要求有密切关系，大致可分为以下 4 个步骤。

1. 分析待查项目，明确主题概念

首先应分析待查项目的内容实质、所涉及的学科范围及其相互关系，明确要查证的文献内容、性质等，根据要查证的要点抽提出主题概念，明确哪些是主要概念，哪些是次要概念，并初步定出逻辑组配。

2. 选择检索工具，确定检索策略

选择恰当的检索工具，是成功实施检索的关键。选择检索工具一定要根据待查项目的内容、性质来确定，选择的检索工具要注意其所报道的学科的专业范围、所包括的语种及其所收录的文献类型等，在选择中，要以专业性检索工具为主，再通过综合型检索工具相配合。如果一种检索工具同时具有机读数据库和刊物两种形式，应以机读数据库为主，这样不仅可以提高检索效率，而且还能提高查准率和查全率。为了避免检索工具在编辑出版过程中的滞后性，还应该在必要时补充查找若干主要相关期刊的现刊，以防止漏检。

3. 确定检索途径和检索标识

一般的检索工具都根据文献的内容特征和外部特征提供多种检索途径，除主要利用主题途径外，还应充分利用分类途径、著者途径等多方位进行补充检索，以避免单一种途径不足所造成的漏检。

4. 查找文献线索，索取原文

应用检索工具实施检索后，获得的检索结果即为文献线索，对文献线索进行整理，分析其相关程度，根据需要，可利用文献线索中提供的文献出处，索取原文。

四、主要文献信息源及其特点

1. 科技图书

科技图书（scientific and technical book）是以传播科技知识为目的，用文字或其他信息符号记录在一定形式的材料之上的著作物；科技图书是人类科技活动的产物，是一种特定的不断发展着的科技知识传播工具。一般泛指各种科技类型的读物，包括当代出版的科技书刊、科技报纸，甚至包括科技声像资料、科技缩微胶片（卷）及科技机读目录等新技术产品。

2. 科技期刊

期刊（periodicals）也称杂志（journals 或 magazine）。中国期刊全文数据库是目前最大的连续动态更新的中国期刊全文数据库，收录国内 8200 多种重要期刊，以学术、技术、政策指导、高等科普及教育类为主，同时收录部分基础教育、大众科普、大众文化和文艺作品类刊物，内容覆盖自然科学、工程技术、农业、哲学、医学、人文社会科学等各个领域，全文文献总量 2200 多万篇。

3. 专利文献

专利文献（patent document）是指专利申请文件经国家主管专利的机关依法受理、审查合格后，定期出版的各种官方出版物的总称。世界知识产权组织 1988 年编写的《知识产权教程》

阐述了现代专利文献的概念："专利文献是包含已经申请或被确认为发现、发明实用新型和工业品外观设计的有关资料，以及保护发明人、专利所有人及工业品外观设计和实用新型注册证书特有人权利的有关资料的已出版或未出版的文件（或其摘要）的总称"。专利文献按一般的理解主要是指各国专利局的正式出版物。专利文献是专利制度的产物，反过来说又是专利制度的重要基础，在专利审查和国际交流中发挥着重要作用。

4. 科技报告

科技报告（scientific and technical report），又称研究报告和技术报告，是科学技术工作者围绕某个课题研究所取得的成果的正式报告，或对某个课题研究过程中各阶段进展情况的实际记录。科技报告自 20 世纪 20 年代产生以来，发展迅速，已成为继期刊之后的第二大报道科技最新成果的文献类型。从报道的内容看，科技报告大多都涉及高、精、尖科学研究和技术设计及其阶段进展情况，客观地反映科研过程中的经验和教训。

科技报告的特点是单独成册，所报道成果一般必须经过主管部门组织有关单位审定鉴定，其内容专深、可靠、详尽，而且不受篇幅限制，可操作性强，报告迅速。有些报告因涉及尖端技术或国防问题等，所以一般控制发表。目前，世界上各发达国家及部分发展中国家每年都有相当数量科技报告产生，尤以美、英、法、德、日等国的科技报告为多。

5. 学位论文

检索国外学位论文可利用 Dialog 国际联机系统或国际大学缩微胶卷公司（University Microfilms International）编辑出版的《国际学位论文文摘》、《美国博士学位论文》以及《学位论文综合索引》等检索工具。

6. 会议文献

会议文献的主要特点是：传播信息及时、论题集中、内容新颖、专业性强、质量较高，往往代表某一学科或专业领域内最新的学术研究成果，基本上反映了该学科或专业的学术水平、研究动态和发展趋势。

7. 政府出版物

政府出版物是指各国政府部门及其设立的专门机构发表、出版的文件，可分为行政性文件（如法令、方针政策、统计资料等）和科技文献（包括政府所属各部门的科研究报告、科技成果公布、科普资料及技术政策文件等），其中科技文献约占 30%～40%。

政府出版物的特点是内容可靠，与其他信息源有一定重复。借助于政府出版物，可以了解某一国家的科技政策、经济政策等，而且对于了解其科技活动、科技成果等，有一定的参考作用。美国政府出版物数量最多，每年有几千篇公开，其他国家如英国、加拿大、法国等也出版一定数量的政府出版物。查找美国政府出版物可检索索引性刊物《美国政府出版物目录月报》（中国科学院图书馆收藏）。

8. 标准文献

检索国内标准文献的检索工具主要有《中国标准化年鉴》、《中国国家标准汇编》、《国家标准和部标准目录》、《中国国家标准文献数据库》等；检索国外标准文献的检索工具主要有《国际标准文献数据库》（中国标准情报中心编）、《ISO 国际标准目录》、《美国国家标准目录》、《英国标准年鉴》等中译本资料及各国标准的原版目录。

附录 B 计量单位与数字的使用

一、关于计量单位

1. 常用量的名称及单位符号

表 1 部分农业行业常用计量单位及计量单位符号

量的名称	计量单位符号	量的名称	计量单位符号
长度	km,m,cm,mm,μm,nm	面积	km^2,hm^2,m^2,cm^2,mm^2
体积	m^3,dm^3,cm^3,mm^3	容积	L,ml,μl
质量	t,kg,g,mg	时间	d,h,min,s
摄氏温度	℃	平面角	°,′,″
能量	J	功率	W
电流	A	电压	V
压力	Pa	光照度	lx

2. 使用计量单位的规则

① 单位符号特指单位的国际符号,要用正体字母表示。

② 要注意区分单位符号和词头符号的大小写。一般单位符号为小写体,如 m(米)、t(吨)、g(克)等;来源于人名的单位,其符号的首字母大写,如 A(安培)、Pa(帕斯卡)、J(焦耳)等,例外的是 L(升)虽不是来源于人名,也大写。词头符号中表示因次的,10^6 及以上,用大写体,如 M(10^6,兆)等;表示的因次为 10^3 及以下,用小写体,如 k(10^3,千)、h(10^2,百)、d(10^{-1},分)、c(10^{-2},厘)、m(10^{-3},毫)、μ(10^{-6},微)、n(10^{-9},纳)等。

③ 组合单位符号的构成规则。一是相乘组合单位符号有 2 种形式,即加点乘号和不加点乘号;如力矩单位 N·m,也可写作 Nm。二是相除组合单位主要有 2 种形式,如热容的单位为 J/K 或 J·K^{-1}。三是相除组合单位符号中的斜分数线"/"不能多于 1 条,当分母有 2 个以上单位时,分母就应加圆括号。如传热系数的单位 W/(m^2·K),不能写成 W/m^2/K,也不能写成 W/m^2·K。四是组合单位中不能夹有单位的中文符号,例如,把流量单位写成 m^3/秒,把用药量单位写成 mg/(kg·天),都是错误的,应分别写成 m^3/s 和 mg/(kg·d);但是,组合单位中允许有计数单位(如元、只、人、把、个、株、粒、颗等)和一般常用时间单位(如月、周等),如价格单位元/t,人均住房面积单位 m^2/人,劳动生产率单位 kg/(月·人)等。

④ 不应把一些不是单位符号的"符号"作为单位符号使用。一是单位英文名称的缩写不是单位符号,如 m(分)、sec(秒)、day(天)、hr(小时)、y 或 yr(年)、wk(星期)、mo(月)等,它们的单位符号分别应为 min、s、d、h、a(年)、周、月等。二是长期以来用作单位符号的 ppm、ppb 等,只是表示数量份额的英文缩写,意义也不确切,而且其中有的在不同国家代表不同的数值,因此不能再用。应视具体情况,如将 200ppm 改为 200×10^{-6},或者改为 200mg/kg 等。

⑤ 单位前的数值,一般应控制在 0.1~1000,即不能太小,也不能太大,尤其在图表中;否则应当改换词头。例如,0.001m,应改为 1mm;1200g,应改为 1.2kg,32000kg,应改为 32t。

二、关于数字

什么情况使用汉字数字,什么情况使用阿拉伯数字,国家标准有规定。总的原则是:凡是可以使用阿拉伯数字而且又很得体的地方,均应使用阿拉伯数字。

1. 使用阿拉伯数字的场合

① 公元世纪、年代、年、月、日、时刻。如:20世纪90年代;1999年1月15日;12时5分18秒。需要注意的是,年份不能简写,如1999年不能写作99年。

② 计量单位和计数单位前的数字。如:食盐200g,木料5m^3;猪15头,羊2只,鱼1条;3个特点,2条意见,200多人。

③ 纯数字,包括整数、小数、分数、百分数、比例以及一部分概数。如:4,-0.3,4/5,56%,3∶2,10多,300余。

④ 产品型号、样品编号以及各种代号或序号。

2. 使用汉字数字的场合

① 定型的词、词组、成语、惯用语、缩略语以及具有修辞色彩的词语中作为语素的数字,必须用汉字数字。例如:第一,二倍体,三氧化二铝,十二指肠,星期五,"十五"计划,第一作者,一分为二,三届四次理事会,他一天忙到黑。

② 相邻2个数字连用表示的概数。例如:一两千米,二三十公顷,四百五十万元[注意:其间不用顿号(、)]。

③ 带有"几"字的数字表示的概数。例如:十几,几百,三千几百万,几万分之一。

④ 中国干支纪年和夏历月日,各民族的非公历纪年等。例如:丙寅年十月十五日,腊月八日,正月初五。

⑤ 含有月日简称表示事件、节日和其他特定含义的词组中的数字。例如:"一二·九"运动,五四运动,"一·一七"批示。

3. 数字的书写规则

① 书写和排印4位和4位以上的数字可采用三位分节法,即从小数点算起,向左和向右每3位数之间留出1/4个汉字大小的空隙。例如:3 245,3.141 592 6。

② 小数点前用来定位的"0"不能省略。如0.85不能写作.85。

③ 阿拉伯数字不能与除"万"、"亿"外的汉字数词连用。如"十二亿一千五百万"可写为"121500万"或"12.15亿",但不能写为"12亿1千5百万"。

④ 数值的有效位数必须全部写出。例如:一组有3位有效数字的电流值"0.250,0.500,0.750A",不能写作"0.25,0.5,0.75A"。

⑤ 表示数值范围和公差时应注意以下几点。一是表示数值范围采用浪纹号(~)。例如:120~130kg,70~80头(羊)。但不是表示数值范围,就不要用浪纹号。如"1995~2000年","做2~3次实验"表示都不妥;前者是2个年份(不是数值),其间"~"应改为连接号"—";后者"2次"与"3次"之间不可能有其他数值,应改为"两三次",但"做2~4次实验"的表述是可以的。二是表示百分数范围时,前一个百分号不能省略。如"52%~55%"不能写成"52~55%"。三是用"万"或"亿"表示的数值范围,每个数值中的"万"或"亿"不能省略。如"20万~30万"不能写成"20~30万"。四是单位不完全相同的量值范围,每个量值的单位应全部写出,如"3 h~4h 20min"不能写作"3~4 h 20min";但单位相同的量值范围,前一个量值的单位可以省略,如"200g~250g"可以写

作"200～250g"。

⑥ 用量值相乘表示面积或体积时,每个数值的单位都应写出。例如:60m×40m,不能写作60×40m,也不能写作60×40m²;50cm×40cm×20cm,不能写作50×40×20cm,也不能写作50×40×20cm³。

⑦ 一组量值的单位相同时,可以只在最末一个量值后写出单位,其余量值的单位可以省略。如"50mm,45mm,42mm,37mm",可以写作"50,45,42,37mm"。各量值后的点号可以用",",也可以用"、",但全文应统一。

附录C 标点符号的使用

1. 逗号 [,]

表示句子内部的一般性停顿。其主要用法如下。

① 用在较长的主语后面。如:这个演员表上排列在最后一名的小角色,却赢得了观众最热烈的掌声。

② 用在需要强调的简短主语后面。如:北京,祖国的首都。

③ 用在句首状语的后面。如:在一个明媚的早晨,他登上了去石家庄的列车。

④ 用在较长的宾语前边。如:我不得不承认,他的实力比我强得多。

⑤ 用在插入语前后。如:我来北京,往少里说也有十几次了。

⑥ 某些句中关联词后面有时也用逗号。这往往是出于强调的需要。如:劳动很艰苦,可是,我们根本不怕。

⑦ 用在复句内部的分句间。如:层层的叶子中间,零星地点缀些白花,有袅娜地开着的,有羞涩地打着朵儿的。

⑧ 用在次序语后面。如:第一,时间紧,任务重,我们必须加劲干;第二,我们一定要注意安全。

⑨ 用在倒装句中间。如:多么美丽,这一朵朵鲜花。

2. 句号 [。]

① 表示陈述句末尾的停顿,用句号。如:北京是中华人民共和国的首都。

② 语气舒缓的祈使句末尾,也用句号。如:请您稍等一下。

3. 顿号 [、]

表示句子内部并列词语之间的停顿。顿号表示的停顿比逗号小,一般用来隔开并列的词或者并列短语。并列的词之间用了"和"、"或"之类连词,就不再使用顿号。顿号与"和"的作用是一致的。多个词语并列先用顿号,最后一个用"和"。如果并列词语结合得很紧,没有必要在行文中用停顿来突出它,则可以不加顿号。并列词语中又有并列词语时,大并列用逗号,小并列用顿号。

4. 分号 [;]

表示一句话里并列分句之间的停顿。

① 只有一重关系的复句,分句间一般用逗号,不用分号。如果分句内部已用了逗号,分句之间必须用分号。如:白天,战士们坚守着已得的阵地;夜里,战士们向敌人发起新的攻击。

② 在多重复句内，并列分句之间必用分号。如：依照客观规律去办事，国民经济就能够均衡地、顺利地发展；违反这些原则，国民经济的发展速度就快不起来。

③ 并列的分句出于分清结构和突出名单的需要，即使分句内部没有逗号，分句之间也可用分号。非并列关系（如转折关系、因果关系等）的多重复句，第一层的分界处也用分号。如：这正如地上的路；其实地上本没有路，走的人多了，也便成了路。

④ 分项列举的各项之间，也可用分号。

5. 冒号 [：]

用在提示语后面，表示提起下文或总结上文。运用冒号时要注意其提示范围。冒号提示的内容的末尾用句号。如果一个句号前的内容不全是冒号提示的，则这个冒号用得不正确。

6. 引号 [" "]

表示文中引用的部分。引号有双引号和单引号两种。一般用双引号，引文内还有引文，就用单引号。双引号和单引号反复使用。直接引用别人的话，用引号；间接引用别人的话，不用引号。连续引用几个文段时，每段开头都要用前引号，只在最后一段用后引号。引号的作用主要有以下 4 点。

① 表示引语。

② 表示特定称谓。

③ 表示需要强调。

④ 表示特殊含义。

7. 省略号 [……]

① 表示文中的省略部分。

② 表示列举的省略。

③ 表示话语的断断续续。

④ 省略号的前面不是一个完整的句子时，一般可直接用，如：A."汪老师……" B."汪老师，您是……"

⑤ 省略号的前面是一个完整的句子时，一般要先在句末注上标点符号，后用省略号，如："学校已放学了。……"

⑥ 省略号的后面一般除了可用引号外，不再用别的标点符号。用省略号表示省略时，如果用了省略号，一般不要再用"等"、"等等"；反之，用了"等"、"等等"，就不要再用省略号。

8. 破折号 [——]

主要用法有以下几种。

① 表示意思转换或递进。

② 表示对前文的解释和说明。

③ 表示中断或插说。

④ 表示语言停顿。

⑤ 表示提示下文。

⑥ 表示声音的延长。

9. 书名号 [《》]

表示文中出现的书名、报刊名、诗文名、歌曲名、戏剧名、绘画名、电影和电视片名等。书名号内还要用书名号时，里面的用单层尖角号。

10. 连接号［-］

连接号的形式可分为四种，即长横"——"，一字线"—"，半字线"-"，和浪纹"～"。例如：秦岭—淮河地区，北京——广州直达快车，任-洛二氏溶液，亩产 1000～1500 公斤。

11. 间隔号［·］

标明词语的分界。它是一个小圆点，放在隔词语的中间，高低居中。它用在并列的词语构成的标题中；用在词牌名与题目间；用在书名与篇章名之间；用在外国人或某些少数民族人名内部各部分之间；用在表示年月日的数字之间。

附录 D　国际五大索引简介

《科学引文索引》（Science Citation Index，简称 SCI）是美国科学情报研究所（http：//www.isinet.com）出版的一种世界著名的综合性科技引文检索刊物。该刊于 1963 年创刊，原为年刊，1966 年改为季刊，1979 年改为双月刊。多年来，SCI 数据库不断发展，已经成为当代世界最重要的大型数据库，被列在国际著名检索系统之首。成为目前国际上最具权威性的基础研究和应用基础研究成果的评价工具。一个国家、一个科研机构、一所高校、一种期刊乃至一个研究人员被 SCI 收录的数量及被引用次数，反映出这个国家、机构、高校、期刊及个人的研究水平与学术水平，尤其是基础研究的水平。

《工程索引》（The Engineering Index，简称 EI）创刊于 1884 年，是美国工程信息公司出版的著名工程技术类综合性检索工具。EI 每月出版 1 期，文摘 1.3 万至 1.4 万条；每期附有主题索引与作者索引；每年还另外出版年卷本和年度索引，年度索引还增加了作者单位索引。出版形式有印刷版（期刊形式）、电子版（磁带）及缩微胶片。EI 选用世界上工程技术类几十个国家和地区 15 个语种的 3500 余种期刊和 1000 余种会议录、科技报告、标准、图书等出版物。年报道文献量 16 万余条。收录文献几乎涉及工程技术各个领域。例如：动力、电工、电子、自动控制、矿冶、金属工艺、机械制造、土建、水利等。具有综合性强、资料来源广、地理覆盖面广、报道量大、报道质量高、权威性强等特点。

《科技会议录索引》（Index to Scientific & Technical Proceedings，简称 ISTP）创刊于 1978 年，由美国科学情报研究所编辑出版。该索引收录生命科学、物理与化学科学、农业、生物和环境科学、工程技术和应用科学等学科的会议文献，包括一般性会议、座谈会、研究会、讨论会、发表会等。其中工程技术与应用科学类文献约占 35％，其他涉及学科基本与 SCI 相同。ISTP 收录论文的多少与科技人员参加的重要国际学术会议多少或提交、发表论文的多少有关。我国科技人员在国外举办的国际会议上发表的论文占被收录论文总数的 64.44％。在 ISTP、EI、SCI 这三大检索系统中，SCI 最能反映基础学科研究水平和论文质量，该检索系统收录的科技期刊比较全面，可以说它集中了各个学科高质优秀论文的精粹，该检索系统历来成为世界科技界密切注视的中心和焦点。ISTP、EI 这两个检索系统在评定科技论文和科技期刊的质量标准方面相比之下较为宽松。

《科学评论索引》（Index to Scientific Reviews 简称 ISR）创刊于 1974 年，由美国科学情报研究所编辑出版，收录世界各国 2700 余种科技期刊及 300 余种专著丛刊中有价值的评述论文。高质量的评述文章能够提供本学科或某个领域的研究发展概况、研究热点、主攻方向等重要信息，是极为珍贵的参考资料。

　　《社会科学引文索引》（Social Science Citation Index，简称 SSCI，http://sunweb.isinet.com）为美国科学情报研究所建立的综合性社科文献数据库，涉及经济、法律、管理、心理学、区域研究、社会学、信息科学等。收录50个语种的1700多种重要的国际性期刊，累计约350万条记录。

参 考 文 献

[1] 李峻，孙春祥. 科技实用写作. 北京：高等教育出版社，2005.
[2] 路德庆. 应用写作学教程. 北京：教育科学出版社，1993.
[3] 陈纪宁. 现代应用文写作大全. 北京：中华工商联合出版社，2004.
[4] 姚里军，欧阳周，余国瑞. 科技写作概论. 北京：语文出版社，1984.
[5] 王春泉. 应用文写作大全. 兰州：敦煌文艺出版社，1997.
[6] 《实用文库》编委会. 实用文库. 北京：电子工业出版社，2007.
[7] 李玉兴，高起元. 科技文章写作. 北京：冶金工业出版社，1987.
[8] 饶异伦，王青月. 科技写作. 北京：高等教育出版社，2003.
[9] 杨庆华. 农业推广写作. 北京：中国农业出版社，2008.
[10] 司有和. 现代科技写作学. 北京：冶金工业出版社，1991.
[11] 强亦忠. 医学学位论文写作指南. 上海：华东理工大学出版社，2002.
[12] 刘胜俊. 论文写作概论. 第5版. 北京：解放军出版社，1997.
[13] 李福林，朱若茵. 论文写作导论. 北京：海洋出版社，1993.
[14] 殷国荣，王斌全，杨建. 医学科研方法与论文写作. 北京：科学出版社，2002.
[15] 罗伯特·巴拉斯. 科技写作指南. 李令退译. 北京：原子能出版社，1984.
[16] 全国文献工作标准化技术委员会. 文献工作国家标准汇编3. 北京：中国标准出版社，1988.
[17] 陈浩元. 科技书刊标准化18讲. 北京：北京师范大学出版社，1998.
[18] 强亦忠. 谈谈学位论文的答辩. 苏州大学学报：医学版，2002，22（教学管理）.
[19] 蒋瑞松. 实用科技写作手册. 上海：华东化工学院出版社，1991.
[20] 胡欣，游风荷. 现代科技文章写作. 合肥：安徽人民出版社，1997.
[21] 路德庆. 普通写作学教程. 北京：高等教育出版社，1994.
[22] 章道义等. 科普创作概论. 北京：北京大学出版社，1983.
[23] 全国科技写作研究会. 科技写作学. 北京：中国科学技术大学出版社，1991.
[24] 司有和，蒋瑰松. 大学科技写作. 北京：光明日报出版社，1987.
[25] 欧阳周. 大学实用写作. 北京：高等教育出版社，1994.
[26] 张孙玮. 科技论文写作入门. 第2版. 北京：化学工业出版社，2006.
[27] 魏振枢. 化学化工信息检索. 第2版. 北京：化学工业出版社，2010.
[28] 孙平，伊雪峰. 科技写作与文献检索. 北京：清华大学出版社，2013.
[29] 王荣花，于永凤. 应用文写作. 北京：中国农业出版社，2010.
[30] 王鹏文. 实用农业科技写作. 北京：中国农业出版社，2011.